기독교문서선교회(Christian Literature Center: 약칭 CLC)는 1941년 영국 콜체스터에서 켄 아담스에 의해 시작되었으며 국제 본부는 미국 필라델피아에 있습니다. 국제 CLC는 59개 나라에서 180개의 본부를 두고, 약 650여 명의 선교사들이 이동 도서차량 40대를 이용하여 문서 보급에 힘쓰고 있으며 이메일 주문을 통해 130여 국으로 책을 공급하고 있습니다. 한국 CLC는 청교도적 복음주의 신학과 신앙 서적을 출판하는 문서선교기관으로서, 한 영혼이라도 구원되길 소망하면서 주님이 오시는 그날까지 최선을 다할 것입니다.

추천사

김 명 혁 목사
강변교회 원로, 한국복음주의협의회 명예회장

제가 귀중하게 여기며 사랑하고 존경하는 김영한 박사님이 최근에 『퀴어신학의 도전과 정통개혁신학』이라는 책을 출판하게 된 것을 진심으로 축하하며 감사하게 생각한다. 사실 저는 손봉호 박사님과 김영한 박사님이 한국교회와 사회의 상황을 정확하고 섬세하게 분석하고 평가하며 앞으로 나아가야 할 방향을 올바로 제시하는 것을 매우 소중하게 생각한다.

손봉호 박사님은 비판만 하는 데 그치지 않고 존경의 마음을 표시하곤 했는데 "한경직 목사님처럼 청렴하고 철저하게 절제하는 성화된 삶을 산 사람은 전 세계 역사에서도 찾아보기 힘들 것"이라고 지적하기도 했다. 김영한 박사님은 박윤선 박사님을 존경한다고 하시며 "청교도적인 뜨거운 기도의 열정과 진실한 신행 일치의 삶"을 지니신 분이라고 말씀하시기도 했다.

김영한 박사님은 퀴어신학이야말로 성경의 가르침에 배치되는, 그래서 교회의 복음적 정체성을 파괴하는 이단 사상임을 상세히 지적했다. 그리고 한국교회는 현 시대의 파수꾼이 되어 퀴어 운동에 대해 깨어 방어하고 교회의 본질을 지켜야 한다고 강조했다. 그러면서 죄는 단호하게 정죄하고, 죄인들은 사랑해야 한다고 지적하며, 동성애에 빠진 사람들을 사랑해야 하는데, 선한 사마리아 사람의 마음과 인내를 가지고 저들을 끌어내야 한다고 지적하기도 했다. 너무 많이 수고한 김영한 박사님에게 사랑과 존경과 감사를 표할 수밖에 없다.

김 균 진 박사
연세대학교 연합신학대학원 명예교수

오늘 우리의 세계는 한마디로 하나님 없는 세계라 말할 수 있다. 종교개혁 이후 근대 서구 사회에서 일어난 인간의 존엄성과 자유의 회복 운동은 기독교의 종교적 권위의 해방을 중요한 사명으로 간주했다. 전통적 서구 사회는 기독교가 지배 종교, 곧 국가 종교의 위치에 있는 사회였기 때문이다. 그래서 마르크스는 기독교 비판이 모든 비판의 근원이라고 그의 『헤겔 법철학 비판 서설』(*Zur Kritik der Hegelschen Rechtsphilosophie. Einleitung*)에서 말했다.

이와 같은 사조 속에서 등장한 근대 과학적 무신론은 '과학의 자유'를 위해 먼저 과학의 영역에서 하나님의 존재를 배제했다. 하나님이란 가설이 배제될 때 과학의 자유로운 연구가 가능했기 때문이다. 이를 계기로 근대 세계는 하나님을 필요로 하지 않는 세계, 자율적 인간이 모든 것을 결정하고 지배하는 세계로 변모하기 시작했다. 그 여파 속에서 현대 세계는 하나님 없는 세계가 되고 말았다. 오늘 우리의 세계는 한마디로 '하나님 없는 세계'다. 모든 것이 인간에게 맡겨진 세계이다.

그러면 인간에게 맡겨진 오늘 우리의 세계는 어떤 세계인가?

한마디로 이 세계는 참 하나님이 사라지고 돈이 하나님처럼 되어 버린 세계다. 마르크스가 지적하듯, '돈-하나님'이 지배하는 세계, '경제 발전'이 최고의 가치가 되어 버린 세계, '결혼도 상품'이 되어 버린 세계가 되었다. 돈을 하나님처럼 모시는 인간은 세계의 모든 것을 상품화시키고 세계 전체를 파멸로 이끌어 가고 있다. 오늘 우리의 세계는 '경제 발전'이라는 호랑이 등에 앉아 호랑이가 내달리는 대로 함께 내달리다 언젠가 깊은 벼랑으로 떨어질지 모르는 세계가 되었다.

온 세계가 재앙의 국면에 진입했다고 많은 학자는 말한다. 지구 전체가 더워지고 시베리아, 스페인, 덴마크, 미국, 독일, 그리스, 브라질의 아마존 등 세계 곳곳에서 대형 산불이 일어나고, 해안 지대와 도서 지역이 바닷물에 잠기며, 인간이 바다에 내다버린 생활 폐기물로 어류들이 떼죽음을 당하며, 이 어류들이 몸속에 있는 생활 폐기물, 곧 미세 플라스틱이 인간 자신의 몸으로 돌아오고 있다. 지옥이 있다면 바로 우리가 살고 있는 이 세계가 지옥이 아닐까 생각될 정도이다.

이와 같은 상황에서 등장한 것이 이른바 '퀴어신학'이다. 그 핵심은 동성애 지지에 있다. 많은 선진국이 동성애를 지지하고 동성애자들의 결혼을 법적으로 허용하고 있다. 그래서 한국 언론에 잘 알려진 어느 교수는 "대세는 이미 기울었다"라고 말한다. 그 교수가 어떤 뜻으로 그렇게 말했는지 정확하지 않지만, 많은 선진국이 동성애를 지지하고 있으니 우리도 결국 지지하는 방향으로 나갈 수밖에 없지 않느냐는 뜻이 농후하다.

"대세는 이미 기울었다"라는 얘기가 나올 정도로 동성애 지지가 강세를 이루고 있는 현실에서 김영한 박사님의 저서『퀴어신학의 도전과 정통개혁신학』의 출판을 크게 환영한다. 이 책은 "퀴어신학 백과 전서"라고 말할 정도로 퀴어신학의 배경과 일반적 주장, 이에 대한 성서신학적 비판, 퀴어 운동에 대한 정치적 태도와 한국교회의 대책 등 다방면의 내용들을 다루고 있다. 김영한 박사님의 용기에 크게 찬사를 보낸다.

아무리 대세가 기울었다해도, 찬성할 것이 있고 찬성할 수 없는 것이 있다. 만일 동성애가 창조 질서, 혹은 자연 질서에 속한 것이라면 인류는 수천 년 전에 멸종했을 것이다. 땅 위에 있는 생물 중 동성애를 하는 생물은 인간밖에 없을 것이다. 동물 가운데 동성애를 하는 동물들이 있다 해도 그것은 극소수에 불과할 것이다.

"한마디로 동성애는 창조 질서도 아니고, 자연 질서도 아니다. 그것은 하나님의 뜻이 아니다. 그것은 남색을 금지하는 성경 말씀에 위배된다"(참조, 레 18:22; 고전 6:9-10).

많은 선진국의 교회가 동성애를 지지하는 것은 사실이지만, 이를 반대하는 교회들이 더 많다는 사실을 우리는 유의해야 한다. 독일 개신교가 동성애 지지를 선언했는데, 동성애를 지지한 독일 개신교는 과거의 국교회다. 이 교회는 영적으로 매우 피폐한 상태에 있다. "회개하라," "기도하라"는 말씀을 설교에서 듣기 어렵다. 설교인지, 교양 강좌인지 분간하기 어려운 설교가 많다. 그 이유는 목사님들이 경건 훈련을 하지 않기 때문이다. 목사에게 회개의 경험이 없고 기도 생활을 하지 않으니 교인들에게 "회개하라," "기도하라"는 설교를 할 수 없게 된다. 이런 목사들이 모여 동성애 지지 선언을 하고, "대세는 이미 기울었다"라고 말하는 것은 어처구니 없는 일이다. 이런 목사들이 목회하는 교회 부근에 있는 양로원 노인들 2, 30명이 앉아 있을 정도로 피폐한 상태에 있다.

이에 반해, 영적으로 살아 있는 자유주의 교회들, 보수 성향을 지닌 교회들, 영성 운동 단체들, 선교 단체들, 수도원들이 독일 사회 곳곳에 숨어 있다. 이에 속한 지도자들과 교인들은 동성애를 한마디로 "하나님의 뜻이 아니다," "성경 말씀에 위배된다," "교회가 망하려고 동성애를 지지한다"라고 말한다.

이렇게 말하는 지도자들과 교인들이 독일 개신교의 영성과 생명을 이어가고 있다. 독일의 다른 선진국에서도 상황은 비슷하리라고 생각된다. 세계의 교회는 이런 형편을 고려하면서, 한국교회도 동성애 문제에 대해 흔들리지 말고 성경 말씀에 근거한 자신의 입장을 취해야 할 것이다. 이를 위해 김영한 박사님의 이 책이 크게 기여할 것으로 확신한다. 한국교회도 동성애 문제에 대해 흔들리지 말고 성경 말씀에 근거한 자신의 입장을 취해야 할 것이다. 이를 위해 김영한 박사님의 이 책이 크게 기여할 것을 확신한다.

이 정 익 목사
신촌성결교회 원로, 한국복음주의협의회 회장

이제 "퀴어"(queer)라는 말이 우리 사회에서 자연스럽게 사용되고 있다. 분명히 성경과 정면 배치되는 개념임에도 머지 않아 우리 사회에서 일반화될 것이 우려된다. 이 책은 성 소수자와 동성애, 그리고 퀴어에 관해 예리하게 파헤치고 있다. 마치 이 시대에 주어진 하늘의 경고와 메시지로 들린다.

한 영 태 박사
서울신학대학교 명예교수(전 총장)

그 때에 이스라엘에 왕이 없으므로 사람이 각기 자기의 소견에 옳은 대로 행하였더라 (삿 21:25).

이 말씀에서 '왕'을 규범이나 모범으로 바꾸면, 오늘 우리 사회의 모습에 대한 적절한 평가가 된다고 생각한다. 포스트모던 시대에서 과거의 기준, 규율, 정도는 평가절하되거나 사라지거나 옛 유물처럼 조롱을 받고 있다. 참과 거짓이 혼동되고, '자기 소견에 옳은 것'이 참이요 진리라고 우기는 궤변이 정론으로 둔갑해 나타난다.

신학과 교회 안에서도 이런 풍조가 상당히 스며들고 있다. 신율(神律)에서 자율(自律)의 시대를 살고 있는 성숙한 현대인은 신앙과 성경 해석도 '각기 자기의 소견에 옳은 대로' 해석하고 행동하며, 이것이 진리라고 주장하고 있다. 하나님의 자리를 인간이 대신하고, 하나님의 진리를 인간의 이론이나 이념으로 대체하고 있다.

과거 기독교 국가였던 서구의 여러 나라에서 이런 혼돈이 일어나고 서구의 신학을 이끌며 세계 신학을 주도하고 있는 나라들에서 이런 궤변신학들이 등장하고 점점 영향력을 확대하고 있다. 한국교회와 신학도 이에 물들고 있다. 인권, 평등, 소수자, 그리고 인간애라는 말이 동정심을 일으키고, 이 단어들이 적용되면 모든 것이 용납될 수 있다는 이상한 풍조가 만연되고 있다.

이 책은 그저 상식과 말로, 그리고 정서적으로 거부하는 일반적인 반대가 아니라 하나님의 말씀과 정통개혁신학의 입장에서 퀴어신학에 대해 비판하고 올바른 길을 제시하고 있다. 성도들을 바르게 깨우치고, 신학과 교회에 길잡이를 제공하며, 나아가 우리 사회에 등불의 역할을 하리라 믿고 또 기대한다.

소 강 석 목사
새에덴교회 담임

동성애는 성경의 진리와 창조 질서에 어긋난 것을 넘어 네오막시즘의 실현과 성(性) 정치의 최첨단 도구가 되었다. 친동성애 세력은 사회주의 정치 투쟁을 하는 사람들과 교묘한 결합을 해서 진정한 복음주의적 예수 소멸과 교회를 무너뜨리는 데 앞장서게 되었고 차별 금지법으로까지 편승을 했다. 그래서 동성애를 가장 극렬하게 반대하는 한국교회, 특히 대형교회를 적폐로 여기며 무너뜨리려고 하고 있다.

이러한 때, 김영한 박사님이 『퀴어신학의 도전과 정통개혁신학』을 저술한 것은 참으로 뜻깊은 일이 아닐 수 없다. 퀴어신학의 도전과 교의학적 비판, 성 정치 및 퀴어 운동에 대한 구미(歐美)교회 및 한국교회의 대책에 대해 철저히 해부한 이론서이자, 실천적 전략서다. 한국교회는 동성애에 대해 심각한 문제 의식을 가지고 대처해야 한다. 이 책이 영적 전쟁, 사상전(思想戰)의 불꽃이 되기를 바라며 목회자와 성도들에게 추천한다.

이 상 원 박사
총신대학교 신학대학원 조직신학 교수

현 정부가 모든 권력 기관을 총동원해서 동성애와 동성혼을 적극 지지할 뿐만 아니라 인권이라는 명목으로 합법화를 시도하고 나서자, 기독교계의 멘토로 자타가 인정해 왔던 분들이 침묵하거나 기독교적 관점과 어긋나는 납득하기 어려운 주장들을 펼치고 있다.

그러나 김영한 박사님은 어떤 권력 기관의 눈치도 보지 않고 개혁신학적이고 성경적인 입장에 근거한 동성애와 동성혼, 퀴어신학에 대한 비판을 분명히 밝힘으로써 한국교회가 바른 방향을 설정하는 데 큰 도움을 주고 계시다.

철학과 신학에 대한 넓고 깊은 이해을 가지고 계신 김영한 박사님은 신학뿐만 아니라 철학적 이데올로기와 맞물려 진행되고 있는 동성애 운동과 퀴어신학을 바르게 비판할 수 있는 충분한 자격과 능력을 가지고 계신 것으로 판단되어 이 책을 추천하는 바이다.

이 승 구 박사
합동신학대학원대학교 조직신학 교수

신학의 많은 문제에 늘 많은 관심을 가지신 다작의 김영한 박사님의 귀한 저서가 또 한 권 우리에게 주어졌다. 가장 최근에 우리 사회에 문제를 일으키고 있는 동성애 문제와 그것을 신학적으로 뒷받침하는 퀴어신학에 대한 성경적 입장을 명확히 하는 새로운 책이다. 늘 그러하듯이 퀴어신학에 대한 김영한 박사님의 이 책도 우리에게 많은 도움을 준다. 다 같이 읽고 생각해서 어떻게 하면 우리 사회가 좀더 나은 사회가 될 수 있는지 같이 논의했으면 한다.

이 복잡한 세상 속에서 퀴어신학이 제기하는 복잡한 문제를 바라보며 성경이 말하는 길로 나아가는 것이 무엇인지 알기 원하는 모든 분에게 이 책을 추천한다.

소 기 천 박사
장로회신학대학교 신약학 교수

제103회 대한예수교장로회(통합)는 "퀴어신학(동성애 양성애 성전환)을 이단"이라고 결의한 것과 발을 맞추어 김영한 박사님의 책 『퀴어신학의 도전과 정통개혁신학』이 출판된 것은 너무 시의적절하다. 김영한 박사님은 숭실대학교 명예교수로서 통합 교단에 소속된 목사로 총회를 견인하고 더 나아가서 한국의 모든 교단을 위해 신학적 토대를 놓을 수 있는 이 책을 출판했다. 모든 신학생과 목회자뿐만 아니라 신학자와 평신도까지 탐독하기 바란다.

퀴어신학의 도전과 정통개혁신학

정통개혁신학에 근거한 퀴어신학에 대한 비판적 성찰

The Challenge of the Queer Theology and the Orthodox Reformed Theology
Written by YungHan Kim
All rights reserved.
Korean Edition Copyright ⓒ 2020 by Christian Literature Center, Seoul, Korea

퀴어신학의 도전과 정통개혁신학

2020년 4월 15일 초판 발행

지은이	김영한
편집	구부회
디자인	노수경, 전지혜
펴낸곳	(사)기독교문서선교회
등록	제16-25호(1980.1.18.)
주소	서울특별시 서초구 방배로 68
전화	02-586-8761~3(본사) 031-942-8761(영업부)
팩스	02-523-0131(본사) 031-942-8763(영업부)
이메일	clckor@gmail.com
홈페이지	www.clcbook.com
송금계좌	기업은행 073-000308-04-020 (사)기독교문서선교회

ISBN 978-89-341-2098-8(93230)

이 도서의 국립중앙도서관 출판예정도서목록(CIP)은 서지정보유통지원시스템 홈페이지(http://seoji.nl.go.kr)와 국가자료공동목록시스템(http://www.nl.go.kr/kolisnet)에서 이용하실 수 있습니다. (CIP제어번호: CIP 2020005624)

이 책의 저작권은 저자와 (사)기독교문서선교회가 소유합니다. 신저작권법에 의하여 한국 내에서 보호받는 저작물이므로 무단 전재와 무단 복제를 금합니다.

CLC 동성애 시리즈 8

퀴어신학의 도전과
정통개혁신학

The Challenge of the Queer Theology
and the Orthodox Reformed Theology

김 영 한 지음

CLC

목차

추천사   1
김 명 혁 목사 | 강변교회 원로, 한국복음주의협의회 명예회장
김 균 진 박사 | 연세대학교 연합신학대학원 명예교수
이 정 익 목사 | 신촌성결교회 원로, 한국복음주의협의회 회장
한 영 태 박사 | 서울신학대학교 명예교수(전 총장)
소 강 석 목사 | 새에덴교회 담임
이 상 원 박사 | 총신대학교 신학대학원 조직신학 교수
이 승 구 박사 | 합동신학대학원대학교 조직신학 교수
소 기 천 박사 | 장로회신학대학교 신약학 교수

서론   26
제1장   퀴어신학과 정통개혁신학   30
제2장   의도와 내용: 퀴어신학의 동성애 정당화 시도에 대한
         정통개혁신학적 비판   41

제1부   퀴어신학의 도전   55
제1장   퀴어신학의 성격: 동성애 정당화 신학인 자유주의신학   56
제2장   "동성애가 창조 질서"라는 퀴어신학의 주장은 성경 가르침에 배치   76
제3장   퀴어신학은 동성애를 "가증한 일"로 정죄하는 성경의 가르침 거부   96
제4장   퀴어신학이 자연스럽다고 하는 동성애는 성적 변태요
         어긋남이고 부자연스럽다   110
제5장   퀴어신학의 주장: "동성애는 소수자의 행동이니 정당하다"라는 궤변   125

제2부 켈러의 퀴어신학, 트랜스 페미니즘 비판　　　　　　　　　　　　**147**
제1장　트랜스 페미니즘의 제3의 성은 젠더 이데올로기의 고안물　　148
제2장　켈러의 과정신학적 부정신학이 말하는 하나님은
　　　　성경의 인격적 하나님과 다르다　　　　　　　　　　　　　167
제3장　트랜스 페미니즘은 생태론적 범신론　　　　　　　　　　　　181
제4장　과정 우주론적 범재신론은 하나님의 인격성과 초월성을 상실　　198

제3부 퀴어신학에 대한 교의학적 비판　　　　　　　　　　　　　　**227**
제1장　퀴어신학의 성경 해석, 신학적 근거, 신론, 기독론　　　　　　228
제2장　퀴어신학의 교회론, 구원론, 종말론　　　　　　　　　　　　　288
제3장　퀴어신학의 세례론, 성찬론, 묵상론, 성 윤리　　　　　　　　　304
제4장　퀴어신학은 동성애를 정당화하는 이단 사상이다　　　　　　　323

맺음말　　　　　　　　　　　　　　　　　　　　　　　　　　　　　360
참고 문헌　　　　　　　　　　　　　　　　　　　　　　　　　　　　364

세부 목차

서론   26
제1장 퀴어신학과 정통개혁신학   30
   1. 퀴어신학이란?   30
   2. 정통개혁신학   35
제2장 의도와 내용: 퀴어신학의 동성애 정당화 시도에 대한 정통개혁신학적 비판   41
   1. 제1부의 내용: 퀴어신학의 성격 및 일반적 주장   42
   2. 제2부의 내용: 켈러의 퀴어신학, 트랜스 페미니즘의 비판   45
   3. 제3부의 내용: 퀴어신학에 대한 교의학적 비판   48

제1부 퀴어신학의 도전   55
제1장 퀴어신학의 성격: 동성애 정당화 신학인 자유주의신학   56
   1. "퀴어"(queer)의 뜻   56
     1) 낯설고 이상(異常)하다   56
     2) 친동성애적으로 성경을 해석   58
     3) 성경에 내재된 퀴어성(queer) 해석: 정통적 성경 해석 비판   60
   2. 퀴어신학 전략의 여섯 가지 문제점   61
     1) 신학의 본질   61
     2) 신학의 보편적 주제   63
     3) '퀴어'라는 용어의 의미   64
     4) 성경의 신적 영감성 거부   65
     5) 성경 해석의 기본인 문자적 해석을 거부한다   66
     6) 성경의 해체주의적 해석: 정통개혁신학 해체 시도   68
   3. 퀴어신학의 사상적 배경과 인간관: 후기 현대적 생성철학과
     인간 성(gender)의 유동성   69
     1) 후기 현대적 생성철학: 만물의 유전(流轉), 만물 본질의 불변성 부정   69
     2) 인간 성(sex)의 유동성(流動性) 주장: 창조 질서에 위배   71

4. 퀴어신학은 정통개혁신학과 전혀 다른 기괴한 신학　72
　　1) 퀴어신학의 기괴성: '하나님은 모르는 존재'로 이해　72
　　2) 정통개혁신학의 인격성: 하나님은 예수 그리스도 안에서 계시된
　　　 인격적 존재라고 이해　74

제2장 "동성애가 창조 질서"라는 퀴어신학의 주장은 성경 가르침에 배치　76
　1. 동성애는 창조 질서의 이성애의 변질(타락)　76
　　1) 퀴어신학자들의 동성애 옹호는 창조 원리 간과　77
　　2) 하나님 형상을 훼손한 인간의 성적 타락　79
　　3) 하나님이 인간을 남녀로 창조한 이유:
　　　 생육 번식과 차이성과 다양성을 위해　81
　　4) 동성애는 이성애의 변태요 창조 질서가 아니다　82
　2. 퀴어신학은 남녀의 생물학적 질서와 남자와 여자의 몸의 연합 무시　85
　　1) 몸의 다름 속에서 이루어지는 서로 다름, 깊은 사귐, 하나됨을 간과　85
　　2) 남자와 여자의 '부부로 하나됨'이라는 몸의 결합의 신성화비밀 간과　87
　　3) 하나님의 형상성으로서 남녀 인간의 관계성 왜곡　90
　3. 부활 시 성을 초월한다는 예수의 말씀　92
　　1) 부활 생명체의 생물학적 성 초월(超越)은 지상에서
　　　 남녀 양성 철폐를 의미하지 않음　92
　　2) 성경은 이 세상에서 남자와 여자가 이룬 가정을 통한 생육 번식 강조　94

제3장　퀴어신학은 동성애를 "가증한 일"로 정죄하는 성경의 가르침 거부　96
　1. 성경은 하나님이 인류에게 주시는 하나님의 말씀　97
　　1) 퀴어신학은 '성경이 각 시대의 문화적 편견과 오류를 지닌 책'이라고
　　　 간주　97
　　2) 정통개혁신학: 성경 윤리의 보편타당성 인정(認定)　99
　2. 창세기의 소돔과 고모라 동성애 이야기의 젠더주의적 해석 비판　100
　　1) 소돔과 고모라 불량배들의 행동은 불친절의 죄 아닌 동성애 행위　100
　　2) 레위기, 에스겔서, 유다서에서 '소돔과 고모라의 죄악이 동성 간성교'
　　　 라고 규정　102
　3. 레위기의 동성애 금기 명령 해석　104
　　1) 퀴어신학은 성결 법전의 제의적 부정과 윤리적 부정을 혼동　104

2) 제의적 부정은 제의를 통해 정(淨)함을 회복하나, 윤리적 부정은
      생명을 대가로 지불해야 하는 죄 105
 4. 이성애가 바른 성(性) 질서이며 동성애는 성 중독으로 이성애의 변태 106
   1) 동성애는 창조 질서인 이성애의 타락 106
   2) 창세기 6장은 다자성애를 이성애 타락으로 규정 108
   3) 로마서는 동성애를 창조 질서의 역리로 정죄 109

제4장 퀴어신학이 자연스럽다고 하는 동성애는 성적 변태요 어긋남이고 부자연스럽다 110

 1. 동성애는 창조 질서가 아니기 때문에 기괴하고 부자연스럽다 111
   1) 동성애: 인류 문화적인 관습과 성경적 가르침과는 배치 111
   2) 동성애는 성적 순리인 이성애(異性愛)의 역리 113
 2. 동성애가 선천적이 아님은 의학 연구팀에 의해서도 증명 114
   1) 동성애가 선천적이라는 퀴어신학의 주장은 성경의 가르침에 위배 114
   2) 동성애가 선천적이라는 주장은 의학적인 검증을 통과하지 못함 115
    (1) 2005년 해머와 라이스 공동 연구팀의 발표 115
    (2) 2018년 유전학자 안드레아 가나 박사가 이끄는 연구팀의 발표 116
 3. 성적 사랑과 우정을 혼동해선 안된다 117
   1) 동성애와 남녀의 사랑은 성적 사랑의 서로 다른 방식 117
   2) '동성 간 우정'은 성적 사랑이 아니라 마음의 사랑 119
 4. 동성애는 하나님의 축복이 아니라 가증히 여기시는 것 120
   1) 동성애 행위는 창조주가 내리신 몸의 질서에 맞지 않다 120
   2) 남자끼리 동침, 여자끼리 동침은 "가증한 일": 레위기의 계명 121
 5. 동성애는 이성애의 변태 122
   1) 동성애란 창조 세계의 다양함과 풍부함 표출 아닌 이성애의 변태 122
   2) 동성애는 하나님의 축복 대상이 아니라 하나님의 심판 대상:
      사도바울의 경고 123

제5장 퀴어신학의 주장: "동성애는 소수자의 행동이니 정당하다"라는 궤변 125

 1. 예수 가르침과 실천 왜곡 125
   1) 세리나 창기가 회개하고 새 삶을 살면 천국에 들어간다: 예수의 가르침 125

2) 동성애자가 예수를 인격적으로 만남:
     성 중독에서 벗어나 새 사람으로 변화 　　　　　　　　　　126
 2. 죄란 사회적 소외자에 대한 낙인 　　　　　　　　　　　　128
  1) 퀴어신학의 죄 정의는 정치신학적 정의로써 사회 윤리적 통념을 무시 128
  2) 미성년 제자와 성 관계는 개인적, 사회적인 죄 　　　　　　129
 3. 죄인(세리와 창녀)과 죄(수탈, 불법, 음란) 혼동 　　　　　　130
  1) 예수는 죄인을 새사람으로 바꾸고 새 삶으로 초대 　　　　130
  2) 퀴어신학의 죄 이해(사회적 낙인)는 하나님 계명 불순종이라는
     성경적 죄 이해에서 이탈 　　　　　　　　　　　　　　131
  3) 예수는 죄인(세리와 창녀)은 사랑했으나 죄(수탈, 불법, 음란)는
     미워하셨다 　　　　　　　　　　　　　　　　　　　　133
 4. 성 소수자가 의로운 자라는 편견 주장 　　　　　　　　　　134
  1) 동성애 행위가 윤리적 잘못이 아니라는 성 소수자인
     퀴어신학자의 견해는 성 다수자의 정상적 윤리에 어긋난다 　134
  2) 오늘날 동성애자들은 더 이상 사회적 약자가 아니다.
     이들은 부와 권력을 쥐고 있다 　　　　　　　　　　　　136
  3) 퀴어신학자들은 동성애자들의 에이즈 익명 검사와 헌혈로 죄 없이
     죽은 아기들과 젊은이들, 노부부의 인권과 억울함에 대해서 침묵 136
  4) 성경은 진리란 다수에 있지 않고 하나님의 뜻에 일치함에 있다고
     가르친다 　　　　　　　　　　　　　　　　　　　　137
 5. 동성애자에 대한 사도 바울, 요한, 유다의 가르침 　　　　　139
  1) "음란하며 다른 육체를 따라가는 자"는 "영원한 불의 형벌"을 받는다:
     사도 유다의 경고 　　　　　　　　　　　　　　　　　139
  2) "마지막 때에 경건하지 않은 정욕대로 행하는 자들이 있으리라":
     사도 유다의 예언 　　　　　　　　　　　　　　　　　141
 6. 탈동성애자들의 증언은 동성애가 선천적이 아니라 후천적임을 증명 143
  1) 탈동성애자들의 양심 선언은 동성애가 후천적인 성적 중독에서
     오는 것을 증명한다 　　　　　　　　　　　　　　　　143
  2) 우리는 동성애자들의 처지에 서서 이들을 사랑으로 대하고 이들이
     성 중독에서 해방되도록 도와야 한다 　　　　　　　　　145

제2부   켈러의 퀴어신학, 트랜스 페미니즘 비판 　　　　　　　　147

제1장   트랜스 페미니즘의 제3의 성은 젠더 이데올로기의 고안물 　148
1. 성(sex)은 교차적으로 엮여 있음이 아니라 생물학적으로
   서로 다름 속에서 상호 보완성 가운데 있다 　　　　　　　　　148
   1) 트랜스 페미니즘은 과정철학의 과정(process) 개념을 성(sex)에 적용 　148
   2) 트랜스 페미니즘은 과정 자체를 신적 과정으로 파악하는
      범재신론에 얽매여 있다 　　　　　　　　　　　　　　　151
2. "젠더의 부정성"이란 인간 존재의 생물학적 정체성 부정(否定)이다 　154
   1) "젠더의 부정성"이란 인간 존재가 성(sex)의 혼돈 속에 갇혀 있는
      부동성(浮動性) 표현 　　　　　　　　　　　　　　　　154
   2) "젠더의 부정성"은 생물학적 성을 부정하는 페미니즘 독재로 나아감 　155
3. 제3의 성 역시 '제2의 성'과 같이 젠더 이데올로기의 고안물 　157
   1) 퀴어신학이 창안한 '제2의 성'이라는 사회적 성 　　　　　157
   2) 트랜스 페미니즘이 창안한 '제3의 성'도 제1의 성의 변태 　158
4. 젠더는 인간이 아니라 하나님이 결정한다 　　　　　　　160
   1) 트랜스 페미니즘은 창조 질서인 이원적 젠더 질서를 부정 　160
   2) 젠더의 부정성 주장은 생물학적 성의 선천성을 부정 　162
5. 퀴어신학은 인간의 제2반란을 획책하고 있다 　　　　　162
   1) 젠더 이데올로기는 제2의 반란(젠더의 결정자는 인간) 　162
   2) 젠더 이데올로기는 인간 신격화 　　　　　　　　　　164

제2장   켈러의 과정신학적 부정신학이 말하는 하나님은 성경의 인격적
　　　　　하나님과 다르다 　　　　　　　　　　　　　　　167
1. 깊음, 테홈, 혼돈으로 상징되는 하나님 　　　　　　　　167
   1) 깊음에서 창조 　　　　　　　　　　　　　　　　　167
      (1) 깊음(the deep)은 하나님 자신 　　　　　　　　　167
      (2) 비판적 성찰: 성경적 창조는 완성된 창조와 이에 근거한 지속적 창조 　168
   2) 테홈에서 창조 　　　　　　　　　　　　　　　　　169
      (1) 시작도 끝도 없는 테홈(창조의 근원) 　　　　　　169
      (2) 비판적 성찰: 하나님은 남성 신이나 여성 신이 아닌 성을 초월한
         삼위일체적인 사귐의 존재 　　　　　　　　　　170

2. 과정으로써 하나님: 테홈에서 시작되는 만물의 서로 얽힘 172
      1) 테홈, 혼돈, 깊음으로 상징되는 하나님 172
      2) 비판적 성찰: 테홈으로서 하나님은 창조의 하나님이 아니다 175
   3. 과정신학적 범재신론 177
      1) 영이신 하나님은 신체요 물질인 세상, 만물과 연결, 의존한다:
         성경의 하나님과 다르다 177
      2) 비판적 성찰: 성경적 하나님은 만물에 의존하지 않는다 178
         (1) 신인 협동이 아닌 하나님의 주관적 행위 178
         (2) 하나님의 영은 물질적이지 않고 초월적이시다 179

제3장   트랜스 페미니즘은 생태론적 범신론 181
   1. 젠더주의와 과정철학을 연결하는 제3세대 페미니즘: 남성과 여성의
      존재론적 상호 얽힘 주장으로 전통적인 양성(兩性) 구조를 허물어뜨림 182
      1) 페미니즘과 포스트모던 페미니즘의 관계에 대한 대안적 사유인
         급진적 사상 182
      2) 기독교 신비주의 전통과 연결되는 부정신학(apophatic theology) 내포,
         전통적인 양성(兩性) 구조를 허물어뜨림 183
   2. 켈러의 트랜스 페미니즘의 3가지 특징 184
      1) 과정신학: "양자(陽子) 얽힘"에 근거한 관계적 과정 우주론
         (relational process cosmology)인 범신론적 신비주의에 빠짐 184
      2) 신비주의적 부정신학: 접힘(fold), 또는 주름(pli)으로 설명되는
         실재의 다겹성(multiplicity)철학은 성경이 증언하는 하나님에 대한
         긍정적 신학 도외시 187
      3) 신유물론인 상호육화(相互肉化, intercarnation)론: 물질들의
         상호 교류하는 힘들의 역동성인 진입 행위(intra-action)는 정통 교회의
         성육신(로고스가 인간이 됨)과 전혀 다름 190
   3. 만물은 무한한 '상호 얽힘'의 관계성 안에 있는 '상호 교차성'
      (intersectionality)으로 존재 192
      1) 만물의 '상호 얽힘'과 '상호 교차성' 사상은 성경적으로 정초된
         우주론과 배치 192
      2) 하나님 형상으로 지음 받은 인간은 만물과 상호 얽힌 존재 아닌
         천사보다 귀한 존재 195

제4장 과정 우주론적 범재신론은 하나님의 인격성과 초월성을 상실   198
 1. 과정 우주론에서 하나님의 초월성은 만물의 상호 얽힘 속에서 갇힘   199
  1) 하나님의 존재는 만물 상호 교차성의 상호 얽힘 속에 갇힘   199
  2) 트랜스 페미니즘의 하나님은 되어지는 과정에서 초월성 상실   200
  3) 성경의 하나님은 초월적 주권자로서 역사의 모든 과정을 섭리하고
   주관하시는 존재   201
 2. 과정 우주론에서 하나님의 인격성 상실: 생성하는 과정 속에 있는 신 존재   203
  1) 우주와 역사는 목적을 상실하는 끊임없는 생성   203
  2) 생성하는 과정 속에 있는 하나님은 성경이 증언하는 하나님의 인격성 상실   204
  3) 성경의 하나님은 섭리의 하나님으로서 우주와 역사 가운데 계시며
   초월적으로 개입   205
 3. 과정 우주론에서 하나님은 초월적 은총 상실: 구원은 자연의 상호 얽힘의
  내재적 복원력에서 나옴   209
  1) 물질화 과정의 진입 행위(상호 작용) 강조는 사물의 객체 개념의
   불가능 초래   209
  2) 초월적으로 간섭하는 하나님의 행위 없는 힘들의 역동성만이 존재:
   기독교의 은총신학이 다겹적 물질의 공생적 존재론으로 변모   210
  3) 성경의 하나님은 역사와 우주의 생성 과정에 간섭하시고 그의 주권적
   목적을 향해 이끌고 가시는 살아 계시는 분   211
 4. 과정 우주론에서 말씀의 성육신은 과정 우주론적 범재신론적 육화로 변형   216
  1) 신유물론의 다겹적 존재와 만물의 복합성 주장은 범(凡)자연생태론적
   인간 이해   216
  2) 성경은 자연이나 우주의 한 작은 존재로 간주할 수 없는 인간의 존엄성
   천명   217
 5. 과정 우주론은 남성과 여성의 성(性)을 과정적 특성(남성이 여성으로,
  여성이 남성으로 되어 감)으로 봄으로써 성(性)의 생물학적 정체성 부정   220
  1) 트랜스 페미니즘의 인간 몸의 상호 연결성 강조는 성적 문란 조장할
   윤리적 다원성 허용   220
  2) 인간은 우연히 형성된 자연적 존재 아니라 하나님 형상으로 지음을 받은
   신앙적 존재   221
 6. 과정 우주론에서 만물의 상호교차성은 진리와 윤리 다원주의 허용   223
  1) 진리의 유일성 대신에 다원주의가 허용   223
  2) 신유물론적 진리론은 예수 그리스도의 유일성 거부   223

제3부   퀴어신학에 대한 교의학적 비판   227
제1장   퀴어신학의 성경 해석, 신학적 근거, 신론, 기독론   228
1. 퀴어신학의 성경 해석은 자의적 젠더주의적 해석   231
   1) 퀴어신학은 '성경은 동성애를 죄로 여기지 않는다'고 왜곡하여 가르친다   231
   [정통개혁신학의 반론]   232
   "상관하리라"(창 19:5)는 성적 관계를 의미한다 | "관계하리라"(삿 19:22b)는 성적 관계를 의미한다 | 레위기는 동성애 규정과 판례를 제시하고 있다 | 에스겔도 소돔의 죄악이 동성애라는 것을 말한다 | 예레미야도 소돔과 고모라의 죄악이 동성애라는 것을 말한다

   2) 독일 개신교 텍스트 57의 동성애 다루는 성경 본문 해석:
      성경 본문 의미와는 달리 사랑의 이중 계명에 입각해 동성애 허용 결론   235
      (1) 성경 해석학적 원리 오용: 율법을 복음에 종속화, 율법의 고유한 규범
          기능 약화   235
      (2) 성경 본문들이 '동성애가 하나님의 뜻에 어긋난다'라고 가르치나,
          '윤리적으로 책임 있는 동성애 관계는 침묵한다'라고 왜곡.   239
      (3) 동성애 행위를 사랑의 이중 계명 안에서 허용: 율법의 고유한
          규범 기능 약화   242
      (4) 판넨베르크의 EKD Texte 57 비판: 이웃 사랑은 하나님 사랑의
          테두리 안에서 준행   243
2. 동성애의 신학적 근거는 교부들의 동성애: 교부들의 묵상의 삶을
   젠더주의적으로 왜곡   247
   1) 동방교회의 교부요 수도승 닛사의 그레고리 묵상을 젠더주의적으로 왜곡   247
   2) 12세기의 신비주의 묵상가 버나드의 아가서 강해를 젠더주의적으로 왜곡   249
   [정통개혁신학의 반론]   250
   수도승들의 영성적 묵상(독신 생활에서 하나님에 대한 영적 연합)을 외설화: 성애적인 욕망의 범신론적 연합에 집중함으로써 영적 희락과 성애적 희락을 혼동
3. 퀴어신학의 신론은 불가지론 내지 외설적 신론: 삼위일체 부인   251
   1) 하나님에 대한 불가지론, 하나님을 기괴한 신으로 보는 범신론   251
   [정통개혁신학의 반론]   253
   성경의 하나님은 아브라함과 이삭과 야곱의 하나님이시다 | 성경의 하나님은 영이시기 때문에 성을 초월한 인격적 존재시다 | 성경의 하나님은 만물 위에 계시는 인격적인 하나님이시다

2) 신자와 성애를 나누는 남신: 하나님에 대한 외설적 해석 256
    (1) 하나님을 남신(男神)으로 해석: 몸을 지니시지 않은 영적 존재인
      성경의 하나님 모독 257
    (2) 그의 패역한 백성과 언약을 회복하시는 하나님에 대한 모독 261
4. 퀴어신학의 기독론은 외설적 기독론 262
  1) 역사적 예수를 동성애자나 여성적 요소를 지닌 남성으로 간주 262
    (1) 역사적 예수는 동성애자 262
[정통개혁신학의 반론] 264
제자를 사랑하는 예수와 신실한 제자인 사제 관계를 왜곡하는 외설적 해석
    (2) 성육신한 예수의 몸을 생물학적으로 자웅 동체(암수한몸) 존재로 해석 264
[정통개혁신학의 반론] 267
예수의 몸을 자웅 동체로 보는 것은 젠더주의적 해석
    (3) 성육신을 동성애 몸의 선함에 대한 선언으로 해석: 성육신 교리 왜곡 268
[정통개혁신학의 반론] 271
그리스도의 성육신은 케노시스 사건으로써 동성애 퀴어성과 아무 관계없다
    (4) 정통개혁신학: 예수의 몸은 우리와 동일한 몸이다 273
  2) 십자가에서 죽으실 때 예수의 옆구리에서 나온 피와 물 여성의
    성기(性器)에서 나오는 액체요 젖이라는 해석은 외설적 해석 274
    (1) 예수의 옆구리 상처는 자궁이라는 해석은 외설이다 274
[정통개혁신학의 반론] 275
예수의 옆구리를 자궁으로 보는 것은 예수의 몸을 젠더주의적으로 해석하여 여성화시키는 것이다
    (2) 창에 찔린 상처에 입을 맞추는 행위를 구강 섹스로 신성 모독 해석 276
[정통개혁신학의 반론] 276
예수의 상처에 입맞춤을 구강 섹스로 해석하는 것은 외설의 극치다
  3) 부활한 예수의 몸은 '다젠더적'이라는 해석도 젠더주의적 왜곡 278
    (1) 퀴어신학은 부활한 예수의 몸을 남성성과 여성성의 자리바꿈이
      가능한 몸으로 왜곡 278
[정통개혁신학의 반론] 279
부활한 예수의 몸은 남성과 여성이라는 인간의 몸을 초월한 몸
    (2) 퀴어신학은 부활한 예수를 붙잡고 대화한 막달라 마리아와 행위를
      이성애적 사건으로 왜곡 280

| [정통개혁신학의 반론] | 282 |

와드의 해석은 초자연적 능력의 부활 사건을 남녀 애정 사건으로 평가절하시키는 소설적 공상

    (3) 부활한 예수 옆구리 상처에 손을 넣는 도마의 행위를
        동성애적 사건으로 왜곡 ... 282

| [정통개혁신학의 반론] | 283 |

도마의 신앙고백을 도외시한 젠더주의적 왜곡

    (4) 예수 부활을 퀴어 성 해방의 소망으로 왜곡 ... 284

| [정통개혁신학의 반론] | 285 |

쳉의 해석은 예수의 부활 사건을 단지 성 해방 사건으로 젠더주의적으로 왜곡

제2장 퀴어신학의 교회론, 구원론, 종말론 ... 288

1. 퀴어신학의 교회론: 교회란 동성애 공동체:
   사도적 거룩한 보편적 교회 부인 ... 288
   1) 교회는 죄인들의 공동체라는 것만 강조: 동성애자 회개 부인 ... 288

| [정통개혁신학의 반론] | 289 |

퀴어신학은 죄 용서를 받은 죄인들의 공동체라는 교회의 본질을 거부

   2) 퀴어신학은 교회 공동체를 동성애 공동체로 왜곡 ... 290

| [정통개혁신학의 반론] | 291 |

동성애 허용 공동체는 예수 그리스도의 거룩한 보편적 공동체 아니다

   3) 퀴어신학자들은 성경에 많은 동성애자가 있다는 황당한 해석을 한다 ... 294

| [정통개혁신학의 반론] | 295 |

퀴어신학은 동성애와 전혀 관계없는 성경의 인물들을 동성애자들로 왜곡한다

2. 퀴어신학의 구원론: 성경과는 거리가 먼 이단적 구원론 ... 296
   1) 퀴어신학은 동성애자들도 하나님이 받으신다고 왜곡한다 ... 296

| [정통개혁신학의 반론] | 297 |

하나님의 언약과 약속은 그의 계명과 말씀을 지키고 믿는 자에게만 해당한다

   2) 퀴어신학은 예수의 십자가 공로로 인한 구원이라는 대속 교리가
      필요 없다고 본다 ... 299

| [정통개혁신학의 반론] | 299 |

퀴어신학은 동성애를 죄로 인정하지 않으니 그리스도의 대속 사역을 부인한다

3. 퀴어신학의 종말론: 성 관계가 조화롭게 정의롭게 되는 성(性) 종말론 300
[정통개혁신학의 반론] 301
퀴어 종말론은 음행이나 동성애 심판 없는 성 해방 왕국론으로 성경적 종말론을 왜곡한다

제3장 퀴어신학의 세례론, 성찬론, 묵상론, 성 윤리 304

1. 퀴어신학의 세례론: 세례를 동성애 공동체 연대성에 들어가는 의식, 수세자의 성(性) 정체성을 동성애 정체성으로 변화시키는 의식으로 왜곡 304
[정통개혁신학의 반론] 305
세례는 성 정체성의 변화가 아니라 영적 변화(성 정체성 회복)의 사건이다

2. 퀴어신학의 성찬론: 성찬을 젠더주의적(성 정체성 확인)으로 왜곡 307
  1) 퀴어신학은 성찬 시 예수 몸은 젠더 중립적인 몸이라고 왜곡 307
[정통개혁신학의 반론] 308
성찬의 예수 몸은 젠더 중립이 아니라 영적으로 임재하시는 부활의 몸
  2) 성찬은 성 정체성(동성애)을 확인하는 의식으로 왜곡 310
[정통개혁신학의 반론] 311
성찬은 성 정체성의 확립이 아니라 영적으로 임재하는 예수와 만나는 사건이다

3. 퀴어신학의 묵상론: 묵상을 동성애적 성적 오르가즘으로 외설화 312
  1) 퀴어신학은 묵상에서 '그리스도와 연합'을 성 관계시 오르가즘과 동일시한다 312
[정통개혁신학의 반론] 313
퀴어신학은 순수한 영적 체험인 묵상을 성적 절정 경험인 오르가즘에 비유함으로써 외설화시킨다
  2) 묵상 속의 하나님 체험이란 성적 체험과는 전혀 다른 영적 체험: 그리스도인의 즐거움이란 신체적인 쾌락이 아닌 말씀 묵상이 동반하는 신령한 즐거움 316

4. 퀴어신학의 성 윤리: 동성애, 매춘 등, 성 해방 주장하는 성 자유방임주의 헬미니악, 제닝스 등, 퀴어신학자들은 성경이 자유로운 성과 매춘을 개방했다고 가르친다 319
[정통개혁신학의 반론] 320
퀴어신학은 성경 본문에서 완전히 벗어나 젠더주의 선입견을 주입하여 성(性) 자유방임주의에 빠지고 있다

제4장 퀴어신학은 동성애를 정당화하는 이단 사상이다   323
  1. 퀴어신학은 "성경이 동성애 동성혼를 정당화한다"라고 왜곡한다   323
    1) 퀴어신학은 결혼의 목적이란 자녀 출산이 아니라 성화와 성숙을
       위한 것으로 본다   323
    [정통개혁신학의 반론]   324
    성경은 결혼의 목적에서 자녀의 출산과 번식을 복으로 여기고 장려한다
    2) 퀴어신학은 '그리스도와 신자의 신비적 연합'처럼 '동성 간 결혼'을
       할 수 있다고 주장한다   325
    [정통개혁신학의 반론]   326
    동성애와 동성혼은 창조 질서의 위반이요 성경이 금(禁)하고 있다
    3) 퀴어신학은 '아가페 사랑은 동성애와 이성애에 차이를 두지 않는다'
       라고 가르친다   327
    [정통개혁신학의 반론]   329
    퀴어신학은 에로스 사랑과 아가페 사랑을 혼동한다
    4) 퀴어신학은 양자(養子)됨의 원리를 동성 가족에 적용한다   330
    [정통개혁신학의 반론]   330
    동성 가정이란 성경에서는 생소하며 성경에는 이성(異性) 가정, 영적 가족, 영적 입양이 있다
    5) 퀴어신학은 그리스도인은 양성(兩性)이신 그리스도를 따라서,
       성 소수자(LGBTQ)의 다양한 성 정체성을 선택할 수 있다고 주장한다   331
    [정통개혁신학의 반론]   332
    그리스도의 양성(신성과 인성)은 동성애자들 가운데 성적으로 활동하는 양성애자(이성애와 동성애를 하는 자)와 다르다
    6) 퀴어신학은 예수의 두 가지 말씀(막 3:33; 눅 14:26)을 인용해 예수는
       전통적인 가족 제도를 부인했다고 해석한다   333
    [정통개혁신학의 반론]   334
    정통개혁신학은 퀴어신학의 가족 제도 거부 주장을 다음 두 가지 이유에서 거부한다
  2. 동성애 이슈는 단지 윤리적 문제를 넘어선 하나님이 보시기에 "가증한 악"
    이다   336
    1) 구약(창세기, 레위기, 에스겔, 예레미야)의 경고   336
    2) 신약(로마서, 고린도전서, 유다서)의 경고   337
  3. 테오도르 제닝스의 동성애 정당화 퀴어신학 비판   340

1) 기독교 이후의 신학: 사신신학적 전통   341
2) 해체주의적 성경 읽기   344
3) 게이적 성경 읽기   347
4) 예수를 동성애자로 해석   349
5) 하나님을 잡신으로 이해: 거룩하신 하나님의 존재 자체를 음란한 잡신으로 전락시킴   350
6) 동성애 정당화   351
4. 퀴어신학은 성경을 자의적(恣意的), 독신적(瀆神的)으로 해석해 동성애를 정당화하는 기괴(Queer, 奇怪) 사상이요 사도적 교리를 부인하는 이단 사상이다   352
1) 퀴어신학의 성경 해석 방법은 젠더 이데올로기에 지배되고 있다   352
2) 퀴어신학의 교의학은 신론, 기독론, 대속론, 부활 이해, 교회론, 구원론, 종말론, 성찬론, 묵상론, 성 윤리 등 전통 교리를 젠더주의적으로 왜곡   353
  (1) 퀴어신학의 신론은 하나님을 알지 못하는 분으로 말하는 하나님에 대한 불가지론을 표방한다   353
  (2) 퀴어신학의 기독론은 역사적 예수를 동성애자나 여성적 요소를 지닌 남성으로 간주하는 외설적 기독론이다   353
  (3) 퀴어신학의 속죄론은 기독교의 대속 진리를 왜곡한다   354
  (4) 퀴어신학은 부활한 예수의 몸이 남성성과 여성성의 자리바꿈이 가능한 몸이라고 왜곡한다   354
  (5) 퀴어신학의 교회론는 교회가 죄인들의 공동체라는 것만 강조하여 동성애자의 회개를 부인한다   355
  (6) 퀴어신학의 구원론은 동성애자들도 하나님이 받으신다고 왜곡한다   355
  (7) 퀴어신학의 종말론은 종말을 성 관계가 조화롭고 정의롭게 되는 최종의 때로 왜곡한다   355
  (8) 퀴어신학의 세례론은 세례를 동성애 공동체 연대성에 들어가는 의식으로 왜곡한다   355
  (9) 퀴어신학의 성찬론은 성찬이 성 정체성(동성애)을 확인하는 의식이며, 성찬 시 예수의 몸은 젠더 중립적인 몸이라고 젠더주의적으로 왜곡한다   356

(10) 퀴어신학의 묵상론은 묵상을 성 관계의 오르가즘과 동일시한다 356
(11) 퀴어신학의 성 윤리는 기독교의 성화 지향적인 절제 윤리를
자유방임적인 성 윤리로 왜곡한다 356
3) 퀴어신학자들은 퀴어문화축제, 성 평등 정책, 동성애 차별 금지법
제정을 지지하여 음란과 방탕을 공개적으로 지지한다 356
4) 동성애는 가증한 일(성 중독)이고 이를 지지하는 퀴어신학은
교리적으로 이단 사상이다 357
5) 퀴어신학은 예수를 동성애자로 보면서 기독교를 동성애교로 변질:
동성애 퀴어복음은 사도적 복음인 예수 그리스도의 복음이 아니다 359

맺음말 360
참고 문헌 364

서론

'퀴어'(queer)라는 용어는 1960년부터 등장하기 시작했고 1980년대부터 일부 학자가 그 의미를 긍정적으로 해석하면서 동성애자들이 자신들을 '성소수자'(Sexual Minority)로 표현하면서 동성애(homosexuality)를 변호하는 논리로 사용해 왔다.[1]

퀴어신학(Queer Theology)은 1990년대 중반부터 사용되기 시작한 동성애(게이/레즈비언)를 옹호하는 신학이다.[2] 1990년대 중반 퀴어 용어가 신학 분

---

[1] '퀴어'(queer)라는 용어는 철학과 사회학 분야에서 '퀴어 이론'(queer theory), 또는 '퀴어 비판 이론'(queer critical theory)으로 사용되었다. 이탈리아의 페미니스트요 영화이론가인 테레사 드 로렌티스(Teresa de Laurentis)가 1990년 산타 크루즈에 있는 캘리포니아대학교에서 열린 한 학회에서 '퀴어 이론'이라는 용어를 조어(造語)해 사용했으며, 이 학회에서 발표한 여러 논문을 편집하 『차이들: 페미니스트문화연구지』(*Differences: A Journal of Feminst Cultural Studies*)라는 학회지의 특별호(1991년)를 내면서 텍스트를 기괴하게 해석하는 퀴어 이론의 착상을 제시한 후 '퀴어니스'(queerness)라는 용어가 사용되어 왔다(Rhiannon Graybill, *Are We Not Men? Unstable Masculinity in the Hebrew Prophets* [Oxford University Press: New York, 2016]).
미국 버클리대학교 레즈비언 여성철학자 버틀러(Judith Butler)는 1990년 출간된 저서 『젠더 트러블-패미니즘과 정체성의 도착』(*Gender Trouble-Feminism and the Subversion of Identity*)에서 '성의 불쾌감'(Das Unbehagen des Geschlechtes)을 언급하면서 남성과 여성의 정체성 전복과 파괴에 관해 다루었다. 버틀러는 이 저서에서 여성이 없는 페미니즘의 가능성을 제기하며 섹스-젠더 이분법을 허물면서 기존 페미니즘의 성 정치학에 도전했다. 버틀러에 의해 퀴어 이론은 동성애의 이론적 근거로 전개되면서 젠더주의(genderism)가 젠더 주류화 운동으로 확산되고 있다. 김영한, 『젠더주의 도전과 기독교 신앙』(서울: 두란노, 2017), 46-49.

[2] 신학에 '퀴어'라는 말을 적용시켜 처음 사용한 것은 1993년에 게이, 레즈비언 선언을 『행동화된 예수』(*Jesus Acted Up: A Gay and Lesbian Manifesto*, San Francisco, CA: Harper-

야에서 사용되면서 1990년대 말부터 지금까지 게이신학, 레즈비언신학으로 사용되던 것이 '퀴어신학'이라는 용어로 통합되어 사용되기에 이르렀다.[3] 대한예수교장로회(통합) 교단은 2018년 9월 제103회 총회에서 퀴어신학을 '이단 사상'으로 결의했다.[4]

퀴어신학은 포스트모던 시대의 신학적 논의로서 기본적으로 자유주의적이고 매우 급진적 여성신학과 연결된 포스트모던 해체주의신학이다. 퀴어신학은 정통적 기독교 교리를 총체적으로 부정하고 이를 대체하는 젠더주의적 성경 해석과 신학적 활동을 한다.

영국 엑서터대학교(University of Exeter)의 전임강사(Lecturer)인 여성 퀴어신학자 수잔나 콘월(Susannah Cornwall)은 전통적인 신학을 '백인적이고, 남성적이며, 유럽적이고, 이성애적인 신학'(usually white, male, European, heterosexual theology)으로 규정한다.[5]

퀴어신학은 전통적인 신학이 이러한 편견 속에 있다고 주장하며 전통적인 신학의 주장을 비판하고 젠더주의적으로 해석한 내용으로 기독교신학의 교리적 항목을 서술한다.

Collins, 1993)라는 책으로 낸 로버트 고스(Robert Goss)다(이승구, "퀴어신학, 게이신학, 레즈비언신학, 퀴어링 기독교," [cafe.daum.net/koreaBibleLAb/fNfh/1188], 대한 에스라 성서연구원, 2018.9.18).

3 1990년대 이후로 해체철학과 사회학에서 점점 더 많이 사용되던 퀴어 이론을 신학에 적용시켜 작업하는 것이 퀴어신학이라고 할 수 있다. 퀴어신학, 퀴어 종교 등의 용어는 1995년에 '퀴어 사람들'(queer people)이라는 용어의 사용과 함께 1990년대 중반부터 사용되기 시작한다.

4 2018년 예장통합 이단사이비대책위원회 보고서(http://www.amennews.com/news/articleView.html?idxno=16535).

5 Susannah Cornwall, "Queer Theology and Sexchatology," *Susannah Cornwall interviewed by Richard Marshall* (available at: http://www.3ammagazine.com/3am/queer-theology-and-sexchatology/, accessed on 26th October, 2017).

퀴어신학은 모든 신학이 다 상황적임을 인정하면서 이제 성적인 지향에 대해서도 상황화된 논의를 해야만 한다고 주장한다. 특히 '퀴어 사람들'(queer people)의 경험에 비추어 전통적 기독교를 재검토(re-examine)하고 재편성(reframe)해야 한다고 본다.[6]

그러므로 퀴어신학은 이제 기독교의 잠정성(provisionality)을 인정해야 한다고 주장한다. 그리고 이제는 '퀴어 사람들'의 '다름과 낯섦'(the otherness and strangeness)이 '좋은 것'이라는 것을 깨우치고자 한다. 전통적으로 '정상적인 것'(normality)과 '건강한 것'(healthiness)이라고 하던 것을 극복하고 넘어서야 한다고 주장한다.

가정도 하나님이 규정하신 자연적인 형태는 있지 않다고 본다.[7] 퀴어적인 것은 '그 정체성을 규정할 수 없고 그것은 계속 어떤 것을 부정하고 불편하게 하는 것'이라고 본다. 퀴어적인 것은 우리의 일상적 상식 세계를 부정한다고 본다.[8]

결국, 이성애적, 가부장적 체계로 쓰인 전통적인 기독교신학을 젠더주의적으로 수정해야 한다고 주장한다.[9]

그러므로 퀴어신학은 신학이란 용어를 사용해 전통적 교회와 기독교신학에 기생하면서 그 내용으로는 갈라디아교회에 들어온 유대주의자들처럼

---

[6] 이승구, "퀴어신학의 주장과 그 문제점들," 종교개혁 5백주년 기념, 「제15회 샬롬나비학술 대회자료집」, "동성애, 과연 인권인가?" 백석대, 2017.11.24, 39.

[7] K. Söderblom, "Re-thinking and Re-doing Gender in Churches and Theology," (https://www.euroforumlgbtchristians.eu/other-activities/36-english/resource-material/reading-and-studying/lectures/125-re-thinking-and-re-doing-gender-in-churches-and-theology).

[8] Lee Edelman & Michele Ainabarale, eds., *No Future: Queer Theory and the Death Drive* (Durham, NC: Duke University Press, 2004), 17; Queerness "can never define an identity; it can only ever disturb one."

[9] Cf. Cornwall, "Queer Theology and Sexchatology"을 참조하라.

사도적 복음을 변질시키고 전통적인 신학을 변질시키는 교회 기생적 이단 신학(기독교 정통 교리 부정)이라고 말할 수 있다.[10]

사도 바울은 갈라디아교회에 들어온 유대주의자들이 믿음에 율법 행함을 첨가하는 교리에 대해 경고하며 다른 복음은 없다고 하면서 자기나 심지어 하늘에 내려온 천사라고 할지라도 다른 복음을 전하면 "저주를 받을 것이다"(ἀνάθεμα, anathema, accursed)라고 천명했다.

> 다른 복음은 없나니 다만 어떤 사람들이 너희를 교란하여 그리스도의 복음을 변하게 하려 함이라 그러나 우리나 혹은 하늘로부터 온 천사라도 우리가 너희에게 전한 복음 외에 다른 복음을 전하면 저주를 받을지어다 (갈 1:7-8).

---

10 김영한, "동성애 정당화하는 퀴어신학은 이단 사상이다." 신학과윤리포럼, 공동주최: 한국윤리재단, 한국개혁신학회, 샬롬을꿈꾸는나비행동, 한국기독교생명윤리협회, 2018.8.8, 1-13.

제1장

퀴어신학과 정통개혁신학

1. 퀴어신학이란?

　퀴어신학은 '모든 것은 항상 변화하고 있으며 세상에는 절대적인 도덕적 규범은 없다'라는 논리를 전개하면서 '동성애(同性愛, homosexuality)는 자연스러운 일이다'라고 보며, '성서가 동성애를 정당화한다'라고 주장한다. 퀴어신학은 동성애 이해에 있어서 모든 것은 항상 변화하고 있다는 생성의 철학과 후기 현대주의에 장악된 현대인들의 상대주의 윤리 사조에 맞춘다. "성(sex, Geschlecht)이란 남성과 여성으로 고정된 것이 아니라 유동적이다. 절대적인 이성애적 규범이란 존재하지 않는다"라는 논리를 전개해 성경이 "가증하다"(תועבה, 토에바, detestable, 레 18:22)라고 여기는 동성애를 변호한다.[11]

　퀴어신학은 1955년 영국의 신학자요 목사인 데릭 쉘윈 베일리(Derrick Sherwin Bailey, 1910-1984)가 그의 저서 『동성애와 서구 기독교 전통』(Homo-

---

[11] 이상원(기독교윤리학/조직신학 교수), "성 혁명의 소용돌이 속에 진입한 한국교회," 동반교연(동성애/동성혼개헌 반대전국교수연합), 카톡방 올린 글, 2017.10.23.

sexuality and Western Christian Tradition)에서 동성애에 대한 전통적 교회의 해석을 비판함으로써 시작되었다.[12]

그는 동성애에 대한 전통적 교회의 해석이 잘못되었다고 주장했다. 베일리는 소돔과 고모라 사람들이 롯에게 요구한 것은 동성애가 아니라 낯선 사람들에 대한 친밀한 교제를 원했다는 것이다. 오늘날 퀴어신학자들은 베일리의 창세기 '소돔과 고모라 동성애 사건 해석'을 받아들이고 있다.[13]

그로부터 65년이 지난 오늘날 퀴어신학자들과 호모필리아(*homophilia*, 동성애 옹호자)들은 로마 가톨릭 신부이자, 철학과 심리학 전공으로 퀴어신학자인 다니엘 A. 헬미니악(Daniel A. Helminiak)이 2000년 저술한 『성서가 말하는 동성애』(*What the Bible really say about Homosexuality?*)를 근간으로 하고 있다.[14] 이들은 모두 헬미니악이 제시한 성경 해석을 교리적 모델로 삼는다.

헬미니악은 이 저서에서 "하나님의 신적 작정과 거룩한 품성을 훼손하면서 다윗과 요나단, 다윗과 사울, 룻과 나오미, 다니엘과 환관장 등 성경에 기록된 거룩한 하나님의 증인들을 동성애와 관련해 악의적으로 해석하고 있다"는 점과 그는 "예수님이 백부장과 종 사이의 동성애 관계를 알면서도 죄의 질책 없이 병을 고쳐줬으니 동성애를 결국 인정한 것과 다름없다"라

---

12 Derrick Sherwin Bailey, *Homosexuality and Western Christian Tradition*, 1955; Dynes, Wayne R., ed. "Bailey, Derrick Sherwin," *Encyclopedia of Homosexuality* (New York; London: Garland, 1990), 103-4. Archived from the original on February 22, 2006.
그의 저서는 1957년 '울펀던위원회보고서'(Wolfenden report)를 작성하도록 했다. 이 위원회는 서로 합의를 거친 인간의 사적인 동성애 행위는 형법의 처벌 대상에서 제외되어야 한다고 했다. 10년 후, 1967년 영국 국회에서 동성애에 대한 형법상 처벌 면죄의 길이 열렸다.

13 Bailey, *Homosexuality and Western Christian Tradition*, 참고.

14 Daniel A Helminiak, 『성서가 말하는 동성애: 신이 허락하고 인간이 금지한 사랑』(*What the Bible Really says about Homosexuality*), 김강일 역 (서울: 해울, 2003)를 보라.

는 궤변을 늘어놓고 있다.¹⁵

헬미니악은 전통적 교회가 동성애를 죄악으로 언급하는 것은 잘못된 성경 해석 때문이라고 전제한다. 그는 교회사 전통에서 '문자대로 읽기'(Literal Reading)의 성경 해석 원칙을 고수한 보수주의 성경 학자들을 비판한다. 그러면서 그는 '역사비판적 읽기'(Historical critical Reading)라는 자유주의 성경 해석 원칙을 통해 동성애를 이해해야 한다고 주장한다.

헬미니악의 논지는 성경이 각 시대의 풍습과 언어의 관습을 수용해야 하기에 시대에 따라 해석도 달라질 수 있다는 것이다. 헬미니악은 "성경은 결국 동성애자의 도덕성이나 윤리성에 대해 아무 직접적 태도를 취하지 않고 있다. 다시 말해, 성경은 최소한 동성애에 '중립적 태도'를 취하고 있다"라고 주장한다.¹⁶

이러한 헬미니악의 동성애관은 그의 자유주의적 성경관과 해석에서 비롯된 것이다. 만일 헬미니악이 성경이 하나님의 영감된 말씀이라는 사실을 받아들이고 하나님이 사람을 그분의 형상과 모양에 따라 만드셨다는 구절에 대해 올바로 이해만 했다면 성경이 동성애를 정당화한다는 신성모독의 실수는 하지 않았을 것이다. 헬미니악의 '역사 비판적 읽기'의 자유주의 성경 해석은 매우 위험하다. 이러한 자의적 성경 읽기 때문에 교회사적으로 성경 해석의 오류와 이단자들이 발생하는 것이다.

---

15 이승구, "퀴어신학 선구자들의 신학에 대한 비판적 논의," "동성애 정당화하는 퀴어신학은 궤변," 유영대, 「국민일보」, 제2차 탈동성애인권교수포럼, 2015.11.23(http://news.kmib.co.kr/article/view.asp?arcid=0010094362&code=61221111&cp=nv).

16 이요나, "동성애, 신학적 조명과 복음적 해법," "동성애 정당화하는 '퀴어신학'은 궤변," 이대웅, 「크리스천투데이」, 제2차 탈동성애인권교수포럼, 2015.11.20(http://www.christiantoday.co.kr/view.htm?id=287230).

미국 시카고신학대학교 교수요 대표적 퀴어신학자 테오도르 제닝스(Theodore W. Jennings, Jr)는 급진적 신학자로서 2009년에 한국을 방문하여 한신대학교 등지에서 강연도 했으며 동성애 문제를 해방신학적 관점으로 해석했다.

제닝스는 "어떤 문서에도 소돔의 죄로 동성애를 언급하지 않고 있다"라고 주장했다.[17] 성경에서 말하는 소돔과 고모라의 죄는 교만, 폭력, 미움 등일 뿐이라는 것이다. 소돔의 죄는 오직 '약한 이방인을 대상으로 집단적 강간의 형태를 취했던 소돔의 불의를 말하는 것'이라고 한다.[18] 제닝스는 『예수가 사랑한 남자』(The Man Jesus Loved)에서 주장한다.

> 동성애자들을 억압의 대상이 아닌 해방의 대상으로 보고 동성애에 대한 기독교의 전통적 관점이 잘못됐고 왜곡됐으므로 성경을 '게이적'으로 읽어야 한다.[19]

제닝스는 기존의 전통적 성경 읽기가 이성애(異性愛)적 결혼과 가족적 가치들의 전형에 너무 집착한 나머지 자신들의 이성애(異性愛)적 전제들을 텍

---

[17] Mark D. Jordan, *The Invention of Sodomy in Christian Theology* (Chicago, IL: University of Chicago Press, 1997). Scroggs, "Does the Bible Not Oppose Homosexuality?"(죄는 "lack of hospitality"라고 해석) *Frontline*, http://www.pbs.org/wgbh/pages/frontline/shows/assault/bible/doesnotoppose.html)도 보라. 이미 D. Bailey(1955), John McNeill(1976)도 같은 주장을 했다.

[18] Peterson Toscano의 설명도 비슷한 주장이다(https://www.youtube.com/watch?v=ipmg-d7grgu0&feature=youtu.be). 이러한 주장이 Student Christian Movement 홈페이지에서 유포되고 있다.

[19] Jennings, Jr., Theodore W. 『예수가 사랑한 남자』 (*The Man Jesus Love*), 박성훈 역 (서울: 동연, 2011), 제1장 동성애와 성서학적 해석, 12-40.

스트에 투영해 독해하고 있다고 주장한다.[20]

제닝스는 동성애를 반대하는 성경 텍스트들이 왜곡되었다고 주장한다. 그 역시 다윗과 요나단, 룻과 나오미, 백부장과 종, 예수와 사랑한 제자 등을 게이적으로 해석한다. 제닝스의 해방신학적 성경 읽기 전략은 성경 텍스트 안에 아프리카인들이 숨겨져 있음을 입증하는 등 여성신학, 생태신학, 동물신학의 입증 전략·해석과 비슷하다.[21]

제닝스는 '게이적·퀴어적 감수성으로 성경을 해석하는 전략'을 사용하고 있다. 이는 그의 텍스트 해석이 동성애적으로 의도된 것이며 그 자체로 자의적(恣意的)임을 나타낸다.[22]

제닝스의 게이적 읽기 전략은 동성 간 성 행위에 관여하는 사람들에 대한 문화적, 사회적 정죄를 말하는 성경적 가르침(창 19장; 삿 19장)에 도전하는 것이다. 만약 이러한 방식의 퀴어적 해석들이 퍼져나가 일반화된다면, 퀴어 문화를 중심 가치로 내세운 교회가 등장할 수 있고 창세기에서부터 확립된 남녀관과 가족관, 성경적 윤리관을 뿌리째 흔들어, 또 다른 충돌과 혼란으로 이어질 위험이 있다.

정통개혁신앙을 가진 신자들은 동성애만 정죄되어야 한다는 것으로 생각해선 안 된다. 동성애를 비롯한 모든 잘못된 난잡한 성 행위(free sex)도 창조주 하나님이 주신 창조 질서에 반하는 것이므로 잘못됐다고 인식해야 한다. 하나님의 계명에 따라 올바른 성애(性愛, 결혼 안의 성적 결합, 이성애적 삶, 절제된 성적 삶)를 실천하도록 해야 할 것이다.

---

20 이대웅, "하다니엘, 퀴어신학의 이단성에 관하여," "동성애 정당화하는 퀴어신학은 궤변," 제2차 탈동성애인권교수포럼, 「크리스천투데이」, 2015.11.20(http://www.christiantoday.co.kr/view.htm?id=287230).
21 이대웅, "하다니엘, 퀴어신학의 이단성에 관하여," 2015.11.20.
22 이대웅, "하다니엘, 퀴어신학의 이단성에 관하여," 2015.11.20.

2. 정통개혁신학

저자는 본서에서 퀴어신학을 정통개혁신학의 입장에서 비판적으로 조명하고자 한다. 저자가 여기서 사용하는 정통개혁신학은 역사적으로 종교개혁자들의 사도적이고 교부적인 신앙 전통을 계승하고자 하는 전통적인 개신교 주류 교회, 청교도적 신앙 전통을 이어받은 신학, 특히 본인이 소속하고 있는 복음주의적 장로교회와 개혁교회가 지향하는 신학의 전통을 받아들이는 것을 말한다. 이는 사도신경과 니케아-칼케돈-콘스탄티노플신경을 받아들이는 신앙 체계를 말한다.[23]

종교개혁의 전통을 계승하는 정통개혁신학은 사도신경과 니케아-콘스탄티노플신경(Nicea-Constantinople Creed, 381년), 칼케돈신경(Chalcedon Creed, 451년)과 아타나시우스신경(Athanasius Creed, 500년)을 수용하는 신학이다.

니케아신경(the Nicene Creed, Symbloum Nicaenum)은 아리우스 논쟁에서 비롯된 그리스도의 신성 교리를 325년 니케아공의회에서 '성부와 성자의 동일 본질'로 결정한 에큐메니칼회의였다. 니케아공의회 이후 계속된 논쟁에서 성령의 신성(divinity of the Holy Spirit)이 문제로 부각되면서 삼위일체 논쟁으로 확대되었다.

A.D. 381년 콘스탄티노플공의회(Council of Constantinople, Concilium Constantinopolitanum)는 이런 면에서 정통 삼위일체론을 정립한 회의였다. 콘스탄티노플신경은 성부, 성자, 성령의 본질에서 일치와 위격의 명확한 구별을 정통 교리로 선언했다.

---

[23] 김영한, "영적 분별에 대한 개혁신학적 기준," 한국복음주의조직신학회 2018년 봄학회 기조 강연, 「제35차 정기논문발표회자료집」, 2018년 5월 12일, 한국복음주의조직신학회, 19-32, 특히 23.

콘스탄티노플신경(Symbolum Nicaeno-Constantinopolitanum)은 381년 콘스탄티노플에서 모인 에큐메니칼공의회에서 150명의 감독이 채택한 신경이다. 콘스탄티노플신경은 니케아신경를 다음과 같이 그대로 이어받고 있다.

> 우리는 한 분 하나님, 전능하신 성부를 믿습니다. 그분은 하늘과 땅, 보이는 것과 보이지 않는 모든 것을 창조하신 분이십니다. 또한, 우리는 한 분 주님 예수 그리스도를 믿습니다. 그분은 하나님의 독생하신 아들이시고 만세(萬世) 전에 성부에게서 나신 분이시며, 하나님에게서 나신 하나님, 빛에서 나신 빛, 참 하나님에게서 나신 참 하나님이십니다. … 또한, 우리는 성령님, 곧 주님이시고 생명의 수여자이신 분을 믿습니다. 그분은 성부와 성자에서 나오시고 성부와 성자와 함께 경배와 영광을 받으시는 분이시며 예언자들을 통해 말씀하신 분이십니다.

이 신경은 그리스도의 신성이나 성령에 관한 언급에 있어서 사도신경보다도 더 명확하고 자세하게 밝혀놓고 있다.

초대교회 알렉산드리아의 목회자이며 정통개혁신학자였던 아타나시우스(Athanasius, A.D. 296-373)는 이단자 아리우스에 대항해 정통 신앙을 위해 싸운 교부다. 아타나시우스는 4세기 교리 논쟁의 시대에서 교회의 정통 진리를 수호하기 위해 적극적 참여했고 주교 재직 중 5번이나 교구장직을 박탈당하고 총 17년 간 추방, 유배, 도피 생활을 했다.

아타나시우스는 유배 생활을 하면서 가는 곳마다 수도원을 세웠다. 그로 인해 수도원은 널리 퍼져 나갔다. 그는 결국 승리한 정통 교리의 수호자가 되었다. 그는 교회 내의 적이 도저히 감당할 수 없는 진리의 투사였고 줄리안 황제에게는 "평화의 방해자요 신들의 적"이 되었다. 아타나시우스는 고대 기독교에서 "정통파 신앙의 아버지"이며 초기 기독교 역사의 무대에서 경외심을 불러일으킨 진리의 수호자였다.

아타나시우스는 오늘도 325년 니케아공의회의 영웅으로 정통 신앙을 수호한 자로 그 빛을 널리 비추고 있다. 니케아공의회의 아타나시우스는 4세기 사람이지만 아타나시우스신경(The Athanasian Creed)은 아타나시우스가 쓴 것이 아니고 그의 신학을 담아 후세 사람들이 5세기(A.D. 420-450)에 제정한 정통 신경이다. 선언은 다음과 같다.

> 구원받으려는 이는 누구든지, 우선 그리스도교의 정통 신앙을 가지는 것이 필요합니다. 누구든지 이 신앙을 완전하고 순결하게 지키지 않으면, 틀림없이 영원한 멸망을 받을 것입니다. 이 정통 신앙이란 이런 것입니다. 곧 삼위로서 일체이시고, 일체 가운데 삼위이신 유일하신 하나님을 믿는 것입니다. 이 삼위를 혼동하거나 한 본질을 분리함 없이 성부의 한 위가 계시고 성자의 다른 한 위가 계시고 또 성령의 다른 한 위가 계십니다. 그러나 성부와 성자와 성령은 다 하나이시며, 그의 영광도 같으며, 그의 주권도 동일하게 영원하십니다.

아타나시우스신경은 삼위일체 하나님 교리를 확립한 공헌이 있다. 아타나시우스 신경의 초석이 된 교부 아타나시우스는 불굴의 의지로 정통 신앙을 수호한 업적에 대한 권위를 인정받아 "정통 교리의 아버지"라는 찬란한 이름을 얻었다고 평가받는다.

정통개혁신학적 성찰에서 가장 중요한 것은 성경을 영감된 하나님 말씀으로 보며, 단지 그것이 쓰인 그 시대의 문화적 산물임을 넘어 모든 시대와 민족을 향한 하나님 말씀으로서 역사 모든 시대의 인류에게 신앙과 행위의 규범이 된다는 것을 받아들이는 신학적 반성이다. 물론, 성경은 역사적 문화적 산물이며 오늘날의 관점에서 미발달된 그 시대의 문화와 문물을 반영한다.

그러나 성경이 증언하는 신앙의 조상들은 하나님과 인격적 신앙 관계 속에서 살았다. 성경은 신앙의 선조들도 원죄(전적 부패) 아래 태어난 인간으로서 윤리적으로는 흠이 있었으나 믿음으로 선한 삶을 추구했다는 것을 실제로 알려 준다. 그리고 성경은 하나님이 인간에게 요구하는 올바른 삶의 윤리와 규범과 가치관을 계시해 주고 있다.

그러므로 성경은 인류의 조상에서 오늘에 이르기까지 인간의 신앙과 윤리적 삶에 대한 비판적 가르침(모든 인간은 죄 아래 있다)을 주기 때문에 오늘날에도 보편적 윤리에 대한 척도가 될 수 있다. 이것이 정통개혁신학에 기반을 둔 윤리적 반성의 기본적 착상이다.

정통개혁신학적 관점에 의하면 구약은 일관성 있게 동성애를 '가증한 것'으로 정죄했고 위반에 대한 형벌은 사형이었다. 신약성경도 동성애에 관해 동일한 언급을 하고 있다. 그러므로 성경은 일관성 있게 동성애를 "가증한 짓"으로 천명하고 있다.

구약성경과 신약성경 모두 동성애를 모르던 시대에 문화적으로 뒤처진 상태여서 동성애를 금한 것이 아니다. 당시 주변 세계에는 동성애가 성행했고 이스라엘조차 경각하지 않으면 이러한 죄악 속에 빠질 수 있는 정황 속에서 하나님은 그의 백성에게 동성애와 다른 모든 죄를 버리고 멀리하라는 명령을 하신 것이다. 그러므로 동성애가 만연한 우리 시대에도 동일한 성경적 원리가 천명돼야 한다.

동성애가 만연되던 시대에 쓰인 구약과 신약에서 동성애를 아주 엄격히 금하고 있는데 오늘날 성경을 읽는 우리가 동성애를 인정한다면 얼마나 이상한 일인가?

물론, 성경에 의하면 동성애만이 아니고 '정상적 혼인 관계 밖의 모든 성관계'를 다 죄악된 것으로 정죄했다. 잠언은 다음과 같이 바른길이란 인간에게 있지 않다고 진리의 초월성을 선언한다.

> 어떤 길은 사람이 보기에 바르나 필경은 사망의 길이니라(잠 14:12).

오늘날 포퓰리즘(Populism)으로 망하는 사회와 국가가 즐비하다. 정통개혁신학은 성경을 신앙과 삶의 지고의 규범으로 받아들이면서 동성애가 하나님의 창조 질서를 거스르는 죄악이라고 천명한다.

2015년에 별세한 독일의 보편사신학자가 천명한 바와 같이 '예수 그리스도의 교회'는 성경이 동성애에 관해 가증하다고 가르치는 복음의 정체성을 지킨다. 그는 오늘날 자유주의 교회가 동성애를 받아들이는 것을 보면서 "동성애를 받아들이는 교회는 '예수 그리스도의 교회'가 아니다"라고 천명한 바 있다.[24]

정통개혁신학은 소위 사회적 약자인 성 소수자의 인권을 존중할 뿐만 아니라 사상의 자유와 신분의 평등 등 헌법적 기본권 또한 존중한다. 정통개혁신학은 가장 근본적으로는 언제나 가장 낮은 자리에서 사회적 약자들의 자리에서 그들과 함께하며 그들의 입장을 옹호하셨던 예수의 복음의 원칙에 충실히 하고자 한다.

---

[24] W. Pannenberg, *Christianity Today*, November, 1996; 김영한, "동성애 행위에 대한 영성신학적 해석," in 김영한 외, 『동성애, 21세기 문화충돌』(용인: 킹덤북스, 2016), 267-300, 294.

하나님은 인간을 남자와 여자로 창조하시고 인간이 결혼하여 자녀를 낳고 가족을 이루게 하셨다. 그러므로 남녀의 사랑은 창조 질서를 따르는 것이고 동성 간의 사랑과 결혼은 창조 질서에 어긋나는 것이다. 결혼과 가정은 동성 간에 이루어지는 것이 아니라 남자와 여자라는 이성 간에 이루어지는 것이다.

이러한 이성(異性)결혼, 즉 양성(兩性)으로 이루어지는 가정에서 자녀들이 생산되며 사회와 국가와 인류는 존속될 수 있다. 이성 간의 사랑과 결혼, 즉 남성과 여성으로 이루어지는 양성 결혼은 창조주께서 인간에게 주신 창조의 복이요 인류 생존의 조건이요 기반이다.

제2장

의도와 내용:
퀴어신학의 동성애 정당화 시도에 대한 정통개혁신학적 비판

제1부에서는 퀴어신학의 성격과 성경 해석과 전제하는 세계관에 대한 비판적 성찰을 하고자 한다. 퀴어신학은 동성애를 정당화하려고 인용하는 성경 구절 해석이 성경신학적으로 전혀 본문의 맥락에 적합하지 않다는 점, 퀴어신학이 성(gender)에 관해 말하고 있는 것이 정통개혁신학의 관점에서 정상적인 성 이해와 윤리에 적합하지 않다는 점을 밝히고자 한다.

제2부에서는 켈러의 퀴어신학, 트랜스 페미니즘에 대한 비판적 성찰을 한다. 퀴어신학이 전제로 하고 있는 과정신학은 범신론적이라는 점, 그리고 트랜스 페미니즘이 말하는 하나님과 세계관은 신비적 부정신학에 속하며 성경적 계시가 증언하는 하나님과 세계 이해와 다르다는 것을 밝히고자 한다.

제3부에서는 퀴어신학의 성경 해석 방법론, 신론, 기독론, 교회론, 구원론, 종말론, 세례론, 성찬론, 묵상론, 성 윤리 등 교의학적 항목에 대한 비판적 성찰을 하고자 한다.

1. 제1부의 내용: 퀴어신학의 성격 및 일반적 주장

제1장에서는 퀴어신학의 성격을 규정했다. 퀴어신학은 성경을 동성애적으로 해석하는 '동성애 정당화 신학인 자유주의신학'이다. 퀴어(queer)의 뜻은 '낯설고 이상(異常)하다'이다. 저자는 퀴어신학의 다섯 가지 문제점을 다음과 같이 제시했다.

① 신학의 본질에서 벗어난다.
② 신학의 보편적 주제가 될 수 없다.
③ 용어 의미가 기괴하다.
④ 성경의 신적 영감성을 거부한다.
⑤ 성경 해석의 기본인 문자적 해석을 거부한다.

퀴어신학의 사상적 배경은 후기 현대적 생성철학이다. 후기 현대적 생성철학은 만물은 유전하고 변한다고 보는 사상이다. 퀴어신학은 인간 성(sex)의 유동성을 주장하는데, 이는 창조 질서에 위배된다. 그러므로 퀴어신학은 정통개혁신학과 전혀 다른 기괴한 신학이다.

제2장에서는 동성애가 창조 질서라는 퀴어신학의 주장은 성경 가르침에 배치되는 그릇된 주장이라는 사실을 밝히고자 했다. 동성애는 창조 질서인 이성애(異性愛, heterosexuality)의 변질(타락)이다. 남자와 여자로서 인간 창조는 생육, 번성, 충만을 위해서다. 퀴어신학자들의 동성애 옹호는 이러한 창조 원리를 간과하는 그릇된 주장이다. 인간의 성적 타락은 인간의 하나님 형상을 더욱 훼손한다.

하나님이 인간을 남녀로 창조한 이유는 생육 번식과 차이성, 다양성과 상보성(相補性)을 위해서이다. 동성애는 창조 질서인 이성애의 변태로써 창조 질서에 어긋나는 것이다. 퀴어신학은 남녀의 생물학적 질서와 남자와 여자의 몸의 연합을 무시한다. 퀴어신학은 몸의 해부학적 다름 속에서 이루어지는 서로 다름, 깊은 사귐, 하나됨을 간과한다.

그리고 남자와 여자의 부부로써 하나됨이라는 몸의 결합의 신성화(神聖化) 비밀을 간과하고 있다. 부활 시 성을 초월한다는 예수의 말씀은 성 평등 함축이 아니라 우리가 더 이상 생물학적 몸을 지니지 않는다는 것을 뜻한다.

제3장에서는 퀴어신학이 동성애가 "가증한 일"이라고 정죄하는 성경의 가르침을 거부하는 사실을 밝히고자 했다. 성경은 하나님이 인류에게 주시는 하나님의 말씀으로 시대를 초월해 모든 종족과 문화에 보편적으로 타당하게 적용되는 인간의 삶과 윤리의 기준이다. 그런데 퀴어신학은 창세기의 소돔과 고모라 동성애 이야기를 젠더주의직으로 해석한다. 그래서 소돔과 고모라 불량배들의 행동은 동성애 행위가 아니라 '불친절의 죄'라고 왜곡한다.

이러한 해석은 본문의 맥락적 해석에서 이탈하고 있다. 레위기, 에스겔서, 유다서는 소돔과 고모라의 죄악이 동성 간 성교라고 규정하고 있다. 레위기는 동성애에 대해 금기 명령을 내린다.

> 너는 여자와 동침함 같이 남자와 동침하지 말라 이는 가증한 일이니라 (레 18:22).

레위기의 동성애 판례인 레위기 20:13은 동성애로 인하여 땅이 더러워지고, 나아가 땅이 거민을 토해내는 형벌로 이어지는 '죄'라는 것을 보여준다.

누구든지 여인과 동침하듯 남자와 동침하면 둘 다 가증한 일을 행함인즉 반드시 죽일지니 자기의 피가 자기에게로 돌아가리라 (레 20:13).

이성애가 바른 성(性) 질서이고, 동성애는 성 중독으로 이성애의 변태(變態)다. 동성애는 창조 질서인 이성애의 타락이다. 창세기 6장은 다자성애(polyamory)를 이성애의 타락으로 규정한다. 로마서 1장은 동성애를 창조 질서의 역리(逆理)라고 정죄한다.

제4장에서는 퀴어신학이 자연스럽다는 동성애는 성적 변태요 어긋남이고 부자연스럽다는 사실을 밝히고자 한다. 동성애는 창조 질서가 아니기 때문에 기괴하고 부자연스럽다. 동성애는 유전(遺傳, heredity)이 아니므로 천부적이 아니다.

이것은 의학 연구팀에 의해서도 증명되었다. 성적 사랑과 우정은 혼동되어서는 안 된다. 동성애는 하나님이 주신 복이 아니라 오히려 하나님이 가증(可憎)히 여기시는 것이다. 동성애는 이성애의 변태이며 어긋남이요 창조의 다양성이 아니다.

제5장에서는 퀴어신학의 주장은 "동성애는 소수자의 행동이니 정당하다"라는 궤변에 대해 애기하고자 한다. 제5장에서는 퀴어신학의 주장과는 달리 세리나 창녀는 예수를 만나 그들의 그릇된 생활을 청산했다는 사실을 밝히고자 한다. 예수는 '세리와 창녀의 친구, 죄인의 친구'였으나 죄악된 생활에서 나오도록 저들을 치유하셨다. 죄란 하나님 계명에 대한 불순종이지 사회적 소외자에 대한 낙인이 아니다. 퀴어신학의 죄 정의는 정치신학적 정의로 사회 윤리적 통념을 무시한다.

그 예로, 우리 사회에서 미성년 제자와 성 관계를 가진 여교사는 개인적, 사회적 죄를 지은 것으로 판결받았다. 예수는 죄인(세리와 창녀)은 사랑했으나 죄(수탈, 불법, 음란)는 미워하셨다. 예수는 죄인을 새 사람으로 바꾸고 새 삶으로 초대하셨다. 퀴어신학의 죄에 대한 이해(사회적 낙인)는 하나님 계명 불순종이라는 성경적 죄 이해에서 이탈한다. 소수자가 되는 것이 바로 의로운 행동을 보장하는 것은 아니다. 동성애 행위가 윤리적 잘못이 아니라는 퀴어신학자의 견해는 성 다수자의 정상적 윤리에 어긋난다.

퀴어신학자들은 동성애자들의 에이즈 헌혈로 죄 없이 죽은 아기와 젊은 이들, 그리고 노부부의 인권과 억울함에 대해서는 침묵하고 있다. 성경은 진리란 다수에 있지 않고 하나님의 뜻에 일치함에 있다고 가르친다. 성경은 '남색하는 자들'(ἀρσενοκοιται, 아르세노코이타이), 즉 동성애자들은 하나님 나라에 들어갈 수 없다고 가르친다.

탈동성애자들의 증언은 동성애가 선천적이 아니라 후천적임을 증명한다. 탈동성애자들의 양심 선언은 동성애가 후천적인 성적 중독에서 오는 것을 증명한다. 그리스도인들은 동성애자들의 처지에서 사랑으로 대하고 중독에서 해방되도록 도와야 한다.

2. 제2부의 내용: 켈러의 퀴어신학, 트랜스 페미니즘의 비판

제1장에서는 트랜스 페미니즘이 주장하는 '제3의 성' 개념은 젠더 이데올로기의 고안물이라는 사실을 밝히고자 한다. 성(sex)은 교차적으로 엮여 있음이 아니라 생물학적으로 서로 다름 속에서 상호 보완성 가운데 있다. '젠더의 부정성'은 인간 존재의 생물학적 정체성 부정이다.

트랜스 페미니즘이 주장하는 '제3의 성' 역시 '제2의 성'과 같이 젠더 이데올로기의 고안물이다.

"젠더(gender)는 인간이 결정하나 성(sex)은 하나님이 결정한다."

젠더 이데올로기는 젠더의 결정자는 인간이라고 주장하며 문화인류학적 성 혁명을 시도하는 제2의 반란(the Second Revolt)이다. 젠더 이데올로기는 인간 신격화를 시도하는 신성모독이다. 퀴어신학은 창조자에 대한 인간의 제2의 반란을 지지하고 있다.

제2장에서는 켈러의 과정신학적 부정신학이 말하는 하나님은 성경의 인격적 하나님과 다르다는 사실을 밝히고자 한다. 과정신학은 하나님을 깊음, 테홈(תהום, tehom), 혼돈으로 상징화한다. 그것은 깊음에서 창조를 말하는데 깊음(the deep)은 하나님 자신이다.

그러나 이러한 창조 이해는 성경적 창조 이해와는 다르다. 창세기 1장은 말씀에 근거한 무(無)에서 일회적으로 완성된 창조를 말하며, 이에 근거한 지속적 창조를 언급하고 있다. 과정신학은 테홈에서 창조를 말하는데 테홈이란 시작도 끝도 없는 창조의 근원이다. 이에 대한 정통개혁신학의 비판적 성찰에 의하면 창세기가 증언하는 하나님은 남성 신(神)이나 여성 신이 아니시다. 정통개혁신학이 창세기 해석에서 이해하는 하나님은 성을 초월한 삼위일체적인 사귐의 존재다.

과정신학은 과정으로써 하나님을 말하며, 테홈에서 시작되는 만물의 서로 얽힘을 주장한다. 여기서 하나님은 테홈, 혼돈, 깊음으로 상징된다.

그러나 테홈으로서 하나님은 창조의 하나님이 아니다. 과정신학적 범재신론은 영이신 하나님은 신체요 물질인 세상, 만물과 연결된다고 주장한다.

그러나 성경적 하나님은 만물에 의존하지 않는다. 성경의 하나님은 신인협동이 아닌 하나님의 주권적 행위를 증언하며, 하나님의 영은 물질적이지 않다는 사실을 증언한다.

제3장에서는 켈러의 트랜스 페미니즘이 생태론적 범신론이라는 사실을 드러내고자 한다. 켈러의 트랜스 페미니즘은 버틀러의 젠더주의와 화이트헤드의 과정철학을 연결하는 제3세대 페미니즘이다.

켈러의 트랜스 페미니즘은 세 가지 특징으로 설명된다.

첫째, 과정신학인 '양자(陽子) 얽힘'에 근거한 관계적 과정 우주론(relational process cosmology)이다.

둘째, 신비주의적 부정신학인 접힘(fold), 또는 주름(pli)으로 설명되는 실재의 다겹성(multiplicity)철학이다.

셋째, 신유물론인 상호육화(相互肉化, intercarnation)론이다. 신유물론은 물질들의 상호 교류하는 힘들의 역동성, 즉 진입 행위(intra-action)를 인정한다.

만물은 무한한 '상호 얽힘'의 관계성 안에 있는 상호 교차성(intersectionality)으로 존재한다. 만물은 상호 얽힘과 상호 교차성 속에 있다. 이에 대한 정통개혁신학의 비판적 성찰에 의하면 하나님 형상으로 지음을 받은 인간 존재는 만물과 상호 얽힌 존재로서 진화의 산물이 아니라 천사보다 귀한 존재한다.

제4장에서는 켈러의 과정 우주론적 범재신론은 하나님의 인격성과 초월성을 상실한다는 위험성을 밝힌다. 하나님의 초월성은 만물의 상호 얽힘 속에서 갇혀 버린다. 하나님은 인격성을 상실하고 생성하는 과정에 있는 범신론적 존재로 평가절하된다. 하나님의 초월적 은총이 상실되고 구원은 자연의 상호 얽힘의 내재적 복원력에서 나온다. 그래서 자연신학이 된다.

성경이 증언하는 말씀의 성육신은 과정 우주론적 범재신론적 육화(肉化)로 변형된다. 과정 우주론은 남성과 여성의 성(性)을 과정적 특성(남성이 여성으로, 여성이 남성으로 되어 감)으로 봄으로써 성(性)의 생물학적 정체성을 부정한다. 그러므로 과정신학적 생태학적 트랜스 페미니즘은 동성애의 정당화를 위한 이론적 근거를 제시하므로 범신론적 세계관을 정립하고 있다.

이에 반해, 정통개혁신학은 하나님의 초월성과 인격성, 내재성과 활동성을 균형 있게 인정하면서 세계는 인간을 위해, 인간은 그리스도를 위해, 그리스도는 하나님을 위해 존재하는 삼위일체적 유일신론적 세계관을 제시하고, 남성(수컷)과 여성(암컷)으로 구성된 양성 질서의 가정, 사회, 세계의 생물학적으로 조화로운 자연과 우주를 제시하고 있다.

3. 제3부의 내용: 퀴어신학에 대한 교의학적 비판

제1장에서는 퀴어신학의 성경 해석, 신학적 근거, 신론, 기독론에 대해 다루고자 한다.

첫째, 퀴어신학은 성경을 자의적 젠더주의적으로 해석하고 성경은 동성애를 죄로 여기지 않는다고 왜곡하여 가르친다.

그러나 올바른 성경 주석에 배치된다

① "상관하리라"(창 19:5).
② "관계하리라"(삿 19:22b)는 성적 관계를 의미한다.
③ 레위기는 동성애 규정과 판례를 제시하고 있다.
④ 에스겔도 소돔의 죄악이 동성애라는 것을 말한다.
⑤ 예레미야도 소돔과 고모라의 죄악이 동성애라는 것을 말한다.

둘째, 동성애의 신학적 근거는 교부들의 동성애 삶이라 보고 교부들의 영성 수련을 젠더주의적으로 왜곡한다

셋째, 퀴어신학의 신론은 '불가지론 내지 외설적 신론'으로 삼위일체를 부인한다

하나님에 대한 불가지론, 남신, 그리고 범재신론을 주장한다.

그러나 성경의 하나님은 아브라함과 이삭과 야곱의 하나님이시며. 하나님은 영이시기 때문에 성을 초월한 인격적 존재시다.

퀴어신학은 하나님을 신자와 성애를 나누는 남신으로 규정하여 하나님에 대한 외설적 해석을 하고 있다. 이는 몸을 지니시지 않은 영적 존재인 성경의 하나님을 모독하는 것이며, 그의 패역한 백성에 언약을 회복하시는 하나님에 대한 모독이다.

넷째, 퀴어신학의 기독론은 외설적 기독론이다

퀴어 기독론은 역사적 예수를 동성애자 또는 여성적 요소를 지닌 남성으로 간주한다. 역사적 예수가 동성애자라는 주장은 제자를 사랑하는 예수와 신실한 제자 사이의 사제 관계를 왜곡하는 외설적 해석이다.

퀴어 기독론은 성육신한 예수의 몸을 생물학적으로 자웅 동체(암수한몸) 존재로 해석하고 있다. 이는 예수의 몸을 젠더주의적으로 해석하는 것이다. 퀴어 기독론은 성육신을 동성애적 몸의 선함에 대한 선언으로 해석하여 성육신 교리를 왜곡한다. 정통개혁신학에 의하면 성육신은 케노시스 사건으로 동성애 퀴어성과 아무 관계가 없다. 예수의 몸은 우리와 동일한 몸이라고 본다.

퀴어 기독론은 십자가에서 죽으실 때 예수의 옆구리에서 나온 피와 물은 여성의 성기에서 나온 액체요 젖이라는 외설적 해석을 하고 있다. 예수의 옆구리 상처가 자궁이라는 해석은 외설이다. 예수의 옆구리를 자궁으로 보

는 것은 예수의 몸을 여성화시키는 것이다. 창에 찔린 예수의 상처에 입을 맞추는 행위를 구강 섹스로 보는 해석은 외설의 극치요 신성 모독이다.

퀴어 기독론은 부활한 예수의 몸이 다젠더적(多性的)이라고 해석하여 젠더주의적으로 왜곡한다. 부활한 예수의 몸을 남성성과 여성성의 자리바꿈이 가능한 몸으로 왜곡한다. 정통개혁신학에 의하면 부활한 예수의 몸은 남성과 여성이라는 인간의 몸을 초월한 몸이다.

퀴어 기독론은 부활한 예수를 붙잡고 대화한 막달라 마리아 행위를 이성애적 사건으로 왜곡한다. 이는 초자연적 능력의 부활 사건을 남녀 애정 사건으로 평가절하시키는 소설적 공상이다.

퀴어 기독론은 부활한 예수님 옆구리 상처에 손을 넣는 도마의 행위를 동성애적 사건으로 왜곡한다. 이는 도마의 신앙고백을 도외시한 젠더주의적 왜곡이다. 퀴어 기독론은 예수 부활을 퀴어 성 해방의 소망으로 왜곡한다. 이는 예수의 부활 사건을 단지 성 해방 사건으로, 젠더주의적으로 왜곡하는 것이다.

제2장에서는 퀴어신학의 교회론, 구원론, 종말론에 대해 다루고자 한다.

첫째, 퀴어 교회론은 교회를 동성애 공동체로 봄으로써 사도적, 거룩함, 보편적 교회를 부인한다.

퀴어 교회론은 교회가 죄인들의 공동체라는 것만 강조하고 동성애자의 회개는 부인한다. 이는 죄 용서를 받은 죄인들의 공동체라는 교회의 본질을 거부하는 것이다. 퀴어 교회론이 말하는 동성애 허용 공동체는 예수 그리스도의 보편적 공동체가 아니다. 퀴어신학자들은 성경에는 많은 동성애자가 있다는 황당한 해석을 한다. 퀴어신학은 동성애와 전혀 관계없는 성경의 인물들을 동성애자로 왜곡하고 있다.

둘째, 퀴어 구원론은 성경과 거리가 먼 이단적 구원론이다

퀴어 구원론은 동성애자들도 하나님이 받으신다고 왜곡한다. 정통개혁신학에 의하면 하나님의 언약과 약속은 그의 계명과 말씀을 지키고 믿는 자에게만 해당한다. 퀴어 구원론은 예수의 십자가 피 흘리심의 공로로 인한 구원이라는 대속 교리가 필요 없다고 주장한다. 퀴어 구원론은 동성애를 죄로 인정하지 않으니 그리스도의 대속 사역을 부인한다.

셋째, 퀴어 종말론은 성 관계가 조화롭게 되는 종말론을 주장한다

종말이란 성이 조화롭고 정의롭게 되는 미래라고 젠더주의적으로 왜곡한다. 퀴어 종말론은 재림의 심판 없는 성 해방의 왕국을 주장함으로써 우주론적 파멸과 구원의 사건으로 임재하는 성경적 종말론을 부인한다.

제3장에서는 퀴어신학의 세례론, 성찬론, 묵상론, 영성 수련, 성 윤리에 대해 다루고자 한다.

첫째, 퀴어 세례론은 세례를 수세자의 성(性) 정체성을 동성애 정체성으로 변화시키는 의식으로 왜곡하고 있다

퀴어신학에서 세례는 동성애 공동체 연대성에 들어가는 의식일 뿐이다. 정통개혁신학에 의하면 세례는 성 정체성 변화가 아니라 옛 사람이 죽고 새사람으로 사는 영적 변화의 사건이다.

둘째, 퀴어 성찬론은 성찬을 성 정체성(동성애)을 확인하는 의식이라고 젠더주의적으로 왜곡하고 있다

퀴어신학은 성찬에서 '예수 몸은 젠더 중립적인 몸'이라고 왜곡한다. 정통개혁신학에 의하면 성찬의 예수 몸은 젠더 중립 몸이 아니라 신앙 안에

서 영적으로 임재하시는 신령한 몸이다. 성찬은 성 정체성의 확립이 아니라 떡과 포도주와 함께 영으로 임재하는 예수와 만나는 사건이다.

셋째, 퀴어 묵상론은 '그리스도와 연합'(*unio cum Christo*)을 외설화한다

퀴어신학은 그리스도와 영적 교제인 묵상을 성 관계의 오르가즘과 동일시한다. 묵상을 성적 절정 경험인 오르가즘(orgasm)에 비유함으로써 묵상을 외설화시킨다.

넷째, 퀴어 영성 수련론은 영성 수련을 성 체험으로 왜곡한다

묵상의 영적 체험을 동성애적 체험으로 보는 것은 외설적이다.

다섯째, 퀴어 성 윤리는 성 소수자(LGBTQ)를 인정하는 자유로운 성 윤리다 퀴어 성 윤리는 성경의 문맥을 젠더주의적으로 왜곡하여 동성애와 자유로운 성 사상을 주장한다.

제4장에서는 퀴어신학은 동성애를 정당화하는 이단 사상이라는 것을 밝히고자 한다.

첫째, 퀴어신학은 동성애와 동성혼에 대한 성경 가르침을 왜곡하고 정당화한다

퀴어신학은 결혼의 목적이란 자녀 출산이 아니라 성화와 성숙을 위한 것으로 본다. 이에 반해, 정통개혁신학에 의하면 성경은 결혼의 목적에서 자녀의 출산과 번식을 복으로 여기고 장려한다.

퀴어신학은 남자도 그리스도와 연합하는 것처럼 결혼도 남자와 남자가 결합, 여자와 여자가 결합할 수 있다고 주장한다. 정통개혁신학에 의하면 동성애와 동성혼은 창조 질서의 위반으로 성경이 금(禁)하고 있다. 퀴어신학에서의 아가페 사랑은 동성애와 이성애에 차이를 두지 않는다고 가르친

다. 퀴어신학은 에로스 사랑과 아가페 사랑을 혼동한다.

퀴어신학은 양자됨의 원리를 동성 가족에 적용한다. 정통개혁신학에 의하면 동성(同性) 가정은 성경에서 생소하다. 성경에는 영적 가족이 있고 영적 입양이 있다. 퀴어신학은 양성(兩性)이신 그리스도를 따라 동성애와 다른 성을 선택할 수 있다고 주장한다.

정통개혁신학에 의하면 그리스도의 양성(신성과 인성)은 동성애자들 가운데 성적으로 활동하는 양성애자(이성애와 동성애를 하는 자)와 다르다. 퀴어신학은 예수의 두 가지 말씀을 인용해 예수는 전통적인 가족 제도를 부인했다고 해석한다.

> 대답하시되 누가 내 어머니이며 동생들이냐 하시고(막 3:33).

> 무릇 내게 오는 자가 자기 부모와 처자와 형제와 자매와 더욱이 자기 목숨까지 미워하지 아니하면 능히 내 제자가 되지 못하고(눅 14:26).

정통개혁신학은 이러한 퀴어신학의 주장을 다음 두 가지 이유에서 거부한다. 예수님은 자연적(이성애적) 가족 제도를 부인하지 아니하셨고 가족보다 신앙이 더 중요하다고 가르치셨다.

둘째, 퀴어신학이 주제로 하는 동성애 이슈는 단지 윤리적 문제를 넘어선 하나님이 보시기에 '가증한 악'이다

창세기, 레위기 18:22, 20:13, 사사기, 에스겔과 로마서 1:26-27, 고린도전서 6:9-11, 디모데전서 1:10, 유다서는 동성애가 죄라는 사실을 명료하게 경고한다.

셋째, 퀴어신학은 성경을 자의적(恣意的), 독신적(瀆神的)으로 해석한다

퀴어신학은 동성애를 정당화한, 전통적인 신학과 다른 기괴(奇怪, queer) 사상이요 사도적 교리를 부인하는 이단 사상이다. 퀴어신학의 성경 해석 방법은 젠더 이데올로기(인간을 젠더로 해석하는 무신론)에 지배되고 있다. 퀴어신학은 예수를 동성애자로 보면서 기독교를 동성애교로 만들고 있다.

퀴어신학자들은 퀴어문화축제, 성 평등 정책, 동성애 차별 금지법 제정을 지지하여 음란과 방탕을 공개적으로 지지한다. 동성애는 가증한 일(성 중독)이고 이를 지지하는 퀴어신학은 교리적으로 이단 사상이다. 동성애 복음은 사도적 복음인 예수 그리스도의 복음이 아니다.

제1부

퀴어신학의 도전

제1장 퀴어신학의 성격: 동성애 정당화 신학인 자유주의신학
제2장 "동성애가 창조 질서"라는 퀴어신학의 주장은 성경 가르침에 배치
제3장 퀴어신학은 동성애를 "가증한 일"로 정죄하는 성경의 가르침 거부
제4장 퀴어신학이 자연스럽다고 하는 동성애는 성적 변태요 어긋남이고 부자연스럽다
제5장 퀴어신학의 주장: "동성애는 소수자의 행동이니 정당하다"라는 궤변

제1장

퀴어신학의 성격:
동성애 정당화 신학인 자유주의신학

1. "퀴어"(queer)의 뜻

1) 낯설고 이상(異常)하다

'퀴어'(queer)란 용어는 '낯설고 이상(異常)하다'란 의미를 지닌다.[1]

'퀴어'란 용어는 '성 소수자'(Lesbian, Gay, Bisexual, Transgender, Questioning, Intersex, Asexual, LGBTQIA)와 동일한 의미로 사용되기도 한다.

하지만 한 가지 의미로 규정될 수 없고 그렇게 제한되기를 거부하는 용어이기도 하다. 영어에서 명사, 동사, 형용사로도 쓰이는 '퀴어'는 정상과 비정상의 경계를 지워 버린다는 의미, '뭔가를 위반하는 행위,' 또는 '이성애 규범성(heteronormativity)에 대한 대항' 등의 의미로도 사용된다.[2]

---

[1] Gerard Louglin, "Introduction: The End of Sex," in *Queer Theology* (MA: Blackwell, 2007), 7.

[2] Patrick S. Cheng, *Radical Love: An Introduction to Queer Theology* (Seabury, 2011), 3-5; "Susannah Cornwall, *Controversies*," in *Queer Theology* (SCM, 2011).

'퀴어'(queer)란 용어는 일반적으로 성 소수자들과 젠더 소수자들, 자신의 성과 젠더 정체성을 고민하는 사람들을 일컫고 이들과 연대하는 '엘라이들'(allies)도 포함하는 총괄적인 용어로 사용된다.[3]

퀴어신학자들은 정통개혁신학의 주제들(천지 창조, 성육신, 동정녀 탄생, 부활, 종말 등)은 정상적 사람들의 상식적 이해에 대해 낯설고 이상한 주제라고 본다. 그런데 이들은 정통개혁신학자들이 낯설고 이상한 것들을 '기괴하고 병든 것이며, 비정상적인 것'[4]으로 정죄하고 억압하여, 신학의 중심에서 변두리로 밀어내고 쫓아내 버렸다고 주장한다.

퀴어신학자들은 원래 신학의 중심이 지닌 낯설고 이상한 것들을 찾아내어 신학의 중심으로 가져옴[5]으로써 낯설고 이상한 것을 억압에서 해방하기 위한 신학적 근거를 마련하고자 한다.[6] 이들이 말하는 '낯설고 이상한 것'이란 동성애를 뜻한다.

퀴어신학자들의 시도는 동성애를 신학적으로 정당화하고자 하는 것에 목적이 있다. 이들은 정통개혁신학이 동성애를 '낯설고 이상한 것'으로 보고 이를 거부하고 억압해 왔으나 정통개혁신학 자체가 '낯설고 이상한 것'이 아닌가 반문한다. 그러므로 이들은 동성애란 낯설고 이상하므로 기독교 신학의 중심이 되어야 하고 동성애에 대한 거부와 모독과 억압은 중단되어야 한다고 주장한다.[7]

---

[3] 김나미(미국 Spelman College 교수, 종교학), "임보라 목사 '이단' 시비를 통해서 본 '연대' 와 '퀴어신학'의 가능성," (https://minjungtheology.tistory.com/856),

[4] Didier Eribon, *Insult and the Making of the gay, trans. by Michael Lucey* (Dueham, NC: Duke University Press, 2004), 15.

[5] Gerard Louglin, "Introduction: The End of Sex," 9.

[6] 이상원, "퀴어신학에 대한 분석과 비판," 한국교회동성애대책협의회(한기총, 한교연, 한장총, 미래목회포럼).「기독교동성애대책아카데미」, 2017, 344.

[7] Gerard Louglin, "Introduction: The End of Sex,"9. 이상원, "퀴어신학에 대한 분석과 비

이들은 성경을 시대적 문화적 산물로 보면서 성경에 기록된 동성애 이야기를 문자 그대로 해석해서는 안 되고, 시대에 따라 그 해석을 다르게 해석해야 한다고 주장한다. 이들은 성경 본문에 대한 문자적 해석을 빗겨나감으로써 구약과 신약에 명료하게 "가증한 행위"(תועבה, 토에바, detestable), 죄악으로 묘사되고 있는 동성애 기록을 그 시대적 문화적 표현이라고 변호하고 있다. 이들은 정통주의자들이 성경을 문자 그대로 해석함으로써 동성애를 배척하는 오류를 범하고 있다고 비판한다.[8]

2) 친동성애적으로 성경을 해석

1994년 민중신학연구소 초청, 2011년 '제3시대 그리스도교연구소' 초청으로 한국을 방문한 바 있는 미국의 대표적 퀴어신학자 테오도르 제닝스(Theodore W. Jennings, Jr)는 급진적 신학자로서 동성애 문제를 해방신학적 관점으로 해석하고 있다. 그는 '호모포비아(동성애 혐오)의 희생자는 성경 그 자체'라고 지적하며 로마 황제 유스티아누스 시대부터 성경 본문은 왜곡되어 사회의 약한 구성원들(동성애자)에 대한 폭행을 허가하는 핑계가 되었다고 주장한다.[9]

그는 주로 성경에 나타난 동성애와 연관된 부분들을 새롭게 해석했는데 예를 들어 어떤 문서에서도 소돔의 죄를 동성애로 언급하지 않으며 사도

판," 344.

[8] Daniel A. Helminiak, 『성서가 말하는 동성애-신이 허락하고 인간이 금지한 사랑』 (What the Bible Really Says about Homosexuality? Millennium Edition, 2000), 김강일 역 (서울: 해울, 2003), 31.

[9] Theodore W. Jennings, Jr., 『예수가 사랑한 남자』 (The Man Jesus Loved), 박성훈 역 (동연, 2011). 제1장 동성애와 성서학적 해석, 12-40.

바울이 "여자들이 본성에 반해 행동한다"라는 것은 동성애가 아니라 황제들을 지배하고 권력 게임에 성을 사용하는 제국의 여자들을 지칭한 것이라고 왜곡한다.

제닝스는 『예수가 사랑한 남자』(The Man Jesus Loved)에서 "동성애자들을 억압에서 해방돼야 할 대상으로 보고 동성애에 대한 기독교의 전통적 관점이 잘못되고 왜곡됐으므로 성경을 '게이적'으로 읽어야 한다"라고 주장한다. 제닝스의 전략은 "성경 속 동성 간 성 행위에 관여하는 사람들에 대한 문화적, 사회적 모욕과 심지어 법률 제정을 위해 가정된 성서적 근거에 도전하는 것"이다.[10] 제닝스는 다음과 같이 말한다.

> 기존의 성경 독해가 이성(異性) 간 결혼과 가족적 가치들의 전형에 너무 집착한 나머지 그 자체 전제들을 텍스트에 투영해 독해하고 있다고 주장함으로써 동성애를 반대하는 성경 텍스트들이 왜곡됐다.[11]

그 역시 다윗과 요나단, 룻과 나오미, 백부장과 종, 예수와 사랑한 제자 등을 게이적으로 해석하고 있다.

제닝스가 제안하는 "게이적·퀴어적 감수성으로 성경을 해석하는 전략"은 텍스트 해석이 동성애적으로 의도된 것이자 그 자체로 자의적인 것이다. 이러한 전략은 "성경이 성경을 해석한다"라는 종교개혁적 성경 해석의 원리에 해석학적으로 어긋난다. 바른 성경 해석의 토대인 "최초 사용의 법칙"(Law of First Use)과 "해석 지속성의 법칙"(Law of Expositional Constancy)은

---

10 Jennings, Jr. 『예수가 사랑한 남자』, 12-40.
11 Jennings, Jr. 『예수가 사랑한 남자』, 12-40.

이러한 종교개혁적 성경 해석 원리에서 나오는 것이다.[12]

앞으로 퀴어적 해석들이 힘을 얻고 일반화된다면, 퀴어 문화를 중심 가치로 내세운 교회가 등장할 수 있고 창세기에서부터 확립된 남녀관과 가족관, 성경적 윤리관을 뿌리째 흔들어 전통적 결혼 문화와 가정과 성 윤리와 충돌하여 개인적 가정적 사회적 가치관 혼란으로 이어질 위험이 있다.[13]

3) 성경에 내재된 퀴어성(queer) 해석: 정통적 성경 해석 비판

광범위한 퀴어신학의 한 분야인 퀴어적 성경 해석은 성경에서 '동성애'에 관한 것으로 여겨지는 구절들을 재해석하는 것에 머물지 않는다. 그리고 성경의 몇몇 등장인물을 '게이'와 '레즈비언'으로, 또한 그들의 관계를 '동성 간의 사랑'으로 해석하는 시도에 머무르지 않는다. 퀴어적 해석은 성경의 세계관적 인식론적 관점에 대한 비판으로 나아간다.

세계관적 인식론적 관점인 '퀴어성'(무규범성)을 통해 성경의 이성애 규범성과 이성애 가부장제, 젠더의 위계 질서를 비판한다. 그 결과 성경에 나타난 규범과 비규범의 이분화, 정상과 비정상의 경계를 비판함과 동시에 경계를 해체(解體)한다. 이러한 성경에 대한 해체주의적 해석은 성경에 내재된 퀴어성을 해석해 내기도 하는 작업으로 이어진다.[14]

다시 말해, 다양한 퀴어신학의 넓은 의미에서 성경의 퀴어적 해석은 정상과 비정상의 극명한 대조를 해체한다. 그리고 성경에 내재된 규범과 비규범

---

12 이요나, 『Coming Out Again: 진리, 그리고 자유』 (서울: 좋은땅, 2017), 98-101.
13 「크리스천투데이」, 2015.11.20, "동성애 정당화하는 '퀴어신학'은 궤변," 제2차 탈동성애인권교수포럼(http://www.christiantoday.co.kr/view.htm?id=287230).
14 김나미, "임보라 목사 '이단' 시비를 통해서 본 '연대'와 '퀴어신학'의 가능성," 「웹진제3시대」(https://minjungtheology.tistory.com/856),

의 경계를 지우고 차이와 경계들을 만들어 내는 권력구조를 비판한다.

다시 말하면, 성경 텍스트에 내포된 이데올로기적 구조(가부장제, 위계질서, 일부일처제, 유일신론 등)에 대한 해체 작업을 시도한다. 그리고 그런 권력구조가 교회를 포함한 사회 전반에서 작동하는 방식을 계속 질문하면서 경계 허물기를 도모한다. 그렇기에 이러한 신학적 시도는 소위 정통개혁신학에 대한 비판과 해체까지 포함한다.[15]

2. 퀴어신학 전략의 여섯 가지 문제점

저자가 추구하는 정통개혁신학적 성찰에 의하면 이러한 퀴어신학의 전략은 **여섯 가지** 점에서 어려움에 직면한다.

1) 신학의 본질

퀴어신학은 기독교신학의 본질에서 빗나가고 있다. 정통개혁신학에 의하면 신학이란 모든 시대의 인간을 향해 주시는 하나님의 말씀을 해석하는 학문적 성찰이다. 사도 요한은 성경의 핵심 주제가 예수 그리스도라는 사실을 역사적 예수의 말씀을 직접 인용하면서 기록하고 있다.

> 너희가 성경에서 영생을 얻는 줄 생각하고 성경을 연구하거니와 이 성경이 곧 내게 대해 증언하는 것이니라(요 5:39).

---

[15] 김나미, "임보라 목사 '이단' 시비를 통해서 본 '연대'와 '퀴어신학'의 가능성."

그런데 동성애가 성경과 신학의 주제라고 주장하는 퀴어신학은 모든 세대의 인간을 향해 말씀하시는 하나님의 뜻과 경륜을 탐구하는 신학의 본질에서 벗어나고 있다. 하나님은 초월적 존재로서 자율적 이성에게 낯설고 이상한 존재이시지만, 항상 윤리적인 보편성을 요구하는 존재시다.

그런데 퀴어신학이 지지하는 주제인 '낯설고 이상한 것'으로 정의되는 동성애란 창조 질서인 양성(兩性)질서를 주신 하나님의 섭리에 어긋나는 것이다. 그리고 동성애는 성경의 주제가 아닌, 하나의 부차적인 것으로써 하나님이 금기하시는 행위다.

정통개혁신학에 의하면 성경의 핵심 주제는 하나님의 구속이다. 이는 예수 그리스도를 통한 인류의 구속이다. 사도 요한은 그의 복음서에서 성경과 신학의 본질에 관해 다음과 같이 증언하고 있다.

> 오직 이것을 기록함은 너희로 예수께서 하나님의 아들 그리스도이심을 믿게 하려 함이요 또 너희로 믿고 그 이름을 힘입어 생명을 얻게 하려 함이니라 (요 20:31).

성경에 나타난 하나님의 구속 섭리와 경륜을 아는 신앙적 성찰이 신학의 본질이다. 동성애는 성경과 신학의 주제가 아닐 뿐 아니라 하나님이 금기하시는 행위다. 그런데 동성애가 창조 질서라는 퀴어신학의 주장은 기독교 신학의 기초인 계시된 하나님 말씀인 성경의 창세기에서 요한계시록에 이르는 66권의 가르침에 배치된다. 성의 결합은 남편과 아내의 결합이라고 창세기는 명료하게 말하고 있기 때문이다.

이러므로 남자가 부모를 떠나 그의 아내와 합하여 둘이 한 몸을 이룰지로다 (창 2:24).

2) 신학의 보편적 주제

동성애의 정당화는 신학의 보편적 주제가 될 수 없다. 퀴어신학의 주제는 동성애의 정당화인데 이것은 신학의 보편적 주제가 될 수 없다. 퀴어신학자 케시 루디(Kathy Rudy)는 동성애는 신학의 중심부를 구성해야 하고 동성애에 대한 모독과 억압은 중단되어야 한다고 주장한다.[16]

정통개혁신학에 의하면 신학의 보편적 주제는 인간적 성적 이슈가 아니라 전 인류의 구원이다.

구원을 주시는 이는 하나님이시기 때문에 신학의 주제는 창조자 하나님, 구속자 예수 그리스도, 보혜사 성령 삼위일체 하나님이시다. 이 삼위일체 하나님은 인간에게 구원을 주시는 인격적인 하나님이시다. 여기서 구원론, 교회론, 성화론, 종말론 등이 나오고 성화론에서 기독교 윤리를 다룬다. 그러므로 동성애 이슈란 기독교인의 삶과 윤리에 속하는 이슈일 뿐이다.

동성애는 젠더주의(젠더 이데올로기)의 핵심이며 동성애를 정당화하는 젠더주의는 인간을 자율적 존재로 보는 이데올로기로서 성경의 가르침에 배치된다. 젠더 이데올로기로 성경을 해석하는 것은 성경을 왜곡하는 것이다. 동성애는 성경이 "가증한 행위"라고 규정하고 있으므로, 신학의 핵심 주제가 될 수 없다. 동성애는 인간의 성적 지향(性的 指向, sexual orientation)을 드러내는 인간의 성적 삶의 한 부분에 속하는 주제이기 때문이다.

---

16 Kathy Rudy, "Subjectivity and Belief," *Queer Theology* (MA: Blackwell, 2007), 43.

특히 동성애는 전통적 도덕 규범에 대해 해체를 선언하고 인간의 자유로운 성 행동을 강조하는 해체주의자 삶의 한 부분에 속한다. 따라서, 퀴어신학은 해방신학이나 혁명신학처럼 후기 현대에 시대적으로 나온 상황신학(contextual theology)에 머무는 제한성을 갖고 있다.

3) '퀴어'라는 용어의 의미

퀴어신학이 사용하는 '낯설고 이상하다'라는 용어(queer)의 의미는 '기괴(奇怪)하다'를 뜻한다. 이것은 정통개혁신학의 의미와 전혀 다르다.

퀴어신학은 '낯설고 이상하다'라는 용어를 성적 의미, 특히 동성애와 관련해 사용하지만, 정통개혁신학은 '낯설고 이상하다'라는 용어를 영적 의미로 사용한다. 말하자면 인간 이성과 경험과 관련해 사용한다.

정통개혁신학이 뜻하는 '낯설고 이상하다'라는 의미는 성경에서 이야기되는 천지 창조 사건, 홍해가 갈라진 사건, 여호수아 명령에서 해가 중천에 머무른 사건, 요단강이 갈라진 사건, 예수의 동정녀 사건, 오병이어 사건, 죽은 나사로가 다시 살아난 사건, 38년 혈루병 여인이 나은 사건, 예수의 부활 사건 등의 초자연적이고 초월적인 사건이기 때문에 과학적으로나 이성적 경험으로 이해될 수 없다는 의미다.

그러나 성령으로 중생한 신자가 믿음의 이성(理性)적 시각으로 성경의 이야기를 읽게 될 때 이러한 모든 사실은 낯설고 이상한 사건이 아니라 하나님이 행하시는 일이기 때문에, 비록 초자연적이고 낯설은 사건이라고 할지라도 믿음의 지성 안에서 '친숙해지고 타당하다'라고 수긍하기에 이른다. 그러므로 정통개혁신학이 동성애를 낯설고 이상한 것으로 보는 의미는 전혀 다르다. 정통개혁신학의 관점에서 동성애는 반인륜적, 비도덕적일 뿐 아니라 의학적으로나 생물학적으로 정상적인 상식적 질서와 부합하지 않는다는 뜻이다. 그래서 '기괴하다'라고 본다.

동성애는 성경의 가르침과 인류의 보편적인 성 윤리에 배치되는 비도덕적인 성적 관행이다. 동성애는 특히 남성 동성애의 경우 항문 성교를 하게 됨으로써 배설 기관과 생식 기관의 기괴(奇怪)한 접촉이 이루어지는 점에서 창조 질서로 주어진 해부학적 질서에 배치된다.

그리고 이러한 접촉은 의학적으로 각종 질환(疾患) 유발의 원인이 될 수 있다는 점에서 보건학적 의학적 질서에 배치된다. 그러므로 정통개혁신학적 주제들(하나님의 말씀과 주권적 행위)의 낯설고 이상함과 동성애의 낯설고 이상함은 전혀 연결될 수 없다.[17] 동성애 행위는 '기괴'한 것이다.

4) 성경의 신적 영감성 거부

퀴어신학은 성경의 신적 영감성을 부인한다. 성경의 영감성을 거부하면 하나님의 말씀인 성경의 본질을 놓치게 된다. 퀴어신학은 하나님의 신비로운 영감의 손길을 부인하기 때문에 성경을 역사적, 문화적 문서로서만 이해하고, 문서의 시대적 편견과 오류를 말하고, 성경이 신앙과 윤리의 보편 타당한 척도임을 부인한다. 그러므로 창세기 등 성경에 나타난 동성애 정죄를 지나간 시대의 편견으로 보는 것이 오늘날에는 더 이상 타당하지 않다고 주장한다.

이에 반해, 정통개혁신학에 의하면 성경은 역사적 문서이기는 하지만, 역사적으로 각 시대에 주어진 영원하신 하나님의 계시된 말씀이다. 성경의

---

[17] 이상원, "퀴어신학에 대한 분석과 비판," 360.

계시적 성격은 성경을 시대를 넘어서는 지속적인 고전으로 인류에게 다가오게 한다. 이 신적 영감성은 성경을 하나님의 말씀으로 시대와 문화를 넘어서게 만든다.

생성철학이 주장하는 "모든 것은 변한다"라는 명제는 제한적인 의미가 있다. 하나님이 변하며 만물과 인간의 본질이 변한다고 이해해서는 안 된다. 하나님은 영원히 계시고 그는 변하지 않으시는 분이시다. 하나님은 생성을 초월해 계시는 분이시다. 그가 만드신 이 만물도 그 형태는 변하나 그 피조물적 본질은 변하지 않는다. 인간도 그 지식이나 문화와 형태는 시대에 따라 변하나 인간성이라는 본성은 변하지 않는다. 성경의 영감성이란 성경이 지니는 핵심으로써, 비록 그 시대의 인간들에게 주어진 하나님의 뜻으로, 그 시대의 언어로 주어진 신적 감동을 말한다.

성경에는 하나님의 영원한 감동이 그 저작 과정에 있다는 것이 성경의 신적 영감성이다. 신적 영감(divine inspiration)이란 '하나님의 감동으로 됨'(*theopnustos*)에서 온 말이다. 그 문자적 의미는 하나님에게서 호흡이 밖으로 발산되어진(breathed out from God) 것을 말한다. 다시 말하자면 신적으로 숨을 내쉬는 것(ex-pired)을 의미한다.

시대나 인간의 문화는 변하나 하나님의 뜻은 변하지 않는다. 퀴어신학은 이러한 기독교 신앙의 본질을 거부하고 있다.

5) 성경 해석의 기본인 문자적 해석을 거부한다

퀴어신학은 성경에 대한 상식적 문자적 해석을 거부한다. 그 대신 상징적 또는 은유적 해석을 시도한다. 예컨대, 창세기 1장의 창조 이야기에서 '태초에 하나님이 천지를 창조하시니라'는 말씀을 상징적으로 은유적으로 해석하고자 한다. 그럴 때 이 세계는 단지 하나의 상징이나 은유의 존재가 되어 버린다. 우리는 실재 세계를 잃어 버리게 되고 기독교 신앙은 공중누각의 문학적 상상의 세계를 믿는 것이 되어 버린다.

그러나 정통개혁신학은 성경이 원칙적으로 문자적 해석이 되어야 한다고 가르친다. 하나님은 우리에게 일상 생활 세계의 방식으로 문자적 언어로써 말씀하신다. 정통개혁신학은 하나님이 우리의 일상적인 언어로서 인간에게 그의 뜻을 알려 주셨다고 믿는다. 이것을 '상식적 실재론'(common sense realism)이라고 말한다.

그러므로 상식적 실재론은 성경에서 하나님이 우리에게 말씀하시고 우리를 만나는 방식이다. 루터나 칼빈 등 종교개혁자들도 성경 해석의 기본은 성경이 말하는 용어를 문자적으로 해석하는 것이라고 했다. 성경 해석은 원칙적으로 문자적 해석이 주도적이며, 이에 추가로 은유적, 다양한 해석이 적용되어야 한다. 정통개혁신학에서는 텍스트의 본래 의미가 가장 중요하며, 모든 시대의 해석은 그 본래적 의미에 따라 적용되어야 한다.

성경 해석의 기초는 '최초 사용의 원칙'(law of first use)과 '해석 지속성의 원칙'(law of expositional constancy)이다. 저자가 최초로 의도한 본래적 의미가 중요하며(최초 사용의 원칙), 저자의 의미는 시대를 넘어서 지속되어야 한다(해석 지속성의 원칙).

이 두 가지 원칙은 성경 해석에서 기본적으로 준수되어야 한다.[18] 예컨대, 창세기 1장의 창조 기사에서 "태초에 하나님이 천지를 창조하시니라"는 말씀은 문자 그대로 해석해야 한다.

---

[18] 이요나, 『Coming Out Again: 진리, 그리고 자유』 (서울: 좋은땅, 2017), 98-100.

6) 성경의 해체주의적 해석: 정통개혁신학 해체 시도

퀴어신학자 패트릭 챙은 퀴어신학이란 '성 소수자'(Lesbian, Gay, Bisexual, Transgender, Questioning, Intersex, Asexual, LGBTQIA)에 맞추어 행하거나 '그들을 위해 하는' 신학이라고 주장한다.

퀴어신학은 '사회적 성(gender)과 성적 지향(sexual orientation)에 대한 사회적 문화적 규범들에 의도적으로 대립'하면서, 이런 이슈들이 새로운 빛에서 보여질 수 있도록 '이전까지 감춰어졌던 소리들(hidden voices)과 숨겨졌던 관점들(hidden perspectives)을 드러내고자' 한다.

따라서, '여러 정체성, 특히 성 정체성과 관련한 경계들에 도전하고 해체하려는' 신학이다. 그렇게 하는 것의 동기는 성경이 말하는 '급진적 사랑'(radical love)이라고 하며, 이런 '급진적 사랑이 기독교신학과 퀴어신학 모두의 중심에 있다'고 주장한다.[19]

이러한 성경의 퀴어적 해석은 성경의 신적 영감성을 도외시하고 성경을 하나의 지난 시대의 문화적 산물로서만 보며 그것 안에 반영된 권위주의적 이분법적 구조를 허무는 해체주의적 해석이다.

이러한 퀴어적 해석은 성경이 하나님 말씀이라는 신적 영감의 성격을 부인하고 성경을 단지 하나의 인간 작가의 종교적 문화적 상상으로 시대적 흐름에 따라 윤리와 가치가 다르게 표출하는 퀴어성을 지닌 것으로 보고 있다.

이러한 보다 넓은 퀴어적 해석은 종교 다원주의를 수용함으로써 기독교가 유일한 구원의 종교라는 교리의 기초가 되는 예수 그리스도의 신성과

---

[19] Patrick S. Cheng, *Radical Love: An Introduction to Queer Theology* (Seabury, 2011), 3-5; 이승구, "퀴어신학, 게이신학, 레즈비언신학, 퀴어링 기독교," 대한에스라성서연구원 2018.9.18(cafe.daum.net/koreaBibleLAb/fNfh/1188).

성육신과 십자가의 대속의 죽음과 부활 사건의 구속사적 경륜과 섭리를 부인한다. 그럼으로써 기독교는 이러한 해체주의적 성경 해석으로 그 유일성과 보편성이 허물어질 수 있는 위험성을 안고 있다.

성경의 의미와 목적은 그리스도 안에서 하나님의 대속이라는 유일한 의미와 목적을 가진다. 그러나 이러한 퀴어성에 입각한 성경에 대한 해체주의적 접근에 의해 성경의 유일한 의미(예수 그리스도 구속의 역사)는 부정되는 것이다.

3. 퀴어신학의 사상적 배경과 인간관: 후기 현대적 생성철학과 인간 성(gender)의 유동성

1) 후기 현대적 생성철학: 만물의 유전(流轉), 만물 본질의 불변성 부정

퀴어신학자는 인간의 '성'(性, gender)[20]을 유동적인 것으로 본다.

'성'이란 남성이나 여성으로 고착되는 것이 아니라 남성이 여성으로 여성이 남성으로 자유로이 오갈 수 있는 유동성으로 본다.

'성'의 유동성 개념은 "만물은 끊임없이 생성 소멸한다"라는 고대 그리스의 사상가 헤라클레이토스(Heraklitos)의 생성철학에 기반을 두고 있다. 헤라클레이토스는 만물의 변화에는 그것을 생성하는 자연의 법칙인 로고

---

[20] 저자는 성(sex)과 젠더(gender)를 구분한다. 성은 남성과 여성으로 구분된 이원적, 자연적, 생물학적 성을 말하나, 젠더는 남성과 여성의 구분이 없는 동성애적 사회적 성을 말한다. 젠더주의자들은 성을 말하지만, '생물학적 성'(biological sex)을 인정하지 않고 사회적 성(gender, social sex)만을 인정한다.

스(Logos)가 있다고 보았다.

그러나 오늘날 포스트모더니즘은 로고스 사상(불변하는 법칙)을 부인하고 모든 것은 변한다는 만물 유전(流轉)의 유동성만을 강조하고 있다. 여기에는 후기 현대의 해체주의 세계관과 인간관이 자리 잡고 있다.

여성 퀴어신학자 루디(Kathy Rudy)는 후기 현대주의 인간을 '이곳에 서 있으면서 동시에 저곳에 서 있기를 바라는 존재,' 곧 '어떤 고정된 성격, 성별, 인종, 종교, 국적에 매이지 않는 존재'[21]로 본다. 루디는 현상적 인간과 본질적 인간을 혼동하고 있다. 정통개혁신학에 의하면 현상적 인간은 시대, 처소, 성별, 종교, 국적, 성격에 매이나 본질적 인간은 이러한 것에 매이지 않는다.

인간의 본질은 하나님 앞에 서는 존재요 죽음에 직면한 존재, 희망을 바라보는 존재, 신앙적 존재로 그의 현상적 차원에 제약받으나 이를 넘어서고 있다. 본질적 인간은 보편적 윤리와 가치에 매이며 심지어 이를 위해(신앙적 순교, 윤리적 신념 지킴 등) 자신을 헌신한다.

생성철학에 기초한 윤리관에는 고정된 보편적인 규범 체계로서의 윤리는 존재하지 않는다는 상대주의와 해체주의적 세계관이 자리 잡고 있다. 모든 것이 생성 속에 있기 때문에 고정되고 불변한 진리나 가치나 윤리는 없다고 본다. 이러한 상대주의와 해체주의 세계관은 범신론적 세계관으로서 우주와 역사를 창조하시고 모든 존재에 의미를 부여하시는 초월적 절대적 존재이신 하나님의 존재를 거부하는 세계관이다.

---

[21] Kathy Rudy, "Subjectivity and Belief," 43-44.

2) 인간 성(sex)의 유동성(流動性) 주장: 창조 질서에 위배

퀴어신학은 인간에 대해 규범성에서 벗어난 위치 자유성(positionality)을 강조한다. 퀴어신학에서 규범적인 것이란 타율적 규범(heteronomative)으로써 기존 문화의 이성적 규범적 틀에 매이는 것을 말한다.

퀴어신학은 타율적 규범을 부정한다. 인간은 자율적 존재로서 스스로 자기 존재를 결정해야한다는 것이다. 여기서 인간의 위치 자유성이 나온다. 인간은 고정된 것이 아니라 자신의 위치를 자유롭게 결정할 수 있는 존재다. 인간은 자신의 젠더(gender)적 정체성을 위한 사회적 공간을 자유롭게 마련한다.[22]

그래서 인간의 젠더도 유동적(流動的)으로 남성에서 여성으로, 여성에서 남성으로 자유롭게 이동할 수 있다고 본다. 퀴어신학은 인간의 정체성을 본질없는 정체성(identity without an essence)으로 규정한다. 퀴어신학은 하나님의 본질이 알려지지 않은 것처럼 인간의 본질이란 알려지지 않는다고 말한다. 이처럼 알려지지 않는다는 것은 '낯설고 이상한 것'을 말한다고 본다.[23]

그러나 퀴어신학이 인간의 정체성을 본질 없는 정체성이라고 규정하는 것은 정통개혁신학이 성경의 가르침에 근거해서 제시하는 인간의 정체성 이해, 말하자면 하나님의 형상(אדם, 쩨렘, *imago dei*)인 존귀한 창조물이라는 사상과 전혀 다르다. 퀴어신학의 이러한 본질 없는 인간 정체성 규정은 하나님의 형상을 지닌 인간 정체성을 가르치는 성경적 인간 정체성 모습에 전혀 일치하지 않는다.

22　Louglin, "Introduction: The End of Sex," 9; 이상원, "퀴어신학에 대한 분석과 비판," 345.
23　Louglin, "Introduction: The End of Sex," 9; 이상원, "퀴어신학에 대한 분석과 비판," 345.

정통개혁신학이 알려 주는 인간의 본질은 없지만 알려지지 않은 것이 아닌, 하나님의 창조물이요 하나님 앞에 섬으로써 그 존재 가치를 지닐 수 있는 존엄한 존재다. 시편 8편은 하나님이 존귀하게 지으신 인간의 존엄성을 노래하고 있다.

> 사람이 무엇이기에 주께서 그를 생각하시며 인자가 무엇이기에 주께서 그를 돌보시나이까 그를 하나님보다 조금 못하게 하시고 영화와 존귀로 관을 씌우셨나이다(시 8:4-5).

성경은 인간을 무규정적 존재가 아니라 하나님의 형상으로 지음을 받은 존재임과 동시에 하나님의 명령에 거역하는 죄인이라고 구체적으로 규정하고 있다.

4. 퀴어신학은 정통개혁신학과 전혀 다른 기괴한 신학

1) 퀴어신학의 기괴성: '하나님은 모르는 존재'로 이해

하나님의 본질은 알려질 수 없다는 퀴어신학의 주장은 하나님의 본질이 그의 보이는 형상이신 예수 그리스도 안에서 알려진다는 성경적 가르침과 전혀 다르다. 퀴어신학은 스스로 '신학'이라고 말하지만, 자신이 가지고 있는 범신론적 신관과 인간관에서 출발하고 있다.

퀴어신학은 전통적인 신학이 '백인적이고 남성적이며 유럽적이고 이성애적인' 신학이라고 주장한다. 즉, 전통적인 신학이 이런 편견 속에 있다고 주장하는 것이다. 퀴어신학은 특히 '퀴어사람들'의 경험에 비추어 전통 기독교를 재검토하고 재편성해야 한다고 주장한다. 퀴어신학은 전통적인 신학을 수정하고 극복해야 할 신학적 표현으로 본다.[24]

퀴어신학은 전통적으로 정상적이라고 하던 것과 건강한 것이라고 하던 것을 극복하고 넘어서는 점에서 '기괴하다'고 자기 정체성에 대해 말하고 있다. 퀴어신학은 전통적으로 정상적이라고 하던 것과 건강한 것이라고 하던 것을 극복하고 넘어서며, 결국 전통 기독교 자체를 극복해 갈 수 있어야 한다고 주장한다. 가정(家庭)도 하나님이 규정하신 초자연적인 형태는 있지 않고 인간 스스로가 만들어야 한다고 본다. 창조 질서인 가정, 결혼, 남녀의 양성 질서를 부정한다.

퀴어신학은 성경뿐만이 아니라 하나님께 대해서도 인간적 경험에 입각한 상대적 견해를 취한다. 성경은 문화적 편견과 오류를 지니고 있으며 하나님도 알려지지 않는 존재로 본다. 그래서 퀴어신학은 인본적이고 범신론적 신관과 인간론을 가르치는 '낯설고 이상한' 신학으로서 전통적인 신학이 가르치는 초월적이고 인격적인 삼위일체 신관과 그의 형상으로 지음을 받은 인간관과 처음부터 다른 신학이다.

이러한 퀴어신학은 성경적 신앙에 기초한 전통적인 신학이 함께 할 수 없는 기괴한 신학이다.

---

[24] 이승구, "퀴어신학의 주장과 그 문제점들," 「종교개혁 5백주년 기념 제15회 샬롬나비학술 대회자료집」, "동성애, 과연 인권인가?" 백석대, 2017.11.24). 김진영, "정통 기독교는 '퀴어신학'을 인정할 수 없다," 「크리스천투데이」, 2017.11.24 17:21.

2) 정통개혁신학의 인격성: 하나님은 예수 그리스도 안에서 계시된 인격적 존재라고 이해

정통개혁신학은 인격적인 하나님을 가르친다. 성경은 하나님을 '모르는 존재'가 아니라 "창조의 하나님," "아브라함과 이삭과 야곱의 하나님," "이스라엘의 하나님" 등 무수한 이름으로 자신을 우리에게 알려 주신 열조의 하나님이시며 사랑과 인자와 긍휼과 공의와 정의가 충만하신 분이라고 가르쳐 준다.

정통개혁신학이 가르치는 하나님은 사랑과 은총을 베푸시는 인격적인 존재시다. 그는 예수 그리스도 안에서 자신을 우리에게 인격적으로 드러내신 삼위일체 하나님이시다. 사도 요한은 인간 세상에 오신 하나님 말씀은 초월적 존재이긴 하나 은혜와 진리가 충만하다고 증언한다.

> 말씀이 육신이 되어 우리 가운데 거하시매 우리가 그의 영광을 보니 아버지의 독생자의 영광이요 은혜와 진리가 충만하더라(요 1:14).

그는 말씀이 육신이 되신 예수 그리스도는 보이지 않는 하나님의 인격적인 나타나심이라고 증언한다.

> 본래 하나님을 본 사람이 없으되 아버지 품 속에 있는 독생하신 하나님이 나타내셨느니라(요 1:18).

예수 그리스도는 죄에 빠진 인간을 구원하시려고 오셨다. 이 세상에 그의 아들을 보내신 분은 바로 사랑의 하나님이시다. 정통개혁신학이 말하는 하나님은 성경이 증언하는 인격적인 하나님이시다.

하나님은 거룩하신 분으로서 그가 창조하신 인간들이 그와 같이 거룩한 삶을 살기를 원하시는 분이시다. 그는 인간들이 그의 창조 질서에 따른 정상적인 삶을 살기를 원하시는 분이시다. 그는 인간이 성적 삶(sexual life)도 그가 지으신 대로 이성애적 삶(heterosexual life)을 살기를 원하신다.

이런 의미에서 정통개혁신학이 가르치는 성경의 하나님은 인간의 성적 삶이 역리(逆理)의 삶(동성애는 비정상적 삶)이 아니라 순리(順理)의 삶(이성애는 정상적 삶)이기를 원하시는 분이시다.

제2장

"동성애가 창조 질서"라는 퀴어신학의 주장은 성경 가르침에 배치

1. 동성애는 창조 질서의 이성애의 변질(타락)

퀴어신학자들은 '성경은 동성애를 허용한다'는 관점을 갖는 퀴어신학의 입장에서 창세기부터 요한계시록에 이르기까지 성경 66권을 해석하는 주석서인, 『퀴어 성경 주석』(*The Queer Bible Commentary*, 2008)까지 발행했다.[1]

이들은 창세기 1-2장에서 남자와 여자, 양성(兩性, dual sex)으로 주어진 창조 질서인 가정(家庭)을 부인한다. 퀴어신학은 다음과 같이 피력한다.

> 하나님의 형상대로 인간을 창조했다는 것은 남자와 여자로 인간을 창조했다는 것과 동일한 의미를 지니지 않는다. 하나님은 남자와 여자가 아니다. 사람은 근본적으로 하나님의 형상대로 창조된 존재이지, 남자와 여자로만 창조된 것이 아니다. 남자와 여자의 구분은 절대적이고 필연적인 것이 아니니다. 하나님이 사람을 남자와 여자로 창조한 것은 특정한 목적과 필요에

---

[1] Deryn Guest, Robert E. Goss, Mona West and Thomas Bohache ed., *The Queer Bible Commentary* (London: SCM Press, 2008).

따라 이차적으로 이루어진 일이다.²

퀴어신학자들은 남자와 여자로서 이루어진 창조 질서는 가부장적 진술일 뿐이며 인간에게 반드시 이성애적 행위가 요구되는 것은 아니라고 주장한다. 이들은 남자와 여자의 구분은 인류의 특징이기는 하지만, 정신 질환자, 독신자, 동성애자를 포함하지 못하는 미흡한 진술³이라고 본다.

인간에게 선천적으로 주어진 동성애 성향은 인위적으로 바꿀 수 없고 동성애 실천은 마땅하다고 본다.⁴ 저자는 퀴어신학자들의 이러한 견해는 성경의 본문의 뜻을 제대로 파악했다기보다 성경 본문을 젠더 이데올로기로 왜곡했다고 본다. 그 근거는 다음과 같다.

1) 퀴어신학자들의 동성애 옹호는 창조 원리 간과

퀴어신학자들의 동성애 옹호는 창조 원리 간과한 것이다. 남자와 여자로서 인간 창조 원리는 생육, 번성, 충만을 위한 것이다.

하나님은 모든 동식물을 암컷과 수컷으로 지으셨다. 그리고 인간도 남자와 여자로 지으셨다. 이것이 창조의 원리다. 암컷과 수컷이 결합함으로써

---

2   박경미, "한국교회의 성 소수자 차별에 대한 여성신학자, 여성 기독교인들의 입장," 이대 기독교학과 교수, 한국기독교 회관에서 열린 '한국교회의 동성애 혐오에 관한 간담회'(여성신학회 주관)에서 이대 기독교학과 박경미 교수가 발표한 글, 2012년 10월 2일, 1-4.
3   V. P. Furnish, "The Bible and Homosexuality: Reading the Texts in Context," J. S. Silker ed., *Homosexuality in the Church: Both Sides of the Debate* (Louisville, Kentucky: Westminster/J. Knox Press, 1994), 23.
4   J. C. McNeill, "Homosexuality: Challenging the Church to Grow," in Walter Wink ed., *Homosexuality and Christian Faith: Questions of Conscience for the Churches* (Minneapolis: Fortress, 1999), 50.

비로소 번식과 생육이 가능하기 때문이다. 그러므로 하나님은 인간을 지으시고 복을 주셨다.

> 생육하고 번성하여 땅에 충만하라(창 1:28a).

창조 원리는 남자와 여자가 부부가 되어 성적 결합으로 생육, 번성, 땅에 충만이 가능하게 되는 것이다. 남자와 여자의 창조는 일차적이지 이차적이 아니다.

> 하나님의 형상대로 사람을 창조하시되 남자와 여자를 창조하시고(창 1:27).

창조 원리에서 남자와 여자의 구분은 생물학적으로 고정적이고 본질적이라고 말할 수 있다. 부부는 이성(異性)이 결합하는 것이지 동성(同性)이 결합하는 것이 아니다. 그렇지 않고서는 인간 후손의 생육, 번성, 충만이란 있을 수 없기 때문이다. 동성애는 이성애의 변태로써 성적 타락이다. 남자와 남자, 여자와 여자가 성적 교류를 한다는 것은 창조 질서에 맞지 않는다.

남자와 여자는 성기(性器)가 달라서 해부학적으로 보면 서로 맞추게 되어 있으므로 성적 교류를 할 수 있다. 그리고 서로 다른 성적 기관의 교류를 통해 한 몸이 되는 것이 가정이다. 가정이란 인간이 만든 것이 아니라 하나님이 일반은총으로 인간에게 허락하신 창조의 복이다. 하나님은 인간이 독신으로 사는 것이 좋지 못하다고 하시고 아담에게 배필을 주신다.

> 여호와 하나님이 이르시되 사람이 혼자 사는 것이 좋지 아니하니 내가 그를 위해 돕는 배필을 지으리라(창 2:18).

가정이란 반쪽인 남자와 반쪽인 여자가 서로 만나 불완전한 인격과 몸을 완성해서 한 몸(짝)을 이루는 것이다.

동성 결혼에서는 이러한 창조의 복인 남편과 아내(짝)의 하나됨이 이루어지지 않는다. 성(sex)의 교환이란 짝이 되는 성기(性器)를 통하도록 창조주가 만드신 것이다. 남성끼리의 성교는 항문 성교로 나아가는데, 항문은 배설 기관이지 생식 기관이 아니다. 그러므로 항문 성교는 하나님이 만드신 성적 질서를 교란하는 "가증한 일"(תועבה, 토에바, detestable)이다. 여성끼리의 성적 교합도 창조 질서에 배치되는 것으로서 가증한 것이다.

> 이러므로 남자가 부모를 떠나 그의 아내와 합하여 둘이 한 몸을 이룰지로다 (창 2:24).

가정이란 남자와 남자, 여자와 여자가 만드는 것이 아니라 반드시 남자와 여자가 만드는 것이다.

2) 하나님 형상을 훼손한 인간의 성적 타락

남자와 여자로서 인간은 하나님의 형상, 하나님을 닮은 성품을 반영한다. '하나님의 형상'(צלם, 쩨렘, *imago dei*)은 인간이 가진 하나님을 닮은 존엄성이다. 이 형상은 인간에게 주어진 '원의'(original righteousness)라고 할 수 있다.

'원의'(原義)란 의와 진리의 거룩함(엡 4:24)이다. 하지만 성적 타락은 인간에게 주어진 하나님의 형상을 상실하게 만든다. 창세기 6장에 의하면 인간이 성적으로 타락하게 되어 하나님의 영(靈)이 인간에게서 떠나는 것을 말하고 있다.

> 하나님의 아들들이 사람의 딸들의 아름다움을 보고 자기들이 좋아하는 모든 여자를 아내로 삼는지라 여호와께서 이르시되 나의 영이 영원히 사람과 함께 하지 아니하리니 이는 그들이 육신이 됨이라(창 6:2-3).

"하나님의 아들들이 사람의 딸들의 아름다움을 보고 자기들이 좋아하는 모든 여자를 아내로 삼는지라" 구절은 '다자성애'(polyamory)라는 인간의 성적 타락을 가리킨다.

"하나님의 아들들"이란 '하늘에 있는 신적 존재들'을 말한다. 이들은 모든 민족의 신앙에서 신들로 나타난다.[5] 이스라엘에서는 이들을 하늘 궁정의 신하들, 천사들로 낮춘다(욥 1:6; 2:1; 시 82:1).

"나의 영이 영원히 사람과 함께 하지 아니하리니 이는 그들이 육신이 됨이라"는 구절은 인간의 성적 타락으로 인간에게 있는 '신적 생기(生氣)가 소멸하는 것'을 나타낸다. 이 생기는 하나님의 의롭고 거룩한 성품을 말한다. 그러므로 바울은 하나님의 형상을 상실한 육의 사람들에게 "새 사람을 입으라"고 선포한다.

> 하나님을 따라 의와 진리의 거룩함으로 지으심을 받은 새 사람을 입으라(엡 4:24).

성령으로 새 사람을 입을 때 우리에게 죽은 하나님의 형상이 다시 살아난다.

---

5 창 6:1-4 주석, 『해설관주 성경전서』 (독일성서공회판), 17.

3) 하나님이 인간을 남녀로 창조한 이유: 생육 번식과 차이성과 다양성을 위해

하나님이 인간을 남녀로 창조한 이유는 생육 번식과 차이성과 다양성을 위해서다. 퀴어신학자들은 창조 이야기 해석에 있어서 '남녀의 서로 다름'을 인정하고 있으나 생물학적 번식을 다음과 같이 간과하고 있다.

> 인간을 여자와 남자로 서로 다르게 창조하셨는가?
> 여자와 남자의 서로 다름 속에서 서로 다름을 용납하고 더불어 살아가는 것을 배우고 서로 다름 속에서 일치와 사귐을 이루어가라고 하나님은 인간을 여자와 남자로 지은 것이다.[6]

퀴어신학은 인간 창조를 설명하면서 후손의 번식에 관해 언급하지 않는다. 번식이 없으면 인류는 지속할 수 없다. 인간을 여자와 남자라는 성적 짝으로 지으신 것은 인류의 번식을 위해서다.

창세기 1:28a은 27절 남자와 여자를 창조(창 1:27)하신 이유가 인류의 번성을 위한 것임을 말하고 있다.

> 하나님이 그들에게 복을 주시며 하나님이 그들에게 이르시되 생육하고 번성하여 땅에 충만하라, 땅을 정복하라 (창 1:28a).

---

6 박경미, "한국교회의 성 소수자 차별에 대한 여성신학자, 여성 기독교인들의 입장," 2012년 10월 2일.

인류의 생육, 번성, 충만, 정복에는 자식들의 생산이 전제되고 있다. 후손의 번식은 인류 사회 생존과 존속의 생물학적인 근거다. 정신세계의 융성은 생물학적 세계의 번성을 전제하는 것이다.

퀴어신학은 여자와 남자의 서로 다름 속에서 다름을 용납하고 더불어 살아가라고 하나님이 남녀를 지으셨다고 하면서 '성을 통한 번식'을 언급하지 않는다. 남녀 사이의 신체적인 성적 교섭을 인정하지 않는 것은 영지주의적 오류다. 영지주의자들은 영을 선하다 보고, 남자와 여자 사이의 성적 교섭을 죄와 육신의 무덤으로 보았다.

그러나 창세기는 남자와 여자의 근본적인 차이성을 생물학적 성(性)의 차이로 본다. 서로 다름은 성의 다름이요 서로 끌림은 성의 다름에서 기인하는 것이다. 성이란 인류를 지탱하는 생물학적 동력이다. 하나님이 창조 시에 남자 둘이나 여자 둘만 지으셨다면 인류는 존재할 수 없었을 것이다.

인류의 조상을 아담과 하와라는 이원적 성적 존재(dual sexual being)로 지으셨다는 것은 인류 사회 존속의 동력이 되게 하신 것이다. 남성과 여성으로 이루어지는 짝이 없는 가정에는 후손이 없다. 동성 가정은 후대를 이을 수 없으므로 그 가정은 소멸하며, 그러한 가정으로 이루어진 사회 또한 소멸할 수밖에 없다.

4) 동성애는 이성애의 변태요 창조 질서가 아니다

퀴어신학은 이성애가 창조 질서라는 사실을 다음과 같이 부인한다.

> 자연 생명 세계와 인간 세계에 동성애가 있다는 것은 남녀의 구분이 궁극적이고 절대적인 것이 아니라 더 큰 목적과 뜻을 위해서 생겨난 것임을 가

리킨다. 동성애는 남녀의 사랑과는 다른 성적 사랑이 있다는 것을 가리킨다. 동성애가 있다는 것은 인간이 남녀의 구분을 넘어서, 그리고 남녀의 사랑을 넘어서 인간의 존재와 본분, 사명과 책임을 더욱 깊이 생각해 보라는 요청이다. 하나님의 사랑을 남녀의 사랑으로 한정해서는 안 된다.[7]

퀴어신학은 동성애가 마치 자연 생명 세계와 인간 세계에 자연적으로 있는 것처럼 주장하나 이는 성경이 말하는 창조 질서인 이성애적 질서를 부정하는 그릇된 견해다.

"동성애는 남녀의 사랑과 다른 성적 사랑이 있다는 것을 가리킨다"라는 주장은 퀴어신학의 기괴한 주장으로 전혀 성경에 근거하지 않는다. 동성 간에 이루어지는 성(性)적 사랑은 적절하지 않고 변태적이다. 자연적 성 질서를 거스르기 때문이다. 그러므로 '기괴하다'는 것이다.

사랑에는 일반적으로 네 가지 사랑이 있다.

첫째, 남자와 여자 사이의 육체적 사랑, 에로스(ερως, *Eros*)다.
둘째, 친구 간의 우정, 필리아(φιλία, *Philia*)다.
셋째, 부모의 자녀 사랑으로 혈육적 사랑, 스토르게(στοργή, *Storge*)다.
넷째, 신의 인간 사랑으로 무한한 사랑, 아가페(άγάπη, *Agape*)다.

동성 간의 감정적 교감은 우정이라고 한다. 여기에는 동성애처럼 성적 교류가 전혀 없다. 다윗과 요나단처럼 동성 간의 우정이란 아름다운 덕이

---

[7] 박경미, "한국교회의 성 소수자 차별에 대한 여성신학자, 여성 기독교인들의 입장," 2012년 10월 2일.

다. 예수님은 친구를 위해 목숨을 바치는 것은 아름답다고 말씀하셨다.

> 사람이 친구를 위해 자기 목숨을 버리면 이보다 더 큰 사랑이 없나니 (요 15:13).

동성애는 두 사람이 정신적 교감에만 머물지 않고 성적 교류를 한다. 동성 간의 성적 교류는 창조주께서 인간에게 주신 성의 질서에 맞지 않다. 동성애는 이성애인 '에로스'의 변태로 정상적인 사랑이 아니다. 그래서 퀴어 사랑이다.

이에 반해, '필리아'는 친구 간의 사랑이며, '스토르게'는 부모의 자녀 사랑이며, '아가페'는 하나님의 인간 사랑이다. 이들 사랑은 아름다운 덕을 가진 사랑이다.

그러나 동성애는 변태적 사랑으로 대부분이 오래가지 않고 단기로 끝나고[8] 남성 사이의 성적 행위는 항문 성교로 이어지며 이는 항문 파열을 가져와 에이즈(AIDS) 등 각종 질병을 초래해 수명을 현저히 단축시킨다.[9]

---

[8] 동성 결혼, 동성 커플에서 정절성이나 관계의 지속성은 매우 낮다. 남자 동성 간 결합에서 정절이 지켜지는 경우는 156쌍 중 7쌍으로 매우 드물며, 그 관계 지속도 대개 5년 이내다. 레즈비언 간 커플에서도 이와 유사한 것을 볼 수 있다(W. Schumm, "Comparative Relationship Stability of Lesbian Mother and Heterosexual Mother Families: A Review of Evidence," *Marriage and family Review 46*, 2010, 499-509).; 민성길, "정신의학에서 보는 동성애," in 김영한 외, 『동성애, 21세기 문화충돌』(용인: 킹덤북스, 2016), 577-636, 특히 610.

[9] 길원평, "동성애의 유발요인과 보건적 문제점," in 김영한 외, 『동성애, 21세기 문화충돌』(용인: 킹덤북스, 2016), 503-535, 특히 523.

2. 퀴어신학은 남녀의 생물학적 질서와 남자와 여자의 몸의 연합 무시

1) 몸의 다름 속에서 이루어지는 서로 다름, 깊은 사귐, 하나됨을 간과

기독교는 영지주의와 달리 몸의 종교이다. 창세기 1장의 이야기처럼 남성과 여성이라는 양성 질서는 피조물인 인간에게 생물학적으로 주어진 창조의 질서다. 이에 반해, 퀴어신학은 남녀의 생물학적 질서가 절대적이 아니라고 주장한다.

> 하나님이 인간을 여자와 남자로 창조한 것은 서로 다름 속에서 서로 다름을 넘어서 남자와 여자 사이의 하나됨을 이루어 생명과 정신의 깊이와 풍요로움에 이르게 하신 것이다. 서로 다른 것들의 차이와 낯섦 속에서 더욱 깊고 높은, 다양하고 풍부한 생명과 정신의 세계로 나아가도록 하나님은 인간을 여자와 남자로 지은 것이다. 그러므로 남자와 여자로 된 것은 그 자체로 절대적인 것도, 궁극적인 목적도 아니며, 오히려 다름과 낯섦을 받아들이고 존중하며 향유하라는 하나님의 부름이다.[10]

이 문장에서 퀴어신학은 여자와 남자의 생물학적 성의 차이를 무시하고 정신과 생명의 깊이와 풍요로움만을 강조하고 있다. 이러한 견해는 영지주의적 태도이지 성경적 이해라고 볼 수 없다. 예수님도 중성으로 오지 않고[11] 남성

---

[10] 박경미, "한국교회의 성 소수자 차별에 대한 여성신학자, 여성 기독교인들의 입장," 2012년 10월 2일.
[11] 여성 퀴어신학자 엘리자베스 스튜어트(Elizabeth Stuart)는 성육신하신 아기 예수의 몸은 남성성과 여성성을 한 몸에 지닌 몸(암수한몸)이었다고 해석한다. 스튜어트는 그 근거로서 예수님은 "남성으로 탄생하셨으나 순전히 여성 몸의 요소들로만 구성되었음"

으로 오셨다. 이는 남녀 차별을 가르치신 것이 아니라 무한하신 로고스가 인간의 몸으로 오실 때 생물학적 성을 빌려서 오신 것을 가르치시는 것이다.

퀴어신학은 남녀의 서로 다름, 깊은 사귐, 하나됨을 강조하나 이 다름은 정신적 차원에서만 다르다고 말하고 있다. 퀴어신학은 창세기 2:24, '남자가 부모를 떠나 그의 아내와 합하여 둘이 한 몸을 이룰지로다'가 말하는 몸의 다름 속에서 이루어지는 서로 다름, 깊은 사귐, 하나됨을 간과하고 있다.

퀴어신학의 주장은 몸의 다름과 신비를 강조하는 성경의 가르침을 영지주의적으로 왜곡하는 것이다. 성경은 영지주의와 달리 몸을 중요시한다.[12] 몸은 성령이 거하는 전이다. 몸으로 하나님께 영광을 돌려야 한다. 사도 바울은 음란한 성 생활을 하는 고린도교회 신자들에게 다음과 같이 가르친다.

> 너희 몸은 너희가 하나님께로부터 받은 바 너희 가운데 계신 성령의 전인 줄을 알지 못하느냐 너희는 너희 자신의 것이 아니라 값으로 산 것이 되었으니 그런즉 너희 몸으로 하나님께 영광을 돌리라(고전 6:19-20).

결혼 제도 안에서 남녀 간의 성적 결합은 하나의 몸이 된다고 가르친다. 몸의 결합은 정신의 결합을 포함한다.

퀴어신학은 동성애 주장에서 남자와 여자의 가장 근원적 차이인 생물학적 차이를 간과하고 있다. 그리고 퀴어신학은 '깊은 사귐과 하나됨을 이루어 생명과 정신의 깊이와 풍요로움'을 말하나 이러한 일치나 하나됨은 정

을 지적한다(Elizabeth Stuart, "Sacramental Flesh," in *Queer Theology* (CTSA Proceedings, 2012), 65.

12　김영한, 『개혁정통 신앙에서 본 나사렛 예수』 (용인: 킹덤북스, 2017), 제1권 67-71.

신적 일치를 말할 뿐, 남자와 여자 사이 몸의 일치와 하나를 말하지 않는다. 성경은 남자와 여자가 부부가 되어 몸의 하나됨(창 2:24)을 가르치고 있으나, 동성애는 몸의 하나됨을 이룰 수 없기 때문이다. 그 이유는 동성의 결합이 암컷 수컷의 결합, 조화, 번식이라는 창조 질서에 어긋나기 때문이다.

2) 남자와 여자의 '부부로 하나됨'이라는 몸의 결합의 신성화 비밀 간과

사도 바울은 에베소서에서 남편과 아내의 한 몸 됨이 신랑 그리스도와 신부 교회의 하나됨을 상징한다고 피력한다.

> 그러므로 사람이 부모를 떠나 그의 아내와 합하여 그 둘이 한 육체가 될지니 이 비밀이 크도다(엡 5:31-32a).

여기서 바울은 남자와 여자가 정신적으로만 하나가 되는 것이 아니라 육체적으로도 한 몸이 된다고 하며 이것이 큰 비밀이라고 했다. 남자와 남자, 여자와 여자는 한 몸이 될 수 없다. 이것이 창조 질서다. 다른 성(sex)을 가진 남자와 여자가 몸으로 하나가 된다는 것은 인간이 가진 몸은 하나님의 성전(聖殿)으로서 그리스도와의 영적 연합을 상징한다는 것이다.

바울이 말하는 남편과 아내의 이러한 결합은 영지주의자들의 영지적 연합과는 다르다. 바울은 남자와 여자의 부부로 하나됨이라는 몸의 결합에 하나님이 인간 안에 내주하시는 신비스러운 구속과 인간 신성화(神聖化)의 비밀이 있다는 것을 말해 주고 있다.

성도로서 남자와 여자, 인간은 다가올 하나님 나라의 혼인 잔치에 초대되고 그리스도의 신부가 되어 신랑이신 그리스도와 영적 혼인을 하게 되어 하나님과 영원토록 함께 살게 된다는 것이다. 예언자 호세아는 하나님과 인간의 결혼을 알려주고 있다.

> 내가 네게 장가 들어 영원히 살되 공의와 정의와 은총과 긍휼히 여김으로 네게 장가 들며 진실함으로 네게 장가 들리니 네가 여호와를 알리라 (호 2:19-20).

이는 인간이 하나님이 된다는 존재적 일치나 연합을 말함이 아니라 인간의 성품이 하나님의 거룩한 성품인 공의, 정의 은총, 긍휼로 신성시 된다는 의지적 연합(하나님을 닮아감)을 말하는 것이다.

영지주의자들은 예수께서 몸으로 오신 것을 부인했다. 그래서 사도 요한은 영지주의자들을 적그리스도라고 했다.

> 이로써 너희가 하나님의 영을 알지니 곧 예수 그리스도께서 육체로 오신 것을 시인하는 영마다 하나님께 속한 것이요 예수를 시인하지 아니하는 영마다 하나님께 속한 것이 아니니 이것이 곧 적그리스도의 영이니라 오리라 한 말을 너희가 들었거니와 지금 벌써 세상에 있느니라(요 4:2-3).

몸이 중요한 것은 예수께서 인간의 몸으로 오셨기 때문이다.

예수는 중성(中性)이나 영으로 오신 것이 아니라 동정녀 마리아의 아들인 남자로서 오셨다.[13] 인간의 몸은 하나님의 성전이다. 그리스도인은 몸을 거룩하게 함으로 하나님의 성전이 되어야 한다. 동성애 행위는 하나님이 남자와 여자로 거룩하게 지으신 창조 질서의 몸을 훼손하는 것이다. 사도 바울은 음행과 동성애는 하나님의 성전을 더럽히는 것이라고 경고한다.

> 누구든지 하나님의 성전을 더럽히면 하나님이 그 사람을 멸하시리라 하나님의 성전은 거룩하니 너희도 그러하니라(고전 3:17).

바울은 음란한 행위를 한 고린도교회의 성적 탈선자들과 동성애자들에 대해 다음과 같이 경고하고 있다.

> 불의한 자가 하나님의 나라를 유업으로 받지 못할 줄을 알지 못하느냐 미혹을 받지 말라 음행하는 자나 우상 숭배하는 자나 간음하는 자나 탐색하는 자나 남색하는 자나 도적이나 탐욕을 부리는 자나 술 취하는 자나 모욕하는 자나 속여 빼앗는 자들은 하나님의 나라를 유업으로 받지 못하리라 (고전 6:9-10).

'남색하는 자들'(아르세노코이타이, άρσενοκοιται)은 단지 이방 신전에서 매음하던 남창(男娼)들의 남색(男色, male sexual pervert)에만 국한된다고 보아서는 안 된다. '남색하는 자들'이란 하나님의 법을 어기는 동성애자들을 말하는 것이다. 디모데전서 1:10에서도 율법의 다른 죄들을 범하는 자들로서

---

[13] 김영한, 『개혁정통 신앙에서 본 나사렛 예수』, 제 1권 56-61.

'음행하는 자들'(adulterers)과 함께 열거되는 '남색하는 자들'(아르세노코이타이스, ἀρσενοκοιταις, for perverts)이라는 표현도 동성애자들(homosexuals)을 가리키고 있다.[14]

3) 하나님의 형상성으로서 남녀 인간의 관계성 왜곡

퀴어신학은 '하나님의 형상인 인간'이라는 창조 질서의 진정한 의미를 왜곡하고 있다.[15] 남자와 여자의 관계성으로써 인간은 이 하나님 형상의 표현인데 퀴어신학은 이를 부인하고 있다.

창세기에 표현된 '우리'는 성부, 성자, 성령의 하나님 실재를 표명하는 관계론적 의미로 이해해야 한다. 여기에 물론 존재론적 의미를 배제하는 것은 아니다. 삼위일체 하나님의 상호 의존적 관계는 삼위로 존재하는 하나님의 영원한 사랑 안에서 유지될 수 있다. 삼위 하나님의 관계론적 삶은 삼위 하나님의 존재론적 삶의 표현이다.

올바른 신학적인 인간 이해에서 인간이란 하나님의 형상으로 이해할 수 있다. 이 하나님의 형상이란 인간 남녀의 관계성이다. 후쿠마가 평가했듯이 바르트는 존재론적 유비가 아닌 관계론적 유비의 틀 안에서 인간을 해석했다.[16]

---

[14] 채영상, "동성애, 혼돈 속의 사람," in 김영한 외, 『21세기, 문화의 충돌』 (용인: 킹덤북스, 2016), 184-210, 특히 195-196.
[15] 권문상, "하나님의 형상과 동성애신학의 한계" in 김영한 외, 『동성애, 21세기 문화충돌』 (용인: 킹덤북스, 2016), 309.
[16] K. Barth, *Church Dogmatics* III/1, eds., G. Bromiley, T. F. Torrence (Edinburgh: T. &. T. Clark, 1958), 195.

바르트는 남녀의 관계성이란 성부, 성자, 성령으로 상호 내재(perichoresis)를 이루는 하나님 형상의 자취로 해석한 바 있다. 후쿠마 역시 하나님의 인간 창조를 논의하면서 인간은 남자와 여자가 함께 합하여 하나님의 형상을 반영한다고 해석했다.[17]

후쿠마는 바르트처럼 이 관계론적 유비를 중시하면서 하나님의 형상론은 남녀 창조가 '하나님 형상의 핵심'이라고 보았다.[18] 바르트가 언급하는 남자와 여자의 구별처럼 남녀는 서로 본질적으로 같지만 서로 다르며, 서로 간의 공동협력을 위해 창조된 것이다. 삼위일체 하나님의 관계론적 삶을 따라서, 하나님의 형상을 지닌 인간은 남녀로서 창조되어 상호 의존적인 존재로 살아가도록 지음을 받은 것이다.

진정한 인간의 삶은 남녀가 서로 다른 존재로 상호 구별되면서도 상대의 존재가 자신의 존재를 구현시키고 개인적 존재가 다른 반려자의 존재를 가능하게 될 때 이루어진다. 삼위일체 하나님이 서로 위격이 다르면서도 서로 안에 계시면서 완전히 일치를 이루듯이 남자와 여자는 결혼을 통해 남편과 아내가 되어 하나의 몸이 됨으로써 상호 내재라는 삼위일체 하나님의 신비를 체험하는 것이다.

그런데 동성애의 관계는 우정의 차원이 아니라 동성 간의 신체적 결합을 이루는 것이다. 동성 간의 결합은 창조의 질서에 맞지 않고 몸과 정서에 있어 서로 다른 남녀의 결합과 전혀 다르다. 동성 간의 우정의 소통은 있을 수 있으나 신체적 결합이란 창조 질서에 어긋나는 것이다. 동성 간의 결합이란 창조 질서로 주어진 남녀 간 관계성의 왜곡이 될 수밖에 없다.

---

[17] A. A. Hoekema, 『개혁주의 인간론』(Created in God's Image), 류호준 역 (서울: CLC, 1999), 169.
[18] A. A. Hoekema, 『개혁주의 인간론』, 169.

3. 부활 시 성을 초월한다는 예수의 말씀

부활 시 성을 초월한다는 예수의 말씀은 성 평등 함축이 아니라 우리가 더 이상 생물학적 몸을 지니지 않는다는 것을 뜻한다.

1) 부활 생명체의 생물학적 성 초월(超越)은 지상에서 남녀 양성 철폐를 의미하지 않음

퀴어신학은 동성애의 정당화 근거로 부활 시 시집가고 장가가는 것이 없다는 말씀을 든다. 퀴어신학자들은 다음과 같이 피력한다.

> 예수께서 열어놓은 부활의 생명세계는 창조의 뜻과 목적이 실현되는 세계다. 예수는 "부활 때 사람들은 장가도 가지 않고 시집도 가지 않고 하늘에 있는 천사들과 같다"(마 22:30)라고 했다. 하나님의 창조가 실현되고 완성되는 부활의 때 남녀의 구별과 차이가 없어진다는 것이다. 그러므로 남녀의 구분과 차이는 궁극적인 것도 근본적인 것도 아니다.[19]

이 문장에서 퀴어신학은 동성애 정당화를 위해 남녀의 성이 철폐되는 종말론을 말하고 있다.

그러나 종말 때 생물학적 성이 초월(超越)된다는 예수 말씀의 진정한 의미는 지상에서 남녀의 신체적 구별과 교류를 철폐하라는 것이 아니다. 종

---

[19] 박경미, "한국교회의 성 소수자 차별에 대한 여성신학자, 여성 기독교인들의 입장," 2012년 10월 2일.

말 때 남자와 여자가 가정이라는 생물학적 신체의 결합에 기초한 신분에서 탈피해 천사와 같은 신령한 몸을 가진다는 것을 말한다.

예수는 결단코 현세에서 남녀라는 남편과 아내의 신분을 철폐하라고 권하지 않았다. 예수는 남녀로 이루어진 가정을 창조 질서로 인정하셨다.

> 사람을 지으신 이가 본래 그들을 남자와 여자로 지으시고 말씀하시기를 그러므로 사람이 그 부모를 떠나서 아내에게 합하여 그 둘이 한 몸이 될지니라 하신 것을 읽지 못하였느냐 그런즉 이제 둘이 아니요 한 몸이니 그러므로 하나님이 짝지어 주신 것을 사람이 나누지 못할지니라(마 19:4-6).

예수는 남녀가 한 몸으로 짝을 이룬 결혼 질서를 강조하시면서 하나님이 지어 주신 짝이 갈라지는 이혼을 원칙적으로 금지하셨다. 남녀의 성과 결혼을 철폐하는 것은 영지주의자들의 주장일 뿐이다.

사도 바울은 다음과 같이 영지주의의 위험을 예언하고 있다.

> 성령이 밝히 말씀하시기를 후일에 어떤 사람들이 믿음에서 떠나 미혹하는 영과 귀신의 가르침을 따르리라 하셨으니 자기 양심이 화인을 맞아서 외식함으로 거짓말하는 자들이라 혼인을 금하고 어떤 음식물은 먹지 말라고 할 터이나(딤전 4:1-3a).

영지주의는 성과 결혼을 부정한 것으로 보아 혼인을 금하고 음식물을 먹는 것을 금하였으나 성경은 생물학적 성과 남자와 여자의 결혼을 신성한 것으로 보고 남녀의 결혼과 음식물 나눔을 삶에 필요한 일들로 가르치고 있다.

2) 성경은 이 세상에서 남자와 여자가 이룬 가정을 통한 생육 번식 강조

정통 기독교의 견해에 의하면 하늘나라는 육신이 아닌, 부활한 몸으로 가는 곳이니 남녀의 생물학적 성은 부활의 몸 안에서 지양(止揚)된다. 하늘나라에서 인간의 물질적 몸은 천사와 같이(마 22:30) 신령한 몸을 이루기 때문이다. 바울은 부활 시 육의 몸을 벗고 하늘에 속한 신령한 몸을 입는다고 증언한다.

> 육의 몸으로 심고 신령한 몸으로 다시 살아나나니 육의 몸이 있은즉 또 영의 몸도 있느니라(고전 15:44).

영의 몸도 육의 몸을 영광스러운 차원에서 내포하고 있을 것으로 추정된다. 영의 몸은 육의 몸의 영광스러운 결실이라고 볼 수 있기 때문이다.

> 죽은 자의 부활도 그와 같으니 썩을 것으로 심고 썩지 아니할 것으로 다시 살아나며, 욕된 것으로 심고 영광스러운 것으로 다시 살아나며 약한 것으로 심고 강한 것으로 다시 살아나며(고전 15:42-43).

성경은 현세에 사는 자들의 삶이 생물학적 몸을 소유하고 있기 때문에 사회가 존속하기 위해서 가정을 이루고 자녀를 생산해야 한다. 가정의 대(代)를 이어가야 한다. 그런데 동성애는 자녀의 대가 끊어진다. 그리고 이 지상에서 우리는 중성으로 사는 것이 아니라 항상 남자이든지 아니면 여자로 사는데, 하나님은 이 독처가 좋지 않다고 보시고 남성과 여성에게 배필을 주신다.

여호와 하나님이 이르시되 사람이 혼자 사는 것이 좋지 아니하니 내가 그를 위해 돕는 배필을 지으리라 하시니라(창 2:18).

성에 중성은 없다. 이것이 하나님이 창조 질서의 근본으로 만드신 섭리다.

이러므로 남자가 부모를 떠나 그의 아내와 합하여 둘이 한 몸을 이룰지로다 (창 2:24).

생물학적 성의 질서를 어기고 인간은 살 수 없다.

하나님이 자기 형상 곧 하나님의 형상대로 사람을 창조하시되 남자와 여자를 창조하시고(창 1:27).

부활한 몸은 하늘의 천사처럼 생육 번식이 없다.
그러나 이 세상에서 우리는 육신을 가지고 있고 가정을 가진 자로서 생육 번식의 위임을 받고 있다.

하나님이 그들에게 복을 주시며 하나님이 그들에게 이르시되 생육하고 번성하여 땅에 충만하라, 땅을 정복하라, 바다의 물고기와 하늘의 새와 땅에 움직이는 모든 생물을 다스리라 하시니라(창 1:28).

제3장

퀴어신학은 동성애를 "가증한 일"로 정죄하는 성경의 가르침 거부

기독교 신앙을 가졌는데도 정통개혁신학자들과 퀴어신학자들의 '동성애 관점'이 왜 다른가?

이에 대한 대답은 하나님 신앙과 인간관, 세계관의 기본이 되는 성경에 대한 관점과 해석이 다르기 때문에 동성애관, 신관, 기독관, 구원관, 교회관 등 교리가 다르다. 퀴어신학자들은 성경을 단지 문화적 산물로 보면서 성서비평학적 해석에 따라 성경에 언급된 동성애 금기(禁忌)를 시대적 문화적 편견으로 보면서 '성경은 동성애를 거부하고 있지 않다'고 왜곡한다.

이에 반해, 정통개혁신학자들은 성경을 단지 문화적 산물 이상으로 하나님의 영감된 계시의 말씀으로 진지하게 받으므로 "동성애는 가증하다"(תועבה, 토에바, detestable)라는 성경의 입장을 그대로 받아들인다. 사람들의 결정이나 시대 풍조의 흐름이 아니라 성경의 가르침이 진리와 윤리의 척도다. 이것이 종교개혁의 전통을 계승하는 정통개혁교회의 정체성이다.

저자의 견해에 의하면 동성애 이슈는 단지 개인이나 교단의 신앙적 취향의 문제를 넘어 '예수 그리스도의 교회'가 그 거룩성을 지키느냐, 아니면 이 시대를 주도하는 성(性) 해방의 물결에 휘말려 교회와 신앙의 정체성을 상실하느냐 하는 교회의 순결성과 신자의 거룩성을 지키는 문제와 직결된다.

1. 성경은 하나님이 인류에게 주시는 하나님의 말씀

1) 퀴어신학은 '성경이 각 시대의 문화적 편견과 오류를 지닌 책'이라고 간주

성경은 하나님이 인류에게 주시는 하나님의 말씀으로, 시대를 초월해 모든 종족과 문화에 보편적으로 타당한 인간 삶과 윤리의 기준이다.

그러나 퀴어신학자들은 성경을 역사적으로 오류가 있는 책으로 보고 인간의 편견과 오류가 뒤섞여 있는 책으로 본다. 성경에 대한 이들의 견해는 다음과 같다.

> 성서는 인간과 인간의 구원에 관한 진리를 담은 책이지만, 과학적, 역사적 오류가 많은 책이다. 하나님의 진리는 인간의 불완전한 생각과 지식을 통해 알려지고 표현되고 기록되었다. 시대와 지역의 종교문화적 제약과 한계 속에서 성서의 저자들은 성서를 썼다. 따라서, 성서에는 하나님의 진리와 인간의 편견과 오류가 뒤섞여 있다. 우리는 성서에서 시대를 초월한 하나님의 진리와 시대의 제약 속에 있는 인간의 편견을 구별할 수 있어야 한다. 성서에서 하나님의 진리와 인간의 편견을 구별하지 못하면 자유롭고 책임적인 신앙인이 될 수 없다.[1]

---

[1] 박경미, "한국교회의 성 소수자 차별에 대한 여성신학자, 여성 기독교인들의 입장," 2012년 10월 2일.

퀴어신학은 위의 문장에서 보는 것처럼 '성경에서 하나님의 진리와 인간의 문화적 편견을 구분할 수 있어야 하는데 동성애에 대해 비난하고 정죄하는 구절은 그 시대와 지역의 종교문화적 편견을 반영'하며 이러한 구절들은 2-3천 년 전, '그 시대와 지역의 종교문화적 편견을 드러낸 것'으로 본다.

이러한 해석으로 퀴어신학은 동성애를 비난하는 성경 구절이 시대문화적 편견이 반영된 것으로 보고 동성애 비난 구절은 받아들이지 않는다. 이러한 성경관은 자유주의적 성경관이다.

그러나 정통개혁신학은 성경이 역사적 문서지만, 역사문화적 제약을 넘어 신앙과 윤리에서 시대와 문화를 초월한 보편타당한 규범을 제시해 준다.

창세기에 기록된 하나님의 명령에 대한 순종은 모든 인류에게 보편타당한 규범이다. 창세기 2장에서 아담의 갈비뼈에서 하와를 만드시고 서로 부부가 되어 한 몸을 이루라고 하신 이야기(창 2:18-24)는 결혼과 가정의 근본 원리를 알려 주신 것이다.

창세기 4장에 있는 가인의 아벨 살해 이야기(창 4:1-15)에서 살인은 하나님 형상으로 지음을 받은 인간의 생명을 해치는 것이므로 금지하는 교훈을 주고 있다고 본다.

출애굽기, 레위기와 민수기, 신명기에 나오는 약자와 소외자를 돕는 시민법, 각종 근친상간 및 동성애를 금지하는 규정들은 오늘날에도 타당하며, 특히 십계명은 오늘날에도 모든 사회 윤리의 지침이 되고 있다. 정통개혁신학은 성경이 시대를 초월한 하나님의 말씀으로 종교문화적 편견을 벗어난 보편적 진리와 윤리를 담고 있는 하나님 말씀으로 본다. 따라서, 정통개혁신학은 역사적 정통적 기독교의 성경관을 그대로 추종하고 있다.

2) 정통개혁신학: 성경 윤리의 보편타당성 인정(認定)

정통개혁신학은 '성경이 문화적 의상을 입고 있으나 그 윤리는 보편타당하다'라고 본다.

정통개혁신학의 견해에 의하면 성경은 하나님의 말씀이요 동시에 인간의 말씀이며, 비록 문화적 옷(고대 히브리어와 중동 아시아의 문화)을 입고 있으나 그 말씀이 담고 있는 신앙과 윤리 규범은 시대를 초월해 타당하다. 그 구체적인 예로 모세 시대에 주어진 십계명은 오늘날에도 타당하다.

다른 신 경배 금기, 우상 숭배 금기, 하나님 이름 훼손 금기, 안식일 지킴, 부모 공경, 살인 금기, 간음 금기, 도둑질 금기, 거짓 증거 금기, 탐욕 금기 등은 오늘날 그대로 타당하다. 구약시대의 의식법(정결례) 등은 문화적인 것으로 오늘날에는 그대로 문자 그대로 적용되지 않으나 그 영적 의미는 오시는 그리스도의 희생을 그림자로써 지시하는 것으로 오늘날에도 타당하다고 본다.

그러므로 정통개혁교회는 성경에 인간의 시대적 편견과 오류가 있다고 보지 않는다. 비록 2-3천 년 전 성경의 저자들인 모세나 예언자들이 율법서와 예언서를 썼다 할지라도, 비록 그 시대의 언어를 사용했으나 성경의 교훈은 시대적 문화의 제약과 한계를 넘어 보편적인 윤리와 도덕을 우리에게 제시해 준다고 믿는다. 문화는 그 시대의 의상을 입으나 하나님 신앙과 윤리는 보편적으로 적용된다.

오늘날에도 청교도 순례자의 전통을 이어가는 미국의 남부 주에서는 구약시대 모세의 십계명의 타당성을 인정해 오늘날에도 그대로 지키도록 하고 있다. 그 후예인 정통개혁교회는 수천 년으로 거슬러 올라가는 십계명을 오늘날에도 예배시간에 읽고 그대로 지키기를 다짐하고 있다.

로마서 9:17의 "성경이 바로에게 이르시되"라는 구절이나 갈라디아서 3:8 "성경이 미리 알고 아브라함에게" 등을 보면 성경이 의인화(擬人化)되어 있다. 이것은 성경에 기록된 말씀이 곧 하나님의 음성이자 그분의 권위임을 뜻하는 것이다. 그렇기에 성경만이 최고, 최선, 최종의 권위를 지닌다.[2]

2. 창세기의 소돔과 고모라 동성애 이야기의 젠더주의적 해석 비판

1) 소돔과 고모라 불량배들의 행동은 불친절의 죄 아닌 동성애 행위

퀴어신학은 "동성애 비난과 정죄란 2-3천 년 전 고대 사회의 종교문화적 편견과 오류에 입각하고 있다"라고 다음과 같이 주장한다.

> 성서에는 동성애를 비난하고 정죄하는 구절이 많이 나온다. 이런 구절들은 고대 사회의 종교문화적 편견과 오류를 반영하는 것이다. 이런 성서 구절들을 내세워 동성애를 비난하고 정죄하는 것은 2-3천 년 전 고대 사회의 종교문화적 편견과 오류를 21세기 인간과 사회에 강요하는 것이다. 우리가 자유롭고 성숙하고 책임적인 기독교 신앙인이 되려면 동성애를 비난하고 정죄하는 성서의 구절들에서 벗어나야 한다. 이런 성경 구절에 매이고 집착하는 것은 현대인의 상식과 교양을 거스르는 것이다.[3]

---

2   김진영, "림택권의 글, 성경만이 최고, 최선, 최종의 권위를 지닌다," 종교개혁 500주년 기념포럼, 「크리스천투데이」, 2017.10.10.
3   박경미, "한국교회의 성 소수자 차별에 대한 여성신학자, 여성 기독교인들의 입장," 2012년 10월 2일.

그러나 이러한 퀴어신학의 해석은 성경 본문에서 벗어나는 젠더주의적 해석이다. 퀴어신학자들은 소돔 사람들의 행동은 동성애가 아니라 "불친절의 죄"라고 다음과 같이 왜곡한다.

> 소돔 이야기에 대한 현대 해석자들은 소돔 사람들에게 동성애적인 동기가 있다고 잘못 해석했다. 롯의 손님들이 소돔 사람들이 느꼈을 법한 사랑의 감정을 느꼈다고 생각할 필요는 없다. 소돔 사람들은 성적인 요구를 만족하려고 한 것이 아니라 손님들을 향한 우월성과 힘이 있음을 보여 주려는 의도를 가졌다. 그렇기에 롯의 딸들은 이러한 욕구의 대체(代替)자가 될 수 없었다. 이야기의 촛점은 손님들을 부끄럽게 하는 것이지, 동성애를 행하려는 것이 아니었다.[4]

그러나 정통개혁교회는 창세기의 소돔과 고모라의 동성애 기사(記事)는 동성애 사건을 보도한 것으로 해석한다.

> 롯을 부르고 그에게 이르되 오늘 밤에 네게 온 사람들이 어디 있느냐 이끌어 내라 우리가 그들을 상관하리라(창 19:5).

---

[4] M. Nissines, *Homoeroticism in the Biblical World: A Historical Perspective,* tr. by K. Stjerna (Minneapolis: Fortress Press, 1998), 49. P. Pronck, *Against Nature? Types of Moral Argumentations Regarding Homosexuality,* tr. by J. Vriend (Grand Rapids, MI: Michigan, 1993). P. A. Bird, "The Bible in Christian Ethical Deliberation Concerning Homosexuality: Old Testament Contributions," in D. L. Balch eds., *Homosexuality, Sciences, and the Plain Scene of Scripture* (Grand Rapids, MI: Eerdmans, 2000), 147.

이 구절은 소돔 사람의 동성애 행위를 말하고 있다. 여기서 "이끌어 내라 … 상관하리라"는 말이 친해지기 위한 것이 아니라는 것은 롯이 그들에게 "이런 악을 행하지 말라"(창 19:7), 아무 일도 저지르지 말라"(창 19:8b)고 간청하는 데서 명확하게 볼 수 있다. 롯은 이들의 악행을 막기 위해 "자기의 딸들을 내어 주겠다"(창 19:8a)라고 타협하고자 한다.

8절에 롯의 두 딸이 남자를 가까이하지 않았다고 번역된 히브리어 '야다'(ידע)는 구약에서 948회 사용되었는데, 창세기에서 사용된 12회 가운데 10회가 성교를 뜻하는 용법으로 사용되었다는 점을 고려하면 이 본문에서는 성교(性交, sexual intercourse)를 뜻하는 용어로 해석되는 것이 자연스럽다. 롯은 소돔과 고모라 불량배들의 동성애적 폭력을 완화하기 위해 이성애적 대안을 제시한 것이다.

본문은 소돔과 고모라 불량배들이 동성끼리 성적으로 결합하는 동성애를 넘어 상대방의 의사와 상관없이 일방적인 성폭행을 행하려는 무법적 행위를 보여 준다.[5] 본문은 불량배의 이러한 동성애 행위가 하나님이 보시기에 가증스러운 범죄인 것을 고발해 주고 있다.

2) 레위기, 에스겔서, 유다서에서 '소돔과 고모라의 죄악이 동성 간 성교'라고 규정

퀴어신학자들은 에스겔이 16:40-50에서 소돔과 고모라의 죄악이 "가난하고 궁핍한 자를 도와주지 않은" 한 가지 죄악 때문에 멸망했다고 해석하

---

[5] R. A. J. Gagnon, *The Bible and Homosexual Practice: Texts and Hermeneutics* (Nashville: Abingdon Press, 2001), 73. D. J. Wold, *Out of Order: Homosexuality in the Bible and the Ancient East* (Grand Rapids, MI: Baker Books, 1998), 89. 배정훈, "구약성경에 나타난 동성애," in 김영한 외, 『동성애, 21세기 문화충돌』, 57.

고 있다. 그런데 본문의 구조를 보면 "가난하고 궁핍한 자를 도와주지 않은 죄" 다음에 접속사, "그리고"가 나온 다음, 또 한 가지 죄 "거만하여 가증한 일"을 열거하고 있다. 레위기 18:22에 의하면 동성 간 성교는 "가증하다"라고 규정하고 있다.

따라서, 소돔과 고모라의 멸망이 단지 가난한 자를 돕지 않은 죄 때문만은 아니라 동성애라는 가증한 죄 때문이라는 점을 분명히 하고 있다. 신약 유다서 1:7은 소돔과 고모라가 '다른 색'(σαρκὸς ἑτέρας, other flesh)을 따라가다가 멸망했음을 분명히 하고 있다. 여기서 다른 색(色, other flesh)이란 동성애를 말한다. 사사기에 기록된 불량배들의 동성애 기사다.

> 그들이 마음을 즐겁게 할 때 그 성읍의 불량배들이 그 집을 에워싸고 문을 두들기며 집주인 노인에게 말하여 이르되 네 집에 들어온 사람을 끌어내라 우리가 그와 관계하리라(삿 19:22).

여기서 "관계하리라"(ידע, 야다)는 창세기 19장에처럼 성적 의미를 담고 있다.[6] 이 구절들(창 19:5; 삿 19:22)은 동성애 행위가 하나님이 보시기에 가증스러운 범죄인 것을 말해 주고 있다. 동성애가 천부적인 남녀 간의 이성애의 성(性) 질서를 훼손하기 때문에 정상인(이성애자)인 성 다수자들에 의해 비난을 받는 것이다.

이러한 비난은 도적질, 마약 중독, 강도질에 대한 윤리적 평가가 시대에 따라 변하지 않는 것과 같다. 창조 질서로 주어진 이성애의 성(性) 질서는 시대를 초월해 타당하다. 남녀 간의 이성애가 바른 가정을 이루고 사회를

---

6 배정훈, "구약성경에 나타난 동성애," in 김영한 외, 『동성애, 21세기 문화충돌』, 59.

존속시키는 올바른 성 질서라는 것은 하나님의 창조 질서로 현세에서 변하지 않는다.

3. 레위기의 동성애 금기 명령 해석

1) 퀴어신학은 성결 법전의 제의적 부정과 윤리적 부정을 혼동

창세기의 이러한 동성애 금기 명령은 레위기의 동성애 금기 규례와 동성애 처벌 판례와 일치한다.

> 너는 여자와 동침함 같이 남자와 동침하지 말라 이는 가증한 일이니라 (레 18:22).

> 누구든지 여인과 동침하듯 남자와 동침하면 둘 다 가증한 일을 행함인즉 반드시 죽일지니 자기의 피가 자기에게로 돌아가리라(레 20:13).

이 구절 모두 명백히 동성애 금기(禁忌)를 말해 주고 있다.[7] 앞의 문장은 동성애 금기 규례이며, 뒤의 문장은 동성애 처벌 판례다.
"가증하다"라는 표현은 성적인 죄들이 가증하다는 것을 가리킨다 (레 18:26-27, 29-30). 동성애 금기 사항에 대해 "가증하다"라는 용어를 사용

---

7 배정훈, "구약성경에 나타난 동성애," 43-73, 특히 56, 61.

하는 것(레 18:20; 20:13)은 주목할 만하다.⁸

퀴어신학자 보스웰(J. Boswell)은 "가증하다"라는 용어가 강간이나 도둑질 같은 윤리적인 악이 아니라 돼지고기를 먹거나 월경같이 제의적인 부정(不淨)으로 해석한다.⁹

퀴어신학자 P. A. 버드(P. A. Bird)도 "가증하다"라는 용어는 윤리적 용어가 아니라 제의적 용어라고 해석한다.¹⁰ 그러나 이러한 견해는 정통 구약학자 배정훈이 반박하는 바와 같이 성결 법전에서 나오는 제의적인 부정과 인간의 윤리적인 범죄를 혼동하고 있다.

2) 제의적 부정은 제의를 통해 정(淨)함을 회복하나, 윤리적 부정은 생명을 대가로 지불해야 하는 죄

레위기 1-16장(제사 법전)과 17-26장(성결 법전)이 언급하는 부정(不淨)은 제의적인 부정이다. 예컨대, 부정한 짐승을 먹거나 산모가 아이를 낳거나 유출병으로 인해 부정하게 되는 일은 사람이 책임져야 할 윤리적(倫理的)인 부정이 아니라 목욕이나 제사를 통해 정(淨)하게 회복되는 제의적(祭儀的) 부정이다.

이에 반해서, 레위기 18장과 20장에서는 "가증하다"라고 금기하는 윤리적인 부정에 해당하는 죄는 제의적인 부정이 아니라 "죽일지니라"고 표현하

---

8 배정훈, "구약성경에 나타난 동성애," 66.
9 J. Boswell, *Christianity, Social Tolerance, and Homosexuality*, (Chicago: Univ. of Chicago Press, 1980), 100-102.
10 P. A. Bird, "The Bible in Christian Ethical Deliberation Concerning Homosexuality: Old Testament Contributions," 51-157.

면서 자신의 생명을 대가(代價)로 바쳐야 하는 죄라고 말하고 있다.[11]

동성애는 살인처럼 가증한 것으로 백성들이 더럽혀지고, 그로 인해 땅이 더러워지고, 나아가 땅이 거민을 토해내는 형벌로 이어지는 죄다(레 18:24-30; 20:22-27).[12]

동성애는 목욕이나 제사를 통해 씻어 낼 수 있는 제의적 부정이 아니라 하나님의 창조 질서인 성 질서 위반으로 가증스러운 윤리적인 부정이요 죄악된 행위다.

4. 이성애가 바른 성(性) 질서이며 동성애는 성 중독으로 이성애의 변태

1) 동성애는 창조 질서인 이성애의 타락

수천 년 전, 소돔과 고모라 주민의 동성애 행위가 하나님 앞에서 가증스러운 죄악이라면 오늘날에도 그것은 가증스러운 죄가 된다. 하나님은 시대와 지역을 초월하여 계시는 인격적 거룩한 존재이시기 때문이다. 창세기, 레위기, 사사기에 나타난 동성애 판단은 절대 고대 사회의 종교문화적 편견이 아니다.

그것은 영원자이신 하나님의 판단이기 때문이다. 퀴어신학자들은 이러한 구약성경 구절이 "현대인의 상식과 교양을 거스르는 것"으로 보고 "오늘날 21세기에서 자유롭고 성숙하고 책임 있는 신앙인은 동성애를 비난하고 정

---

[11] D. F. Greenburg, *The Construction of Homosexuality* (Chicago: Univ. of Chicago Press, 1988), 195-196.
[12] 배정훈, "구약성경에 나타난 동성애," 67.

죄하는 구절에서 벗어나야 한다"라고 주장하는 것은 성경 말씀을 인간 중심주의적 세속주의 관점에서 왜곡하는 것이다. 퀴어신학자들은 동성애를 창조질서이며 동성애가 성서의 가르침이라고 다음과 같이 왜곡한다.

> 성서는 동성애자를 포함한 모든 인간이 하나님의 형상에 따라 하나님의 자녀로 창조되었음을 말해 준다. 동성애자를 하나님의 자녀로 존중하고 사랑하는 것이 성서의 가르침이라고 우리는 믿는다.[13]

위 문장에서 "동성애자들도 하나님의 창조함을 받았다"라고 말하는 것은 성경 증언을 왜곡하는 것이다. 하나님은 인간을 거룩하게 이성애자로 창조하셨지, 동성애자로 창조하신게 아니다. 창세기는 남자와 여자의 성적 결합을 가정과 번식의 원리로 제시하기 때문이다.

> 남자가 부모를 떠나 그의 아내와 합하여 둘이 한 몸을 이룰지로다(창 2:14).

동성애는 하나님이 부여하신 것이 아니고 타락한 인간에 의한 창조 질서의 왜곡이다. 창조 질서로 주어진 이성애의 변태다. 하나님은 인간을 동성애자로 창조하신 것이 아니라 이성애자로 창조하셨다. 하나님은 아담의 배필로 여자를 만드시고 둘이 한 몸이 되게 하셨다. 하나님은 아담을 돕도록 다른 동성(同性) 존재 아담(남성)을 짓지 아니하시고 이성(異性) 존재 하와(여성)를 지으셨다.

---

[13] 박경미, "한국교회의 성 소수자 차별에 대한 여성신학자, 여성 기독교인들의 입장," 2012년 10월 2일.

> 여호와 하나님이 아담에게서 취하신 그 갈빗대로 여자를 만드시고 그를 아담에게로 이끌어 오시니(창 2:22).

이는 최초의 남녀로서 하나의 짝을 이루어 인류가 저들의 결혼을 통해서 번식하도록 하신 것이다.

2) 창세기 6장은 다자성애를 이성애 타락으로 규정

성경은 창세기 3장에 기록된 인간의 원죄 타락 이후에 창세기 6장에 성적 타락에 관해 언급하고 있다.

> 하나님의 아들들이 사람의 딸들의 아름다움을 보고 자기들이 좋아하는 모든 여자를 아내로 삼는지라 여호와께서 이르시되 나의 영이 영원히 사람과 함께 하지 아니하리니 이는 그들이 육신이 됨이라(창 6:2-3).

인간의 원죄 타락은 성적 타락으로 나아가게 되었다. 성적 타락은 이성애 타락, 동성애 타락, 다자성애(多者性愛, polyamory), 수간(獸姦, Bestiality) 등으로 나아가게 되었다. 창세기 6장에 언급된 이성애 타락은 부부 아닌 다자성애를 나타낸다. 그리하여 인간은 성적 타락으로 인하여 영성을 상실하고 육체(*basar*, flesh)가 되어 버렸다. 동성애 타락은 창세기의 소돔과 고모라 주민의 동성애 행위(창 19:5)에서부터 역사적으로 구체적으로 나타난다.

3) 로마서는 동성애를 창조 질서의 역리로 정죄

로마서 1장에서 바울은 로마시대 사람들의 동성애를 다음과 같이 정죄하고 있다.

> 이 때문에 하나님께서 그들을 부끄러운 욕심에 내버려 두셨으니 곧 그들의 여자들도 순리대로(kata phusin) 쓸 것을 바꾸어 '역리'(παρὰ φύσιν, para phusin)로 쓰며 그와 같이 남자들도 순리대로 여자 쓰기를 버리고 서로 향하여 음욕이 불 일듯 하매 남자가 남자와 더불어 부끄러운 일을 행하여 그들의 그릇됨에 상당한 보응을 그들 자신이 받았느니라(롬 1:26-27).

순리(順理)란 자연(the nature)에 따른 성의 사용(the natural use of the sex)을 말하는 것이다. 순리란 이성(異性) 간의 성적 결합을 말하며, 역리(逆理)란 동성(同性) 간의 성적 결합을 말한다. 이는 자연을 거스르는(against the nature) 성의 사용이다. 이러한 역리적 사용에 대해 사도 바울은 "부끄러운 일"(the shamefulness)이라고 말하고 이에 대한 상당한 보응에 관해 언급하고 있다.

동성애 행위는 하나님 앞에 가증한 행위로 간주된다. 동성애자는 하나님 앞에 나와서 그 성 중독을 회개하고 재활 치료를 통해 고침을 받아야 한다. 재활 치료과정에는 상담적 내면 치유 과정이 필요하다. 그럴 때 하나님의 자녀로서 존귀하게 되고 성결케 되며 사랑받을 수 있다.

제4장

퀴어신학이 자연스럽다고 하는 동성애는
성적 변태요 어긋남이고 부자연스럽다

정상적인 사람이라면 신앙인이 아닐지라도 동성애는 자연스럽지 않은 것으로 느낀다. 그것은 창조주께서 인간을 남자와 여자로 지으시고 사랑이나 성적 결합은 동성끼리가 아닌 남녀 간에 이루어지도록 정하셨기 때문이다.

이것은 인간이 스스로 만든 낸 것이 아니라 창조주에 의해 인간에게 생물학적으로 해부학적으로 주어진 것이다. 그런데 젠더주의자들은 인간이 태어날 때부터 주어지는 생물학적-해부학적 질서를 부인하고 성을 사회학적인 산물(gender, 사회적 성)로 여기고자 한다.

젠더주의자들은 인간이 자기의 성(gender)을 스스로 결정해야 한다고 주장한다. 이는 태어날 때 주어진 생물학적 자연의 성(sex)을 부정하는 것이다. 그럴 때 창조 질서가 무너지고 개인의 성 정체성과 가정과 사회의 존속이 허물어지는 것이다.

동성 결혼에서는 자녀들의 생산이 없기 때문이다. 동성 결혼이 아니라 이성 결혼이 창조의 질서요 창조주의 섭리다. 창조의 섭리와 질서를 어겨서는 인간과 문화와 사회는 존립할 수 없게 된다.

한국 갤럽이 2017년 5월 30일부터 6월 1일까지 4일간 전국 성인 1,004명을 대상으로 동성애자 커플에게 합법적으로 결혼할 수 있는 권리를 주는 것, 즉 동성 결혼 법적 허용에 관해 물은 결과 34%가 찬성했고 58%는 반대했으며 8%는 의견을 유보했다. 2001년 조사에서 찬성 17%, 반대 67%였던 것과 비교하면 16년간 찬성이 17% 증가했고 반대는 9% 감소했다.

그러나 2년 6개월 전인 2014년 12월과는 비슷한 수준이다. 동성 결혼 찬성이 늘어난 것은 젠더 이데올로기에 주도된 '퀴어문화축제'의 영향이 있던 것으로 파악된다. 그런데도 여전히 반대가 압도적으로 많은 것은 동성애가 정상적인 사람들의 생리에 부자연스럽기 때문이다.[1]

퀴어신학은 동성애가 자연스럽고 창조의 다양성과 풍부함을 나타낸다고 주장한다. 그러나 이는 성경의 증언을 이데올로기(젠더주의)적으로 왜곡하는 데서 기인하는 것이다.

1. 동성애는 창조 질서가 아니기 때문에 기괴하고 부자연스럽다

1) 동성애: 인류 문화적인 관습과 성경적 가르침과는 배치

동성애는 창조 질서가 아니기 때문에 기괴하고 부자연스럽다. 그러나 퀴어신학자들은 동성애가 자연스럽다고 다음과 같이 주장한다.

> 동성애는 부자연스럽고 잘못된 것이 아니다. 많은 생명체와 동물도 동성애를 하고 있다. 동서고금을 막론하고 인간 사회에 동성애는 존재했다. 생물

---

[1] 한국 갤럽, "동성 결혼, 동성애에 대한 여론조사"(2001/2014/2017년 비교), 한국 갤럽 Report, 2017. 6. 8(https://blog.naver.com/gallupkorea/221024656901).

학적으로나 인류학적으로 동성애는 다수는 아니라도 절대 부자연스럽고 잘못된 것이 아니다. 언제나 자연 생명 속에, 그리고 인간들의 삶 속에 자연스럽게 동성애는 있었다.[2]

이러한 주장은 인류 문화적인 관습과 성경적 가르침과는 배치된다. 동성애가 동서고금을 막론하고 인간 사회에 존재한다는 사실이 곧 동성애가 자연스럽고 정당하다는 것을 말해 주는 것은 아니다. 동성애는 소돔과 고모라나 베냐민 땅 기브아, 희랍 시대와 로마 시대 등 어느 시대에도 있었다.

성경이 동성애 사실들을 기록하고 있다는 것은 하나님의 창조 질서에 관한 하나님 계명에 어긋남이요 생물학적 질서의 왜곡으로 역리요 부자연스럽다는 것을 경고해 주는 것이다. 성적 결합이란 결혼이라는 테두리 안에서 남자와 여자 사이에 이루어지는 것이다. 이것이 창조 질서이다. 동성끼리 성적 결합이란 창조의 질서가 아니고 전혀 자연스럽지 않다. 그러한 행위는 부끄럽고 수치스러운 일이다. 해부학적으로 서로 짝이 되는 성기가 결합하는 것이 아니라 생식 기관(성기)과 배설 기관이 결합하기 때문이다.

자연스러운 것만이 천부적이다. 창조주는 모든 생물과 인간에게 자연스러운 질서(이성[異性]적인 짝짓기와 상호 매력적 끌림)를 주시고 그것을 지킬 수 있는 천부적인 능력(서로 보완적인 신체 구조와 감정)을 허락하셨다. 그래서 동성애는 부자연스러운 것이다. 그 이유는 동성애는 창조주께서 내리신 창조 질서인 자연 질서에 맞지 않기 때문이다.

---

2   박경미, "한국교회의 성 소수자 차별에 대한 여성신학자, 여성 기독교인들의 입장," 2012년 10월 2일.

2) 동성애는 성적 순리인 이성애(異性愛)의 역리

사도 바울은 로마서 1:26-27에서 당시 로마 시대의 동성애로 인한 성적 질서의 도착(倒錯)에 관해 경고하고 있다. 사도 바울은 이 구절에서 로마 시대의 동성애 행위가 이성애라는 순리(順理)가 아니라 수치스럽고 부끄러운 역리(逆理)라고 하나님의 뜻을 선언한 것이다.[3] 성이 개방된 오늘날에도 동성애는 여전히 세계 많은 나라에서 금기시되고, 비록 허용되더라도 동성애는 성 소수자들의 행위라는 사실이다.

동성애 지지자들이 자연 생물들 속에, 인류 문화적인 관습에 동성애가 있었다고 주장하는 것은 동성애의 자연스러움을 증명하는 것이 못 된다. 마약, 도둑질, 절도, 거짓말, 탐욕, 살인 등이 인류 역사에 있었다는 사실이 이러한 행위들이 자연스러운 일이라는 것을 말해 주지 못한다.

가인이 동생 아벨을 죽인 것처럼 인간의 타락된 본성이 표출되어 동성애는 이성애가 변태적인 성 모습으로 나타난 것이다.

---

[3] 보스웰이나 맥닐은 이 구절이 모든 동성애가 아니라 일탈적 동성애를 비난한 것으로 주장한다. 이들은 푸신(phusin)을 타고난 개인의 성적 본성, 혹은 성향으로 해석하고 전통적인 의미인 자연이나 본성(nature)으로 해석함을 거부한다. 보스웰은 바울이 모든 종류의 동성애를 역리로 본 것이 아니라 개인의 성적 본성에 거슬러 행한 동성애 행위를 역리로 보았다고 해석한다. John Boswell, *Christianity, Social Tolerance, and Homosexuality* (Chicago: University of Chicago Press, 1980), 109-112.
보스웰과 맥닐은 바울이 그리스-로마 시대 사상과 유대교 전통의 '푸신'(자연) 이해를 가지고 있었기 때문에 당시 일부 사람들의 성적 일탈로서 동성애 행위를 역리(逆理)로 정죄한 것으로 해석한다. John McNeill, "The Homosexual and the Church," in *Moral Issues and Christian Response*, eds. Paul Jersild and Dale Johnson (New York: Holt, Rinehard and Winston, Inxc. 1988), 157-158. 그러나 '푸신'(자연)의 바른 이해는 개인적 본성이나 성향이 아니라 하나님이 창조 시 지으신 인류 전체가 갖는 본성과 자연으로 해석해야 한다. Richard B. Hays, 『신약의 윤리적 비전』(*The Moral Vision of the New Testament: A Contemporary Introduction to New Testament Ethics*), 유승원 역 (서울: 한국기독학생회출판부. 2002), 578. 신원하, "성경, 동성애 그리고 기독교 윤리," 「기독교동성애대책아카데미」, 2017, 53-70, 특히 67.

2. 동성애가 선천적이 아님은 의학 연구팀에 의해서도 증명

1) 동성애가 선천적이라는 퀴어신학의 주장은 성경의 가르침에 위배

퀴어신학자들은 동성애가 선천적, 유전적(hereditary)이라고 다음과 같이 주장한다.

> 한국교회가 만일 동성애를 부자연스럽고 잘못된 죄악으로 정죄한다면, 그것은 자연 생명과 인간에게 동성애를 허락하신 하나님을 정죄하는 것이다. 그것은 하나님이 자연 생명과 인간을 잘못 창조했다고 비난하는 것이다.[4]

퀴어신학자들이 동성애가 하나님이 허락하신 것이라고 주장하는 것은 위에 밝힌 성경 구절(동성애는 하나님 앞에서 가증한 행위, 레 18:22; 20:13 등)에 배치되는 것이다. 하나님이 선천적으로 허락하신 동성애를 "가증스러운 일"이라고 금지하시는 것은 하나님의 신실성에 위배된다. 신구약성경 어느 구절도 동성애를 인정하는 구절은 전혀 없다.

전문 의학자들이 다음과 같이 말해 주고 있다.

> 동성애는 선천적 유전에 의한 것이 아니라 후천적 환경에 의해 동성애 중독에 빠져 습관화되어 발생한다.[5]

---

[4] 박경미, "한국교회의 성 소수자 차별에 대한 여성신학자, 여성 기독교인들의 입장," 2012년 10월 2일.
[5] 길원평, "동성애 유발요인과 보건적 문제점," in 김영한 외, 『동성애, 21세기 문화충돌』 (용인: 킹덤북스, 2016), 514-520.

2) 동성애가 선천적이라는 주장은 의학적인 검증을 통과하지 못함

(1) 2005년 해머와 라이스 공동 연구팀의 발표

그리고 동성애가 유전적이라는 주장은 의학적인 검증을 통과하지 못했다. 동성애가 선천적이라는 주장은 동성애 의학자인 D. H. 해머(D. H. Hamer)의 영향에 기인한다. 그는 1993년 두 명의 남성 동성애자 형제가 있는 40가계의 X 염색체를 조사하여 X 염색체 위에 있는 Xq 28과 남성 동성애 사이에 높은 관련성이 있다고 과학 전문 매체 「사이언스」(Science, www.sciencemag.org) 학술지에 발표했다. 그는 동성애가 99% 이상이 유전이라고 주장하였으나 그의 이론은 의학자 G. 라이스(G. Rice)에 의해 도전받았다.

1999년 라이스는 52쌍의 동성애자와 33쌍의 일반인을 비교하여 Xq 28이 남성 동성애와 관련이 없다는 연구 결과를 「사이언스」에 발표했다.[6] 이어서 2005년에는 해머를 포함한 연구팀이 456명을 대상으로 전체 게놈과 동성애의 상관 관계를 조사한 결과, Xq 28은 동성애와 상관 관계가 없다는 결론이 나왔다.[7] 이러한 의학적인 연구 실험에 의거, 동성애는 생물학적 유전적인 요인에 의해 발생하는 것이 아니라는 확실한 결과를 획득한 것이다.

---

[6] G. Rich et, "Male Homosexuality: Absence of Linkage to Microsatellite m28arkers at Xq 28," Science, 1999, 284-665. 길원평, "동성애의 유발요인과 보건적 문제점," in 김영한 외, 『동성애, 21세기 문화충돌』(용인: 킹덤북스, 2016), 507.

[7] B. S. Mustanski, et, "A Genomewide Scan of Male Sexual Orientation," Human Genetics, 2005, 116-272. 길원평, "동성애의 유발요인과 보건적 문제점," 507.

(2) 2018년 유전학자 안드레아 가나 박사가 이끄는 연구팀의 발표

2018년 10월 22일 「사이언스」 등에 따르면 미국 메사추세스(Massachusetts)에 위치한 '하버드대학교 의과대학 브로드인스티튜트'(Harvard Medical School Broad Institute)의 유전학자 안드레아 가나(Andrea Ganna) 박사가 이끄는 연구팀은 유전 통계 기법인 '전장 유전체 연관성 분석'(GWAS)을 통해 7, 11, 12, 15번 염색체의 유전자 변이가 동성애자들에게서 공통으로 발견되는 것으로 나타났다고 미국 인간유전자학회 연례회의에서 발표했다.[8]

가나 연구팀의 연구는 영국 유전자 연구 기관 'UK바이오뱅크'와 미국 민간 유전자 검사 업체 '23앤드미'(23andme)에 수록된 47만여 명의 유전자 자료를 분석해 진행됐으며, 이는 동성애 관련 유전자 연구로는 최대 규모라고 한다. 유전자 분석 대상자 중 한 차례라도 동성애를 한 적이 있다고 밝힌 사람은 2만 6,890명, 전혀 없다고 답한 사람은 45만 939명이었다.

이번 연구에서는 X 염색체가 동성애와 관련이 있다는 어떤 증거도 발견되지 않았다고 연구팀은 발표했다. 대신 4개의 염색체에서 '단일 염기다형성'(SNP)으로 알려진 유전자 변이를 발견했다. SNP는 일반적인 돌연변이로 1천 염기당 1개꼴로 나타난다. 유전자 변이 4개 중 2개는 남성 동성애자와 관련돼 있었다.

그중 15번 염색체 유전자 변이는 남성형 탈모와 연관돼 있다고 알려졌던 것이며, 11번 염색체 유전자 변이는 성적 매력에서 일정한 역할을 하는 것으로 여겨진 후각 수용체와 관련이 있는 것으로 나타났다.[9]

---

[8] 엄남석, "동성애 유전자 존재하지 않고 4개 관련 유전자 변이만 발견," 美 연구팀, 47만여 명 유전자 자료 분석, 연합뉴스, 2018.10.2 (https://v.kakao.com/v/20181022154341536).
[9] 이대응, "동성애 유전자, 존재하지 않는다," 미국 연구팀, 브로드 인스티튜트 유전학자 안드레아 가나 박사 연구팀 밝혀내, 「크리스천투데이」, 2018.10.23(http://images.christiantoday.co.kr/views/css/jquery.bxslider.min.css).

가나 연구팀은 "동성애 유전자(gay gene)는 없으며 비이성애는 아주 작은 효과만 있는 다양한 유전적 요소에 의해 부분적으로 영향을 받는 것"이라는 결론을 내놓았다. 동성애 유전자가 따로 있는 것이 아니며, 4개의 유전자 변이가 동성애와 관련돼 있다는 연구 결과가 나온 것이다. 이는 '동성애의 선천성'을 주장해 온 친동성애 측의 주장과 상반되는 것이다.

이 연구 결과는 '동성애 유전자'를 타고 났다는 성 소수자(LGBTQ)의 주장은 허구이며, 이 땅에 유례없이 변태적인 성 행위인 동성애가 확산하고 있는 것은 이를 조장하고 있는 젠더주의자들과 이에 편승한 정부 및 언론에 기인한 '학습 효과'임을 증명한 것이다.

3. 성적 사랑과 우정을 혼동해선 안된다

1) 동성애와 남녀의 사랑은 성적 사랑의 서로 다른 방식

동성 간의 깊은 교감은 육체적인 차원이 아니라 정신적이고 정서적인 차원에서 이루어진다. 이것을 우정(友情)이라고 한다. 동성 간의 교감을 육체적인 성 행위로 하는 것은 자연의 섭리가 아니고 신체 해부학적으로 맞지 않는다. 퀴어신학자들은 동성애와 이성애를 성적 사랑의 다른 방식으로 다음과 같이 본다.

동성애와 남녀의 사랑은 성적 사랑의 서로 다른 방식이다. 동성애와 남녀 사랑은 둘 다 궁극적이고 절대적인 것이 아니다. 또한, 남녀의 사랑이 아름답고 소중한 것이라면 동성의 사랑도 아름답고 소중한 것이다. 남녀의 사랑과 동성의 사랑은 어느 것이 좋고 나쁜 것이 아니라 서로 다른 것일 뿐이다. 남녀의 사랑에서 벗어난 동성의 사랑이 있으므로 우리는 사랑이 더욱 깊고 다양하고 풍부한 것임을 인정하게 된다.[10]

위 문장에서 퀴어신학자들은 성적 사랑과 우정의 관계를 혼동하고 있다. 성적 사랑은 육체적인 관계로 동성 간에는 적합하지 않다. 성적 사랑이란 창조 질서로 신체 해부학적으로도 이성 간에 이루어지기 때문이다. 퀴어신학자들은 "동성의 사랑도 아름답고 소중한 것"이라고 했는데 이는 성경의 가르침과 배치된다. 성경은 동성 간의 사랑을 가증하다고 금기하며, 금기를 깨뜨리는 자들을 죽이라고 명하고 있기 때문이다.

누구든지 여인과 동침하듯 남자와 동침하면 둘 다 가증한 일을 행함인즉 반드시 죽일지니 자기의 피가 자기에게로 돌아가리라(레 20:13).

그러나 우정 관계는 정신적인 관계로 동성 간에도 얼마든지 가능하고 자연스럽다. 예수는 친구를 위해 목숨을 버리는 사랑은 동성 간의 지고한 우정의 표현이라고 말씀하셨다.

사람이 친구를 위해 자기 목숨을 버리면 이보다 더 큰 사랑이 없나니 (요 15:13).

---

[10] 박경미, "한국교회의 성 소수자 차별에 대한 여성신학자, 여성 기독교인들의 입장," 2012년 10월 2일.

2) '동성 간 우정'은 성적 사랑이 아니라 마음의 사랑

'동성 간 우정'은 성적 사랑이 아니라 마음의 사랑이다. 동성애와 '동성 간 우정'을 혼동해선 안 된다. 동성 사이에도 성향이 비슷하나 성격적으로 다르고 차이가 있어서 서로 끌릴 수 있다. 그러나 동성 간의 끌림은 정신적 관계이지 성적인 관계는 아니다. 이는 창조 질서이기 때문이다.

성적으로 서로 끌리는 것은 이성 간에 끌리는 것이지 동성 간에 끌리는 것이 아니다. 자연 만물과 생명과 인간 정신에는 서로 비슷하고 같은 것끼리 가까이하고 끌리는 성향은 천부적인 우정이 있기 때문이다. 비슷하고 같은 것끼리 사귀고 끌리는 것은 자연스러운 것이고 당연하다. 이는 동성애가 아니라 동성 간에 이루어지는 정신적인 교감이다.

비슷하고 같은 성을 가진 인간들이 서로 끌리고 좋아하는 것은 정신적인 교통(交通)으로 이루어지는 것이지, 육체적인 교통(게이들의 항문 성교, 레즈비언들의 성적 교통 등)으로 이루어지지 않는다. 그런데 동성 간의 성적(性的) 교통은 변태적인 소통으로서 자연의 질서에 어긋나기 때문에 정상인에 의해 비난받고 심지어 정죄 받는다.

그것은 창조주가 내리신 우정이라는 동성 간의 정신적 교통을 신체적인 성적 교통으로 바꾸는 것으로 자연을 거스르는 것이다. 동성 간의 성 관계는 창조 질서인 몸의 질서를 거스르기 때문에 몸이 스스로를 더럽히는 것이다.

4. 동성애는 하나님의 축복이 아니라 가증히 여기시는 것

1) 동성애 행위는 창조주가 내리신 몸의 질서에 맞지 않다

그러나 퀴어신학은 '동성애가 하나님의 은총과 축복'이라고 다음과 같이 말한다.

> 서로 다른 것을 두려워하고 미워할 것이 아니라 하나님의 사랑 안에서 겸허하게 기쁘고 고마운 마음으로 하나님의 은총과 축복으로 받아들여야 할 것이다. 동성애를 인정하고 존중할 수 있을 때 우리는 하나님의 은총과 축복에 더욱 가까이 다가설 수 있고 하나님의 사랑과 진리에 충실하여 정의롭고 평화로운 세계를 열어갈 수 있을 것이다.[11]

동성애를 인정하는 것이 하나님의 사랑과 진리에 충실하며 정의로운 세계를 열어갈 수 있다는 주장은 하나님이 가증(可憎)히 여기시는 행위인 동성애를 함으로써 사랑과 진리와 정의를 연다고 왜곡하는 것이다.

하지만 정통개혁신학의 견해에 의하면 사실은 정상인들은 동성애 행위를 혐오하지 동성애자(성 소수자)의 인격을 미워하거나 차별하는 것이 아니다. 단지 동성애 행위가 창조주께서 내리신 몸의 질서에 맞지 않기 때문에 회피하고 그 행위 자체를 혐오하게 되는 것이다.

---

[11] 박경미, "한국교회의 성 소수자 차별에 대한 여성신학자, 여성 기독교인들의 입장," 2012년 10월 2일.

그러나 동성애자의 인격을 혐오하는 것은 아니다. 정상인이 동성애자를 인정하고 존중할 수 없는 것은 이러한 선천적인 몸의 질서와 생리 때문이다. 그리고 기독교 신자들이 동성애자를 은총과 축복으로 받아들일 수 없는 이유는 성경의 증언(레 18:22; 20:13 등의 동성애 금지법)이 동성애를 가증한 일이라고 금기하기 때문이다.[12]

2) 남자끼리 동침, 여자끼리 동침은 "가증한 일": 레위기의 계명

하나님은 이스라엘을 그의 백성으로 삼으시고 가나안으로 인도하시면서 모세를 통해 동성애를 비롯한 이방인들의 가증한 풍습을 본받지 말라고 명하신다.

> 너는 여자와 동침함 같이 남자와 동침하지 말라 이는 가증한 일이니라 (레 18:22).

하나님은 동성애 행위가 가나안 이방인들의 가증한 풍속이라고 말씀하시면서 이런 풍습을 행하는 것은 스스로 더럽히는 것이라고 경고하신다.[13]

> 이 가증한 모든 일을 행하는 자는 그 백성 중에서 끊어지리라 그러므로 너희는 내 명령을 지키고 너희가 들어가기 전에 행하던 가증한 풍속을 하나라도 따름으로 스스로 더럽히지 말라 나는 너희의 하나님 여호와이니라(레 18:29-30).

---

[12] 신득일, "레위기의 동성애 법," in 김영한 외, 『동성애, 21세기 문화충돌』(용인: 킹덤북스, 2016), 74-98.
[13] 신득일, "레위기의 동성애 법," 91.

하나님은 가나안 족속들이 여자와 여자가 동침하고 남자와 남자가 동침하는 것은 스스로 더럽히는 가증한 풍습이라고 정죄하신다.

> 누구든지 여인과 동침하듯 남자와 동침하면 둘 다 가증한 일을 행함인즉 반드시 죽일지니 자기의 피가 자기에게로 돌아가리라(레 20:13).

이러한 가증한 풍습을 행하는 자들은 그 백성 중에서 끊어질 것이라고 경고하신다.

5. 동성애는 이성애의 변태

1) 동성애란 창조 세계의 다양함과 풍부함 표출 아닌 이성애의 변태

가정이란 양성(兩性) 남편과 아내 사이에 성립되는 이성애(異性愛)로 이루어진다. 동성애는 원죄로 생겨난 이성애의 변태다. 동성애는 이성애의 변태이며 어긋남이요 창조의 다양성이 아니다. 그런데 퀴어신학자들은 동성애 거부란 창조 세계의 다양함과 풍부함 거부라고 다음과 같이 왜곡하고 있다.

> 신앙인으로서 우리는 서로 다른 것을 기쁘고 고맙게 받아들일 수 있어야 한다. 서로 다르고 다양하게 창조된 하나님의 세상에서 사랑의 방식이 다르다는 이유로 동성애를 거부하고 비난하는 것은 하나님이 창조하신 세계의 다양함과 풍부함을 비난하고 거부하는 것이다. 서로 다른 것을 두려워하고 미워할 것이 아니라 하나님의 사랑 안에서 겸허하게 기쁘고 고마운 마음으로 하나님

의 은총과 축복으로 받아들여야 할 것이다. 동성애를 인정하고 존중할 수 있을 때 우리는 하나님의 은총과 축복에 더욱 가까이 다가설 수 있고 하나님의 사랑과 진리에 충실하여 정의롭고 평화로운 세계를 열어갈 수 있을 것이다.[14]

퀴어신학자들은 동성애를 인정하고 존중하라고 주장하나 하나님의 백성들은 하나님이 가증이 여기시는 일을 인정하거나 존중해서는 안 된다. 우리는 퀴어신학자들이 말하는 것처럼 동성애가 창조 질서의 다양성과 풍부함이라고 말할 수 없다.

동성 사이에 성립되는 동성애는 성적 탐닉과 성 중독이다. 마약 사용과 중독, 알콜 중독, 노름 탐닉은 창조 질서의 일탈(逸脫)이지 다양성과 풍부함이라고 말할 수 없듯이 동성애는 성적 일탈, 변태이지, 성적 다양성과 풍부함이라고 말할 수 없다.

정말 동성애가 성적 다양성과 풍부함이었다면 하나님이 이를 허용하셨을 것이다. 그러나 하나님은 허용은 커녕 동성애 행위는 "가증스러운 일"이요 스스로 더럽히는 것이라고 금지하셨다.

2) 동성애는 하나님의 축복 대상이 아니라 하나님의 심판 대상: 사도 바울의 경고

그러므로 그리스도인이라면서 동성애를 받아들이는 것은 이방 세상의 풍조를 받아들이는 것이다. 동성애는 하나님의 복 주심의 대상이 아니라

---

[14] 박경미, "한국교회의 성 소수자 차별에 대한 여성신학자, 여성 기독교인들의 입장," 2012년 10월 2일.

하나님의 심판 대상이 된다고 성경은 우리에게 경고해 주고 있다. 사도 바울은 고린도교회 동성애자들(탐색하는 자, 남색 하는 자)을 음행하는 자, 우상 숭배자, 도적질 하는 자, 술 취하는 자들과 동일한 부류로 분류하고 이들은 하나님 나라에 들어가지 못한다고 경고하고 있다(고전 6:9-10).

"남색하는 자"(ἀρσενοκοίται, 아르세노코이타이, 동성애 성 관계에서 남자 역할을 하는 자)는 구약성경을 헬라어로 번역한 70인역에서 레위기 18:22과 20:13에 등장하는 동성애자(homosexuals)를 표현하기 위해 고안되어 사용한 신조어였다. 이 용어는 남성 동성애에서 능동적인 역할을 하는 자를 뜻한다.[15]

바울은 그리스도인들이 예전에 믿기 전에는 이방인들의 그릇된 풍습을 따랐으나 이제는 이러한 풍습을 끊어 버림으로 씻음을 받아 거룩하게 되었다고 천명하고 있다.

> 너희 중에 이와 같은 자들이 있더니 주 예수 그리스도의 이름과 우리 하나님의 성령 안에서 씻음과 거룩함과 의롭다 하심을 받았느니라(고전 6:11).

고린도교회 교인 중에는 예전에는 동성애자들이 있었으나 회심하여 복음을 받아들이고 난 후 이러한 가증한 일에서 벗어나 씻으므로 받아 거룩하게 되었다고 바울은 증언하고 있다.

---

[15] 이상원, "동성애 혁명의 소용돌이 안에 있는 한국교회," 조찬 기도회 설교, 용인기독교총연합회, 2017년 12월 18일.

제5장

퀴어신학의 주장:
"동성애는 소수자의 행동이니 정당하다"라는 궤변

1. 예수 가르침과 실천 왜곡

1) 세리나 창기가 회개하고 새 삶을 살면 천국에 들어간다: 예수의 가르침

퀴어신학자들은 세리나 창기도 천국에 들어간다고 다음과 같이 왜곡한다.

> 당시 죄인을 대표하는 것은 '세리와 창녀'였다. 이들은 부도덕하고 더러운 죄인으로 비난받았을 뿐만 아니라 사회종교적으로 소외당했다. 이들과 가까이하고 사귀는 것 자체가 부정하고 부도덕한 일로 지탄을 받았다.
> 그러나 예수는 기꺼이 세리와 창녀의 친구가 되었다. 당시 종교 지도자들은 예수를 죄인의 친구라고 비난했지만, 예수는 세리와 창녀가 하나님 나라에 먼저 들어간다고 했다.[1]

---

[1] 박경미, "한국교회의 성 소수자 차별에 대한 여성신학자, 여성 기독교인들의 입장," 2012년 10월 2일.

예수는 "세리와 창녀의 친구"였으나 저들을 치유하시고 죄악된 생활에서 나오도록 하셨다. 정통개혁신학의 견해에 의하면 세리나 창녀도 그들이 소수자이며 죄인이기 때문에 먼저 천국에 들어가는 것이 아니라 예수를 구주로 영접하고 회개하고 새 삶을 살면 천국에 들어간다고 말한다.

정통 기독교의 입장에 의하면 예수는 참으로 세리나 창녀의 친구가 되셨다. 저들과 먹고 마시며 함께 지내셨다. 그래서 예수는 심지어 집권층, 바리새인과 율법 교사들의 비난을 받기도 했다.

> 인자는 와서 먹고 마시매 너희 말이 보라 먹기를 탐하고 포도주를 즐기는 사람이요 세리와 죄인의 친구로다 하니(눅 7:34).

그러나 역사적 예수는 세리들의 착취에 협력하거나 창녀들의 부도덕하고 불륜적인 생활에 동조하거나 이에 참여하지 않았다. 예수는 사회적으로 죄인으로 낙인 받은 저들에게 다가가 저들의 대화 상대가 되면서 저들의 상담자와 공감자가 되었다. 그러나 예수는 그의 거룩한 인간애와 신성(神性)의 능력으로 이들에게 거룩한 영향력을 행사하여 이들이 잘못된 비윤리적이고 부도덕한 생활에서 나오도록 하셨다.

2) 동성애자가 예수를 인격적으로 만남: 성 중독에서 벗어나 새 사람으로 변화

동성애자가 예수를 인격적으로 만나면 성 중독에서 벗어나 새 사람으로 변화될 수 있다. 예를 들면, 예수는 사회적으로 소외된 수가성의 여인, 남편이 다섯이나 있는 여인에게 다가가 여인과 대화하면서 영원히 목마르지 않는 생수를 가르치시고, 이 생수를 달라는 여인에게 "네 남편을 데려오라"(요 4:16)고 명하신다. 예수의 거룩성에 압도당하면서 여인은 "나는 남편이 없나이다"라고 고백하면서 자신의 그릇된 삶을 실토한다. 예수는 그녀를 책망하지 않으시고 오히려 격려하시면서 새 삶으로 인도하신다.

> 네가 남편이 없다 하는 말이 옳도다 너에게 남편 다섯이 있었고 지금 있는 자도 네 남편이 아니니 네 말이 참되도다(요 4:17b-18).

> 내가 주는 물을 마시는 자는 영원히 목마르지 아니하리니 내가 주는 물은 그 속에서 영생하도록 솟아나는 샘물이 되리라(요 4:14).

예수는 간음하여 현장에 잡힌 여인에게도 "나도 너를 정죄하지 아니하노니 가서 다시는 죄를 범치 말라"(요 8:11)고 가르치신다. 예수는 동성애자의 인격을 사랑하시나 이들이 죄악된 성 중독에서 돌이키도록 가르치신다.

성령의 거룩한 힘이 동성애자들의 성 중독을 변화시킨다. 오늘날에도 많은 동성애자가 예수를 인격적으로 만나 새 삶으로 변화함을 받고 있다.

미국의 시라큐스대학교에서 영문학과 여성학을 가르치면서 종신교수로 임명받은 좌파 레즈비언 로자리아 샴페인 버터필더(Rosaria Champagne Butterfield)의 탈동성애 회심 간증이 지구촌에 인터넷으로 화제를 일으키고 있다. 그녀가 그리스도를 인격적으로 알게 된 후 점차 변화를 받아 동성애를 청산하고 결혼하여 엄마로서 살아가게 된 회심 과정의 간증은 오늘도 동성애자를 변화시키는 예수 그리스도의 능력을 생생하게 전해 준다.[2]

---

[2] Rosaria Butterfield, 『뜻밖의 회심』(*Openenss Unhindere*), 오세원 역 (서울: 아바서원, 2018). https://youtu.be/2pJa8Yv62Do.

2. 죄란 사회적 소외자에 대한 낙인

1) 퀴어신학의 죄 정의는 정치신학적 정의로써 사회 윤리적 통념을 무시

퀴어신학은 죄를 체제(體制)가 사회적으로 찍은 딱지요 낙인이라고 다음과 같이 왜곡한다.

> 예수는 당시 유대 사회의 법체계에 의해 더러운 죄인이라고 낙인찍혔던 사람들과 더불어 먹고 마셨고 그들을 하나님 나라로 초대했다. 법에 의해 더러운 죄인으로 낙인찍힌 사람들을 하나로 받아들였다. … 예수는 기존 사회의 법과 통념에 의해 죄인으로 낙인찍힌 사람들을 다시 한번 죄인으로 규정함으로써 다수성에 근거한 도덕적 우월감에 편승하지 않았다.[3]

이러한 퀴어신학의 죄에 대한 정의는 정치신학적 정의로서 과거 군사 독재 정치 등에 저항하는 반체제적 행위를 변호하는 것이 된다. 이러한 죄에 대한 정의는 민중을 억압하는 1970년대 유신독재나 북한 김정은 독재 체제나 나치 같은 파시즘 체제에 대해 적용할 수 있다. 그러나 일반적으로 양식과 상식이 통하는 민주 사회에서 통용될 지 의문이 된다.

그 구체적인 예가 초등학생 남제자와 성 관계를 가진 여교사에 대한 사회적 통념이다. 사회적 통념으로 교사가 초등학생인 제자와 성 관계를 가지는 것은 규범을 어긴 것으로 본다. 사법 당국은 사회적 양식에 따라 여교사를

---

[3] 박경미, "한국교회의 성 소수자 차별에 대한 여성신학자, 여성 기독교인들의 입장," 2012년 10월 2일.

사회적 풍기를 문란하게 한 죄를 지었다고 판결했다. 양식 있는 사람들은 이러한 사법 당국의 판결을 바른 것으로 본다. 그래야 사회가 건강하게 지탱될 수 있기 때문이다.

2) 미성년 제자와 성 관계는 개인적, 사회적인 죄

창원 지방법원은 2017년 11월 14일 자기가 담임인 초등학생 남제자와 성 관계를 가진 여교사를 징역 5년에 선고하면서 그녀의 행위를 '개인적, 사회적인 죄'라고 명명했다. 재판부는 미성년자 의제 강간, 미성년자 의제 강제추행 등 혐의로 재판에 넘겨진 여교사 A(32) 씨에게 징역 5년을 선고하고 성폭력 치료 프로그램 80시간 이수를 명령했다. 재판부는 다음과 같이 판결했다.

> 정신적, 육체적 약자이자 훈육의 대상인 만 13세 미만 미성년자를 성적 쾌락과 유희의 도구로 삼은 것은 교사의 역할을 포기한 것이며 자신을 믿고 따르는 수많은 학생과 그 학생을 맡긴 학부모 모두의 신뢰를 저버린 심각한 배신행위이자 인간으로서 갖추어야 할 최소한의 예의조차 저버린 행위다.[4]

피고인은 "피해 아동이 어른스러워 서로 좋아하는 마음에 사랑하는 사이라 생각하고 성 관계를 했을 뿐 성적 욕망을 충족시키려고 이용한 것은 아니다"라는 취지의 변소를 했으나 재판부는 "피고인 변소는 만 13세 미만

---

[4] 연합뉴스, "초교생과 성 관계 여교사 징역 5년, 개인적·사회적 범죄," 입력: 2017-11-14 11:15, 수정 2017-11-14 11:18.

의 초등학생의 경우 법적으로 언제 어떤 상황에서 성 관계가 예정된 사랑의 상대가 될 수 없다는 것을 인식하지 못한 점을 자백한 것"[5]이라며 여교사의 발언을 받아들이지 않았다. 재판부는 다음과 같이 지적했다.

> 피고가 미성년자에게 평생 치유하기 어려울 정도의 피해를 준 것은 좁게는 피해 아동과 그 학부모에 대한 개인적 범죄일 뿐 아니라 넓게는 오랜 기간 우리 사회에 굳건하게 자리 잡고 있던 건전한 성도덕과 초등 공교육을 무너뜨린 사회적 범죄이기도 하다.[6]

이러한 재판부의 판단은 마찬가지로 동성애의 경우에도 적용될 수 있지 않나 생각된다. 비록 동성애는 두 사람이 서로 인정했다 하더라도 자신의 성적 욕망을 충족시키는 중독의 행위에서 비롯되어 이를 혐오스럽게 생각하는 성 다수자들에게 사회적으로 풍기(風紀)를 문란하게 한다는 점이다.

3. 죄인(세리와 창녀)과 죄(수탈, 불법, 음란) 혼동

1) 예수는 죄인을 새사람으로 바꾸고 새 삶으로 초대

정통 기독교의 가르침에 의하면 예수의 하나님 나라 운동은 죄인을 새사람으로 바꾸는 사랑의 기적을 일으켰다. 예수는 사회적 죄를 부정하지 않

---

[5] 연합뉴스, "초교생과 성 관계 여교사 징역 5년, 개인적·사회적 범죄."
[6] 연합뉴스, "초교생과 성 관계 여교사 징역 5년, 개인적·사회적 범죄."

고 죄인을 인격적으로 회개하도록 인도하셨다. 예수는 오히려 당시 바리새 종교가 회개하고 구원받도록 인도되어야 할 사회적 소외자들과 죄인들을 배척함으로써 제도적 종교 윤리가 지니는 상대성과 한계를 드러내고 법과 윤리가 근거해야 할 토대로서 하나님의 사랑을 제시했다.

예수는 사회적으로 소외된 자들을 하나님의 사랑으로 품어주었으나 도덕적인 죄(십계명 범함)를 절대 부정하지 않았다. 예수는 사회적 소외자들인 죄인들을 내면성에 있어서 그들의 처지에 서지 않고 이들의 외면성만을 보고 판단하는 바리새인들의 율법적 판단의 한계를 드러내셨다.

그렇다고 예수는 체제에 의해 낙인찍힌 자들을 그대로 의롭다고 인정하신 것은 아니다. 예수는 이들 세리나 창기나 불법자들을 품어주시고 이들이 자신들의 죄(세금 수탈, 음란, 불법)를 자복하고 하나님의 복음을 믿고 새 사람과 새 삶을 살라고 초대했다.

> 때가 찼고 하나님의 나라가 가까이 왔으니 회개하고 복음을 믿으라 (막 1:15).

2) 퀴어신학의 죄 이해(사회적 낙인)는 하나님 계명 불순종이라는 성경적 죄 이해에서 이탈

퀴어신학은 죄를 하나님과의 관계 훼손, 하나님 계명의 불순종[7]이라는 정통개혁신학의 성경적 개념에서 떠나서 민중신학이 시도한 것처럼 지배

---

7 루이스 벌코프(Louis Berkhof), 『조직신학』(Systematic Theology, Eerdmans 1941), 권수경, 이상원 역 (크리스천다이제스트, 2000), 448-449.

체제가 실정법(實定法)에 의해서 찍은 사회적 낙인(烙印)으로 간주한다.

예수는 당시 사회적으로 낙인찍힌 사람들과 더불어 먹고 마시고, 이웃으로 받아들이고, 하나님 나라로 초대했다. 그러나 예수는 저들이 회개하고 옛 삶에서 돌이키고 하나님과의 인격적 관계를 갖도록 인도하셨다. 민중신학이 세리나 창기의 죄악된 행위의 변화를 언급하지 않는 것처럼 퀴어신학도 동성애자들의 기괴한 성 행위의 변화를 말하지 않는다.

이는 정통개혁신학이 이해하는 성경적 가르침과 다르다. 퀴어신학도 '법과 윤리가 근거 해야 할 하나님의 사랑'을 말하는데 하나님의 사랑이란 죄를 미워하는 거룩한 사랑이다.[8] 하나님의 사랑은 '정의로운 사랑'(gerechte Liebe)으로 진리를 추구하고 불법과 불의를 용납하지 않는다.

> 사랑은 오래 참고 사랑은 온유하며 시기하지 아니하며 사랑은 자랑하지 아니하며 교만하지 아니하며 무례히 행하지 아니하며 자기의 유익을 구하지 아니하며 성내지 아니하며 악한 것을 생각하지 아니하며 불의를 기뻐하지 아니하며 진리와 함께 기뻐하고(고전 13:4-6).

예수는 다음과 같이 가르치신다.

> 너희가 나를 사랑하면 나의 계명을 지키리라(요 14:15).

> 내가 아버지의 계명을 지켜 그의 사랑 안에 거하는 것같이 너희도 내 계명을 지키면 내 사랑 안에 거하리라(요 15:10).

---

[8] 루이스 벌코프, 『조직신학』, 477-478.

하나님 나라의 백성들은 하나님 나라의 주인이신 예수 그리스도의 계명을 지켜야 한다.

3) 예수는 죄인(세리와 창녀)은 사랑했으나 죄(수탈, 불법, 음란)는 미워하셨다

퀴어신학자들은 예수는 오늘날 동성애자들을 존중하고 사랑하셨을 것이라고 다음과 같이 피력한다.

> 예수는 그들을 제삼자의 관점에서 대상화하거나 타자로 보지 않으시고 그들의 심정과 처지에서 그들의 눈으로 그들을 보셨다. 그래서 예수는 그들을 자기 삶의 주인으로, 하나님의 자녀로, 하나님 나라의 주인으로 보고 그들과 친구가 될 수 있었다. 예수께서 오늘 살아 계신다면 예전에 세리와 창녀를 사랑하고 존중했듯이 동성애자들을 존중하고 사랑하셨을 것이다.[9]

정통개혁신학에 의하면 예수는 세리나 창녀를 저들의 관점에서 서서 긍휼과 인자를 가지시고 저들을 대했으나 저들이 저지른 죄악된 행위는 인정하지 아니하셨다. 예수는 이들이 죄악된 행위에서 하나님에게로 돌아오도록 저들을 선도하셨다.

예수는 이들 소외당하고 정죄 받는 사람 가운데 하나가 하나님께 돌아오는 것이 스스로 의롭다고 여기는 이들 아흔 아홉이 하나님께 나아오는 것

---

[9] 박경미, "한국교회의 성 소수자 차별에 대한 여성신학자, 여성 기독교인들의 입장," 2012년 10월 2일.

보다 하나님께 더 큰 기쁨이 된다고 하셨다(눅 15:7). 예수는 죄인들(세리나 창녀 등)이 죄(수탈과 음란)를 회개하고 그 죄악된 행위를 끊고 하나님에게로 돌아오는 것을 기뻐하신 것이다. 예수는 동성애자들이 기괴한 행실에서 벗어나 하나님 앞으로 돌아오시기를 원하시고 기뻐하신다.

예수는 동성애자들의 인격과 영혼을 사랑하시고 저들의 존재 자체를 귀하게 여기신다. 그러나 예수는 세리나 창기들이 죄악된 관습에서 돌이키기를 요구하셨듯이 오늘날에도 동성애자들이 저들의 기괴한 행실에서 돌이키고 정상적인 (이성애적) 삶을 살기를 요구하신다.

예수는 간음하여 현장에 붙잡힌 여인을 용서하시며 다시는 죄를 범하지 말라고 이르신다.

> 나도 너를 정죄하지 아니하노니 가서 다시는 죄를 범하지 말라 하시니라 (요 8:11).

4. 성 소수자가 의로운 자라는 편견 주장

1) 동성애 행위가 윤리적 잘못이 아니라는 성 소수자인 퀴어신학자의 견해는 성 다수자의 정상적 윤리에 어긋난다

성 소수자인 퀴어신학자들은 예수가 성 소수자인 동성애자들 편에 서서 저들을 이해해 주었을 것으로 다음과 같이 왜곡한다.

예수는 하나님의 사랑과 심정으로 소외당하는 이들 자신의 심정과 눈으로 소외당하는 이들을 보고 사랑하고 가까이했다. … 게다가 오늘의 성 소수자들은 사회적, 도덕적으로 적극적인 잘못을 저지른 것이 아니라 주류 사회와 다수의 편견과 차별로 고통을 겪고 있다.
… 다른 사람이 그들의 삶과 권리를 재단하는 것은 동료 시민에 대한 폭력이고 행패다. 그들을 존중하고 그들의 삶의 방식을 존중하는 것이 민주 시민에 대한 민주 시대의 예의이고 상식이다. 그리고 무엇보다도 예수께서 세리와 창녀의 친구가 되셨듯이, 오늘 우리는 성 소수자들의 친구가 되어야 한다.[10]

퀴어신학자들은 이 문장에서 동성애자들의 행위가 도덕적으로 잘못이 아니라고 보고 있으며 동성애자들이 성 소수자들로서 주류 사회의 편견과 차별로 고통당하고 있다고 보고 주류 사회가 성 소수자들의 삶과 권리를 재단(裁斷)하는 것은 폭력이고 행패라고 본다.

여기서 성 소수자인 퀴어신학자들은 민중신학의 영향을 받아 사회적 소수자(창녀, 세리, 반체제 인사, 동성애자, 다문화인 등)가 되는 것이 바로 의로운 자가 된다고 왜곡하고 있다. 사회적 소수자는 다수자에 의해 권익을 빼앗길 수는 있으나 그것의 시정(是正)은 법의 공정한 집행으로 이루어져야 한다. 그리고 사회적 소수자가 된 것 자체가 의롭다고 말하는 것은 편파적인 윤리가 되어 버린다.

퀴어신학자들의 친(親) 성 소수자적 견해는 동성애 행위가 성 다수자의

---

[10] 박경미, "한국교회의 성 소수자 차별에 대한 여성신학자, 여성 기독교인들의 입장," 2012년 10월 2일.

정상적 성 관습에 어긋나며 사회적 풍기를 문란케 하는 것을 간과하고 있다. 그리고 이들은 동성애자들이 스스로 자기를 드러낼 때(coming out)까지는 성 다수자들이 대체로 이들에 대해 아무 공개적 반응을 하지 않고 있다는 사실을 간과하고 있다.

2) 오늘날 동성애자들은 더 이상 사회적 약자가 아니다. 이들은 부와 권력을 쥐고 있다

오늘날 우리 사회에서 동성애자들은 성 소수자로서 수적으로 적어서 사회적 약자인 것처럼 보이나 이들은 실상 사회적 약자가 아니다. 이들은 전국적으로 시행되는 대규모의 퀴어문화축제나 차별 금지법 제정 시도에서 보는 바와 같이 부와 권력을 이용하여 동성애 독재를 시도하고 있다. 권력과 부를 가지고 사회 제도를 소수자를 위한 성 평등 사회로 혁명하고자 하는 자들은 사회적 약자라고 할 수 없다.

이들은 동성애 독재를 시도하여 법과 제도까지 소수자인 저들의 편의대로 뜯어고치려고 있다. 젠더주의자들은 수적으로 소수자지만 유엔을 장악하고 있으며, 국가인권위원회를 장악하고 있으며, 정부 기관의 권력을 장악하고 성 소수자들을 위한 차별 금지법을 만들어 이에 저촉(抵觸)되는 성 다수자들을 역차별하려고 하고 있다.

3) 퀴어신학자들은 동성애자들의 에이즈 익명 검사와 헌혈로 죄 없이 죽은 아기들과 젊은이들, 노부부의 인권과 억울함에 대해서 침묵

동성애자들과 이들 지지자들과 퀴어신학자들은 남성 간의 항문 성 관계를 인권이라고 주장하면서도, 실상 이들은 동성애자들의 에이즈 익명 검사와 헌혈로 에이즈에 감염되어 죄 없이 죽은 아기들과 젊은이들, 노부부의 인권과 억울함에 대해서 침묵하고 있다. 이러한 억울한 일이 헌혈로 일어나고 있는 사실은 한국질병관리본부에서 에이즈(AIDS) 익명 검사를 시행하고 있기 때문이다.

에이즈 익명 검사는 에이즈로 의심되는 이들이 자발적으로 보건소에 가서 하는 것이고 에이즈 감염(感染) 사실에 대해서는 검사받은 본인 이외는 그 누구도 알 수 없다는 것이다. 그래서 에이즈 익명 검사 결과는 보건소도 누가 검사를 받았는지 알 수가 없고 에이즈 감염자가 어디에 가서 무엇을 하던 국가가 이를 제재할 방법이 없다는 무책임적인 제도적 허점을 가지고 있다.[11]

한국질병관리본부의 이러한 방침이 정의로운 방식이라고 말할 수 있는가?

에이즈 익명 검사가 에이즈 헌혈로 인해 비동성애자들(무고한 아이들, 젊은이들, 노인들, 수술 시 수혈자들 등)을 에이즈 감염에 노출하는 제도적 불의에 대해 침묵하는 것이 정의인가?[12]

4) 성경은 진리란 다수에 있지 않고 하나님의 뜻에 일치함에 있다고 가르친다

역사적 정통 기독교에 의하면 진리는 다수에 있는 것도, 소수에 있는 것

---

[11] 염안섭, "동성애 에이즈 감염 실태," in 김영한 외, 『동성애, 21세기 문화충돌』(용인: 킹덤북스, 2016), 563-564.
[12] 백상현, 『가짜 인권, 가짜 혐오, 가짜 소수자: 동성애 독재 프레임의 실체를 말한다』(서울: 밝은생각, 2017), 90-95, 특히 93.

도 아니다. 진리는 하나님의 말씀이며 하나님의 뜻에 일치함에 있다.[13] 진리는 예수 그리스도의 인격이며 그의 가르침이다. 예수는 제자들에게 가르치신다.

> 내가 곧 길이요 진리요 생명이니 나로 말미암지 않고는 아버지께로 올 자가 없느니라(요 14:6).

예수는 대제사장 기도에서 하나님의 말씀이 진리라고 기도하신다.

> 그들을 진리로 거룩하게 하옵소서 아버지의 말씀은 진리니이다(요 17:17).

진정한 기독교가 동성애를 인정하지 않는 것은 다수가 반대하기 때문이 아니라 성경이 동성애를 가증한 일로 규정하기 때문이다.[14]

우리는 예수처럼 하나님의 심정과 사랑으로, 하나님의 눈으로, 성 소수자들 자신의 심정과 처지에서 이들을 보려고 노력해야 한다. 그리고 겸허하게 섬기는 태도로 이들이 성 중독에서 벗어날 수 있도록 도와주어야 한다. 예수는 자기를 믿는 유대인들에게 진리를 아는 길은 예수의 제자가 된다고 가르치신다.

> 너희가 내 말에 거하면 참으로 내 제자가 되고 진리를 알지니 진리가 너희를 자유롭게 하리라(요 8:31-32).

---

[13] Louis Berkhof, 『조직신학』, 786.
[14] 신득일, "레위기의 동성애 법," in 김영한 외, 『동성애, 21세기 문화충돌』(용인: 킹덤북스, 2016), 97-98.

동성애자들이 예수의 계명에 거하면 예수의 제자가 되고 진리(동성애는 하나님 앞에 가증한 행위)를 알게 되고 진리가 저들을 동성애에서 자유케 하리라고 가르치신다.

5. 동성애자에 대한 사도 바울, 요한, 유다의 가르침

1) "음란하며 다른 육체를 따라가는 자"는 "영원한 불의 형벌"을 받는다: 사도 유다의 경고

사도 바울은 고린도교인들을 향해 동성애자들은 하나님 나라를 유업으로 받을 수 없다고 경고한다.

> 불의한 자가 하나님의 나라를 유업으로 받지 못할 줄을 알지 못하느냐 미혹을 받지 말라 음행하는 자나 우상 숭배하는 자나 간음하는 자나 탐색하는 자나 남색하는 자나 도적이나 탐욕을 부리는 자나 술 취하는 자나 모욕하는 자나 속여 빼앗는 자들은 하나님의 나라를 유업으로 받지 못하리라 (고전 6:9-10).

'탐색하는 자,' '남색하는 자'는 동성애자를 뜻한다. '탐색하는 자'(말라코이, *malakoi*)는 동성애 성 관계에서 여자 역할 하는 자, '남색하는 자'(아르세노코이타이, *arsenokoitai*)는 남자 역할 하는 자를 가르킨다.[15]

---

15 David E. Garland, *1 Corinthians* (Grand Rapids, MI: Baker, 2005), 213-14. Ben Wither-

이들은 하나님 나라에 들어갈 수 없다고 사도 바울은 경고하고 있다. 사도 요한은 어린 양의 피로 대속 받지 못한 자들은 거룩한 성에 들어갈 수 없다고 증언한다. 행실이 거룩하지 못한 자들은 거룩한 성에 들어갈 수 없다.

> 무엇이든지 속된 것이나 가증한 일 또는 거짓말하는 자는 결코 그리로 들어가지 못하되 오직 어린 양의 생명책에 기록된 자들뿐이라(계 21:22).

가증한 일에는 동성애 행위가 포함되어 있다. 동성애 행위는 속된 일, 거짓말하는 자들과 같이 취급되어 거룩한 성에 들어갈 수 없다고 경고하고 있다. 우리 한국 사회에도 최근에는 매년 퀴어문화축제가 열리면서 동성애 물결이 들어오고 있다. 이는 말세의 징조다.

사도 유다의 경고 말씀이 우리에게 다가온다.

> 소돔과 고모라와 그 이웃 도시들도 그들과 같은 행동으로 음란하며 다른 육체를 따라 가다가 영원한 불의 형벌을 받음으로 거울이 되었느니라(유 1:7).

사도 유다는 "다른 육체를 따라가다가"라는 구절에서 동성애자들의 음란한 행실을 지적하고 있다. 그러한 행실은 소돔과 고모라와 이웃 도시 동성애자들의 음란한 행위이며 이러한 행위에 대해 하나님의 영원한 불의 형벌이 있었다고 교훈하고 있다.

---

ington III, *Conflict & Commentary in Corinth* (Grand Rapids, MI: Eerdmans, 1995), 161.

2) "마지막 때에 경건하지 않은 정욕대로 행하는 자들이 있으리라": 사도 유다의 예언

사도 유다는 마지막 때 있게 될 "자기의 경건하지 않은 정욕대로 행하며 조롱하는 자들"에 대해 예언하고 있다.

> 사랑하는 자들아 너희는 우리 주 예수 그리스도의 사도들이 미리 한 말을 기억하라 그들이 너희에게 말하기를 마지막 때에 자기의 경건하지 않은 정욕대로 행하며 조롱하는 자들이 있으리라 하였나니 이 사람들은 분열을 일으키는 자며 육에 속한 자며 성령이 없는 자니라(유 1:17-19).

자기의 "경건하지 않은 정욕대로 행하며 조롱하는 자들"이란 동성애나 다지성애(polyamory) 성적 탐닉자들을 가르치는 것으로 볼 수 있다. 그리고 사도 유다는 마지막 때 신자들이 가져야 할 삶, 하나님의 사랑 안에서 자신을 동성애로부터 지키는 거룩한 믿음의 삶에 관해 교훈하고 있다.

> 사랑하는 자들아 너희는 너희의 지극히 거룩한 믿음 위에 자신을 세우며 성령으로 기도하며 하나님의 사랑 안에서 자신을 지키며 영생에 이르도록 우리 주 예수 그리스도의 긍휼을 기다리라(유 1:20-21).

오늘날 성도들에게 거룩한 삶이 요청된다. 동성애자들 비난하고 죄인이라고 정죄하는 것은 성도의 올바른 태도가 아니다. 정죄는 이들의 인격을 혐오하고 비하하는 것이 되어 이들의 마음에 대못을 박고 상처를 내어 이들과의 대화와 소통을 단절시키기 때문이다.

동성애가 죄라는 것을 지적하면서도 이들의 인격은 사랑해야 한다. 이것이 예수께서 우리에게 주신 사랑의 계명이기 때문이다. 예수님은 우리에게 죄를 범한 형제를 일곱 번씩 일흔 번 용서하고 사랑하라고 무한한 용서와 사랑을 요구하신다.

> 예수께서 이르시되 네게 이르노니 일곱 번뿐 아니라 일곱 번을 일흔 번까지라도 할지니라 (마 18:22).

성도들은 사회적인 소수자로서 고립되고 내면적으로 갈등하고 있는 이들의 처지를 이해하고 사랑의 권면과 설득을 통해 이들이 탈동성애 하도록 도와주어야 한다.

진정한 그리스도인들은 거룩한 믿음 위에 우리 자신을 건축하고 하나님의 사랑 안에서 자신의 삶과 생각을 지키며, 의심하는 자들을 돌보고, 배려하고, 저들을 격려하고, 저들이 진리에 굳게 서도록 한다. 그리고 그리스도인들은 선한 싸움을 싸우면서 독선과 자만에 빠지지 않나 항상 자신을 돌아보면서, 대제사장 기도에서 중보 기도 하신 예수 그리스도의 긍휼을 기다려야 한다.

6. 탈동성애자들의 증언은 동성애가 선천적이 아니라 후천적임을 증명

1) 탈동성애자들의 양심 선언은 동성애가 후천적인 성적 중독에서 오는 것을 증명한다

퀴어신학자들은 동성애가 선천적이라는 것을 주장하면서 동성애가 당사자 자신들의 윤리적 책임이 아니라 '유전적'이라고 주장하면서 동성애가 자연적이며 정상적이라고 변명하고자 한다. 그러나 우리는 우리 주변에 동성애자였다가 동성애 중독(中毒)에서 벗어났다는 많은 사례를 국제적으로 접하고 있다.

동성애자였다가 치유를 받은 김정현은 그의 글 "동성애자 양심 고백서"에서 다음과 같이 그의 동성애 시절 체험에 대해 구체적인 양심 선언을 하고 있다.

> 저의 경우 치료한 지 4년 정도 됐을 때 식성을 비롯하여 남성에 대한 성 집착이 떨어져 나갔습니다. 식성에서 해방된 것이 지금도 감격스럽습니다. 동성애는 극복하려는 의지가 중요하다고 생각됩니다.
> 하지만 이것은 어떠한 중독 치료도 마찬가지일 것입니다. 그러나 치료를 계속해 나갔을 때 동성애의 욕구에 대한 내부 균열이 미세하게 진행되고 거대 빙산이 붕괴하는 것처럼 때가 되면 급속히 무너지는 것을 경험했습니다.[16]

---

[16] 김정현, "동성애자 양심 고백서," in 이용희, 『너는 전략으로 싸우라』 (복의근원, 2017), 213-214.

탈동성애 치유 사역자 이요나 목사도 과거에 동성애 중독에 빠졌다가 하나님의 은총으로 성령의 치유 때문에 해방을 경험한 대표적 사례를 제시해 주고 있다.

김정현의 증언에 의하면 동성애가 '미국정신의학협회'(American Psychiatric Association, APA)에서 1973년 정신장애 목록에서 삭제된 것은 1970년대 게이 행동주의자들이 의사들을 상대로 온갖 협박과 압력과 로비를 행사하였기 때문이라 한다. 그런 상황에도 불구하고 1,021건의 동성애 치료 보고가 있었는데 그 자료들이 모두 폐기되었다고 한다.[17]

2018년 5월 5일 미국 워싱턴에서 최초의 탈동성애 퍼레이드가 개최되었다고 「뉴스워크」가 보도했다. 탈동성애자들의 거리 행진은 미국에서 처음 열린 것인데 이것을 주도한 탈동성애자들(ex-gay)은 2016년 50여 명의 게이들이 사망한 게이 클럽 총기 난사에서 살아남은 동성애자들이다. 대변인 루이즈는 그날 이후 예수님의 사랑 안에 있는 자신을 발견하고 술에 취해 지내며 HIV 감염으로 인도하는 난잡한 성 문화인 동성애를 중단하기로 결단했다고 한다.[18]

2019년 6월 1일 대한문에서 개최된 동성애 퀴어문화축제 반대 국민 대회에서 이요나 목사는 자신이 젊은 시절에 동성애자로 탐닉 생활을 하다가 하나님의 은총으로 동성애 중독에서 벗어나 지금은 탈동성애 운동을 하고 있으며 그는 "동성애를 비롯한 그 어떤 죄악도 그리스도의 이름과 성령의 능력으로만 해결될 수 있다"라고 증언했다.[19]

---

[17] 김정현, "동성애자 양심 고백서," 201-217.
[18] http://bit.ly/2K5JFoO, What is the Freedom March? 'Ex-gay' group gathers in Washington D.C. The group has organised its first ever annual event.bit.ly.
[19] 이요나, 『Coming Out Again: 진리, 그리고 자유』 (서울: 좋은땅, 2017). 박진권, 아이 미니스트리, forstraight 2018.12.08 08:06, (ko.antilgbt.wikidok.net/wp-d/5c0a93eec99f5d-

'아이미니스트리'(I Ministry)의 박진권 대표(선교사)도 이요나 목사처럼 자신의 15년간 동성애 생활과 거기에서 빠져나온 탈동성애 체험을 간증했다.[20] 2019년 5월 30일, 6월 1일 '제12차 국제 탈동성애 인권 포럼'과 제6차 '홀리 페스티벌'이 각각 개최되었다. 이 모임에서 해외에서 참석한 탈트랜스젠더와 탈동성애자들의 간증이 이어졌다.

'Transformed Life 커뮤니티' 대표 시홀 지아니토(Sihol Gianito), 이탈리아 'AmorePuro' 대표 알레시오 리찌오(Alession Lizzio), 필리핀 마크 에스파노(Mark Espano) 등이 자신의 탈동성애 과정을 간증했다. 탈동성애운동본부 홀리라이프는 탈동성애 인권 선언문을 발표했다.[21]

2) 우리는 동성애자들의 처지에 서서 이들을 사랑으로 대하고 이들이 성 중독에서 해방되도록 도와야 한다

우리는 탈동성애자들의 증언을 경청하고 이들의 인권도 존중할 필요가 있다. 그리고 우리에게도 주어지는 다음 질문을 겸허하게 진지하게 검토해야 한다.

'당신의 아들, 딸이 동성애자가 되어 여자 또는 남자 같이 행동하고 다른 남자나 여자와 성 관계를 가져도 좋은가?'

이 질문이 제삼자에게 제기된 질문이 아니라 우리 자신들의 아들 딸의 문제가 되었을 때 우리가 어떤 태도를 보여야 할 것인가 진지하게 검토해야

---

c841ba9811/Vi-ew).
[20] 김신의, "가정, 국가, 교회를 위해 동성애 퀴어문화축제 단호히 반대, 대한문 앞 광장에서 국민 대회 열려,"「크리스천투데이」, 2019.6.
[21] 김신의, "탈동성애 인권선언문,"「크리스천투데이」, 2019.5.30 22:03.

한다. 정통 신앙을 가진 성도들은 독선적인 태도를 보여서는 안 된다. 이들의 처지에 서서 이해하는 자세를 가지는 것이 필요하다. 그렇다고 그것을 허용하자는 것은 아니다. 동성애는 창조의 질서에 위반하는 병적인 증상(중독)이기 때문이다.

이들이 동성애 중독에서 벗어나도록 저들의 처지에 서서 사랑과 인내를 가지고 도와야 한다. 이들은 마치 예루살렘에서 여리고로 내려오다가 강도 만나 쓰러진 자처럼 불행하게 동성애 중독이라는 성 해방 물결의 강도를 만나 쓰러진 자들이다. 이들을 혐오(嫌惡)하거나 차별하는 것이 아니라 선한 사마리아인(The good Samaritan)의 태도를 보이고 저들을 성 중독에서 구출해 주는 것이 필요하다.

제2부

켈러의 퀴어신학, 트랜스 페미니즘 비판

제1장 트랜스 페미니즘의 제3의 성은 젠더 이데올로기의 고안물
제2장 켈러의 과정신학적 부정신학이 말하는 하나님은 성경의 인격적 하나님과 다르다
제3장 트랜스 페미니즘은 생태론적 범신론
제4장 과정 우주론적 범재신론은 하나님의 인격성과 초월성을 상실

제1장

트랜스 페미니즘의 제3의 성은 젠더 이데올로기의 고안물

1. 성(sex)은 교차적으로 엮여 있음이 아니라 생물학적으로 서로 다름 속에서 상호 보완성 가운데 있다

1) 트랜스 페미니즘은 과정철학의 과정(process) 개념을 성(sex)에 적용

최근 동성애 이슈와 관련해 포스트 페미니즘에 관한 논의가 국내에서 활발해지는 가운데 미국의 감리교 여성신학자인 드류대학교(Drew University) 교수 캐서린 켈러(Catherine Keller)가 2017년 10월 한국을 방문해 감리신학대학교, 연세대학교, 장신대학교 등에서 트랜스 페미니즘(transfeminism)에 관해 심층 이해 특별 인터뷰와 강의를 함으로써 트랜스 페미니즘에 관한 논의가 한국 교계와 신학계에서 시작되었다.[1]

---

[1] 에큐메니안, "신비, 다수성, 그리고 얽힘의 트랜스 페미니즘," 캐서린 켈러(Catherine Keller) 교수 방한 특별 인터뷰, 2017.11(http://www.ecumenian.com/news/articleView.html?idxno=16127).

켈러는 '트랜스 페미니즘'(transfeminism)[2]이라는 신학적 구상 속에서 성(sex)이란 고정적인 것이 아니라 교차적이고 상호적으로 얽혀져 있다고 보고, 백인 이성애자들에게 내면화된 신(新)식민지적 우월성을 허위 규범으로 보고 이로부터의 해방을 다음과 같이 주장한다.

> 트랜스 페미니즘은 필연적으로 교차성의 작업이다. 이 교차성 속에서 모든 것이 상호(서로 맞물려, interwoven)적으로 엮여져 있다. 그 상호적 엮임이 선하든 악하든 간에 말이다. 억압은 우리 영혼에 깊이 들어와서 우리는 우리의 자아상으로 백인 이성애자 남성의 규범적 이미지들이나 식민지적 우월성, 혹은 신식민지적 우월성의 규범들을 내면화한다. 그러므로 우리는 자신 안에 있는 이 거짓된 규범들에서 벗어나야 한다.[3]

---

[2] 트랜스 페미니즘은 페미니즘의 제3물결의 시기에 해당하는 사상 유형이다. 페미니즘 제1물결(19-20세기 초, 중엽)은 자유주의 페미니즘(liberal feminism), 페미니즘 제2물결(1960-1980년대)은 급진적 페미니즘(radical feminism), 페미니즘 제3물결(1990년대-현재)은 젠더주의에 의해 주도되는 제3물결의 포스트모던 페미니즘(postmodern feminism)이다. 자유주의 페미니즘이 여성의 참정권 및 법적 제도적 평등 획득을 추구했고, 극단적 페미니즘은 가부장제와 사회적 차별 철폐 운동을 추구했으며, 포스트모던 페미니즘은 남녀 양성 차별을 비롯하여 모든 종류의 차별(남녀 양성, 트랜스젠더, 동성애자, 소수민족 등)을 철폐하는 젠더리즘을 비롯하여 다양한 형태로 나타났다.
페미니즘 운동에는 마르크스주의 페미니즘, 사회주의 페미니즘, 에코페미니즘 등 좌파적 흐름도 있으나 보수적 페미니즘, 복음주의 페미니즘, 문화적 페미니즘 등 건전한 우파적 흐름도 있다. 페미니즘 제3물결은 기존의 페미니즘이 서구, 백인, 중산층에 집중된 것에 반발하여 제3세계, 흑인, 레즈비언 여성주의자들의 주도하에 다중적 정체성, 다중적 억압, 여성들 간의 차이를 강조하는 페미니즘이다.
[3] Catherine E. Keller(Drew University), "얽힌 희망: 트랜스 페미니스트 신학의 불/가능성"(*Entangled Hopes: Transfeminist Theological Im/possibility*), 안종희 역 「신학과 페미니즘의 대화」, 한국연구재단 후원 한-미 인문학 특별 협력 국제 학술 대회, 장로회신학대학교, 2017.10.24, 29.

정통개혁신학의 관점에 의하면 켈러가 과정철학의 과정(process) 개념을 성(sex)에 적용해 성이란 교차적이며 상호 엮여 있다고 주장하는 것은 창조 질서로 정해진 남성과 여성의 짝으로 주어진 상호 보완적 생물학적 성을 부정하는 것이다. 생물학적으로 남성은 여성이 아니고, 여성은 남성이 아니다. 또한, 해부학적으로 남성이 여성이 되는 것도 아니고, 여성이 남성이 되는 것도 아니다. 남성과 여성은 태어날 때 창조주가 정해주신 것이다.

남성과 여성의 교류는 생물학적, 해부학적의 다름 속에서 교류할 수 있으며 양성이 서로 자기의 성 정체성을 지킬 때 비로소 교차성이 가능하다. 창조 질서는 남성과 여성의 다름 속에서 교류이지 남성이 여성이 되고, 여성이 남성이 되는 교차성과 엮음이 아니다. 이는 창조 질서의 혼동임과 동시에 젠더의 혼란이다.

켈러의 트랜스 페미니즘은 인간의 성을 '그/그녀/그것'(he/she/it)으로 규정한다. '그것'이란 트랜스젠더(transgender, 성 전환자)를 가르킨다. 정통개혁신학에서 성경적 질서인 '성'(sex)은 남성과 여성으로 생물학적으로 고정되어 있다. 남성이 여성이 되거나 여성이 남성이 되는 것이 아니다. 남성과 여성이 혼합성(混合性)이 되는 것도 아니다.

성격(character)적으로는 남성 안에 여성의 모습이 있고, 여성 안에 남성의 모습이 있다. 생물학적 본성으로는 인간은 창조의 질서대로 남성과 여성으로 지어지고 그렇게 형성되어 간다. 남성과 여성은 생물학적 본성에서 벗어날 수 없다. 하나님이 남성과 여성이 서로 생물학적 차이가 있도록 하신 것은 서로의 생물학적 다름 속에서 상호적 보완성을 허용하신 것이다.

2) 트랜스 페미니즘은 과정 자체를 신적 과정으로 파악하는 범재신론에 얽매여 있다

켈러는 신이란 이 세계와 분리된, 위에 계신 초월적인 존재가 아니라 현 상태의 모든 것을 넘어선다는 역동적인 의미에서 "신적 트랜스 페미니즘"을 다음과 같이 주장한다.

> 신(神)은 고전적인 견해처럼 이 세계와 분리된, 초월적인 위에 계신 주님이 아니다. 이 신(神)은 우리가 알 수 있는 모든 것을 넘어선다는 역동적인 의미에서 초월적이다. 그래서 "신적 트랜스 페미니즘"(divine transfeminism)이다. 그러나 신(神)의 초월하는 신비 속에서 우리 역시 초월하도록 부름을 받은 존재, 즉 현 상태(status quo)를 돌파하여 넘어서도록 부름을 받은 존재이다. 이것은 내재하는 초월(a transcending within)이다 – 초월하는 만큼 내재한다. 따라서, 신(神)은 서구의 남성적 자아(ego)의 이미지 – 즉, 분리되고 멀리 동떨어져 위에 있고 지배적인 어떤 존재로 서로 만들어지지 않는다.[4]

이 문장에서 켈러는 신의 초월을 현 상태를 돌파해 넘어선다는 의미에서 초월적 존재로 평가절하하며 그는 남성적 존재가 아니라고 주장하고 있다.

정통개혁신학적 성찰에 의하면 켈러의 트랜스 페미니즘은 과정철학의 사상을 인간에 적용하는 것으로써 과정 자체를 신적 과정으로 파악하여 범재신론에 얽매여 있다.

---

[4] Catherine E. Keller(Drew University), "얽힌 희망: 트랜스 페미니스트 신학의 불/가능성," 30.

켈러는 신(神)을 세계와 분리된 초월적 존재가 아니라 만물의 현 상태 속에 있으면서 그것을 넘어서려는 존재로 본다. 이러한 존재는 성경과 정통적 역사적 기독교가 믿는 인격적 초월적 하나님(personal transcendent God), 말하자면 만물의 과정 안에 계시나 과정을 초월하여 이 만물의 과정을 주권적으로 이끄시는 하나님과 다르다.

켈러가 제시하는 과정의 신(神)은 성경이 증언하는 남성과 여성을 초월한 성을 초월한 존재로서 우리에게 부성적으로, 모성적으로 구속자로 다가오시는 인격적이고 초월적인 하나님을 드러낸다고 보기 어렵다.

성경이 우리에게 알려 주는 하나님은 세상을 사랑하시고 이 세상에 오시어 세상의 죄를 대속하기 위해 자기의 생명을 희생하신 사랑의 하나님이지, 남성적인 지배자인 가부장적 신(神)이나 남성 지배자를 대적하는 모성적인 신(神)이 결코 아니시기 때문이다.

켈러의 범재신론은 "모든 것은 신(神) 안에 있다"라고 다음과 같이 말한다.

> 우리는 신(神) 안에서 서로를 발견한다. 이것은 과정신학이 말하는 범재신론(panentheism)의 의미다. 이것은 모든 것이 신(神)이라는 뜻의 범신론이 아니다. 그러나 모든 것은 신(神) 안에 있다.[5]

이 명제에서 켈러가 언급하는 범재신론의 하나님은 "모든 것이 하나님 안에 있다"라고 말함으로써 하나님과 만물의 차이를 간과하고 있다. 켈러

---

5 Catherine E. Keller(Drew University), "얽힌 희망: 트랜스 페미니스트 신학의 불/가능성," 30.

가 말하는 '모든 것은 신(神) 안에 있음'은 하나님과 만물의 차이를 간과하여 만물 위에 계시고 섭리하시는 하나님의 초월을 말하지 않는다.

정통개혁신학의 유신론에 의하면 하나님은 모든 것 위에 주권자로 초월적으로 계시고 동시에 모든 것 안에 내재적으로 계시며 모든 것을 그의 주권 안에서 통일시키시고 경륜 안에서 섭리하신다. 하나님의 심판은 소멸이 아닌 그의 사랑과 치유의 행위다. 만물은 하나님 사랑의 대상인 동시에 심판의 대상으로 하나님의 주권 안에 있다.

하나님은 사랑의 존재이시면서 거룩하신 존재이시기 때문이다. 하나님은 과정 안에 계시나 과정과 동일시되지 않으시고 과정 위에서 과정을 그의 목적과 뜻을 향해 이끌고 가신다. 사도 요한은 만물을 그의 주권 안에서 새롭게 하시는 종말론적 하나님에 관해 다음과 같이 증언한다.

> 내가 들으니 보좌에서 큰 음성이 나서 이르되 보라 하나님의 장막이 사람들과 함께 있으매 하나님이 그들과 함께 계시리니 그들은 하나님의 백성이 되고 하나님은 친히 그들과 함께 계셔서 모든 눈물을 그 눈에서 닦아 주시니 다시는 사망이 없고 애통하는 것이나 곡하는 것이나 아픈 것이 다시 있지 아니하리니 처음 것들이 다 지나갔음이러라 보좌에 앉으신 이가 이르시되 보라 내가 만물을 새롭게 하노라 하시고 또 이르시되 이 말은 신실하고 참되니 기록하라 하시고(계 21:3b-5a).

성경의 하나님은 만물과 그 과정에 계시나 만물과 과정을 초월하여 주권적으로 계시고 만물이나 과정에 의존하거나 종속되지 아니하신다.

2. "젠더의 부정성"이란 인간 존재의 생물학적 정체성 부정(否定)이다

1) "젠더의 부정성"이란 인간 존재가 성(sex)의 혼돈 속에 갇혀 있는 부동성(浮動性) 표현

켈러는 "젠더의 부정성"(aphophasis)[6]을 다음과 같이 설명한다.

> 신비주의의 가르침처럼 우리가 알고 있었던 것에 대해 부정함으로써 우리는 우리가 미처 알지 못했던 타자성에 대해 열려질 수 있게 되기 때문이다. 이러한 부정은 새로운 긍정을 가능하게 한다. 알지 못하는 상태로 남겨놓지 않고 끊임없이 우리를 더 배우게 한다. 그리고 이러한 계속되는 과정은 다양성(multiplicity)이라고 하는 원리에 의해서 운용될 수 있다. 어떤 이름에도 안착할 수 없는 것을 많은 이름으로 계속 부르는 것이 사실은 계속되는 부정(aphophasis)인 것이다.[7]

'젠더의 부정성'이란 우리는 남성도, 여성도 아니라는 것이다. 이러한 젠더가 정해지지 아니함으로써 인간은 다양성으로 자기를 실현한다는 것이다. 그리하여 트랜스 페미니즘은 페미니즘 운동의 진정한 아름다움, 즉 상호 의존성과 얽힘의 급진성을 강화하고자 한다.[8]

---

[6] Catherine E. Keller, Intercarnations, 41.
[7] 최순양, "케서린 켈러의 시각으로 한국 여성신학 돌아보기," 39.
[8] 박일준, "나 역시 남자가 아니다. 포스트 휴먼 시대의 성(性)과 젠더에 대한 성찰"(I'm Not a Man Either: reflecting on Sex and Gender in the posthuman age), 「신학과 페미니즘의 대화」," 56.

트랜스 페미니즘의 이러한 언어는 근사하게 들리나 그 내용은 인간 존재가 성(sex)의 혼돈 속에 갇혀 있는 부동(浮動)성의 표현으로 들린다. 정통개혁신학의 관점은 인간이 남자도, 여자도 아니라는 것이 퀴어신학이 말하는 젠더의 부정성이라면, 이는 자신의 생물학적 존재의 정체성을 부정하는 것이고, 자신이 지닌 생물학적 성의 정체성을 부정하는 것이다.

젠더의 부정성에 관한 주장은 젠더 이데올로기적 자기 폐쇄를 말하는 것이지 진정한 존재의 개방성이라고 할 수 있을까?

트랜스 페미니즘은 자본주의적 수탈과 억압 속에서 진정한 해방이란 다수의 형상인 '얽힘'(entanglement)을 근거로 소통하고 연대하며 각자의 접층(接層)에서 '진정성'(authenticity), 혹은 '신성'(divinity)을 이루어가는 과정(들)을 통해서만 진정한 해방이 가능하다고 주장한다.

그런데 이런 트랜스 페미니즘의 해방이란 성 소수자 무리의 연대와 해방을 말하는 것으로서 이는 이데올로기적 집단의 독선적 해방을 말하는 것이 아닌가?

이러한 소통, 연대와 해방에는 성 소수자들의 혐오 연대가 지배하며 용서와 사랑과 화해가 없다. 성 소수자들의 연대와 해방은 이들에 대한 연민과 해방을 위해 헌신하는 성 다수자들을 일방적으로 '동성애 혐오자'(homophobic)로 낙인을 찍고 이들을 법적으로 처벌하는 '차별 금지법'을 제정하고자 하기 때문이다.

2) "젠더의 부정성"은 생물학적 성을 부정하는 페미니즘 독재로 나아감

젠더 이데올로기 추종자들은 이성애자들이 동성애자들에게 비정상이라는 사실에 입각한 지적을 '동성애 혐오증'(homophobia)이라고 비난한다. 그러나 정상인인 이성애자들의 동성애 언급은 동성애나 혼합성이 정상에서 벗어나기 때문에 정상적인 이성애자들로서 자연스럽게 '비정상'으로 느끼는 자연 질서의 반응이지 단지 감정적 혐오에서 나오는 것은 아니다. 그러므로 혐오라고 단정해서는 안 된다. '혐오'(*phobia*)라고 규정하는 것은 이데올로기적 해석일 뿐이다. 자연스럽게 느껴지는 비정상 내지 부자연스러움을 '혐오'라고 낙인을 찍어서는 안 된다.

퀴어신학은 '트랜스 페미니즘'을 '가부장적이고 위계적이며 경쟁을 위주로 권력을 쟁취하는 일자의 셈하기 체제 속에서 셈해지지 않는 다수들(multiplicities)을 중단하며(trans) 다양한 해방의 연대를 실현하자는 운동이며, '여성'은 그 셈해지지 않는 다수의 대표적인 이름임을 인식하는 운동'[9]으로 특징짓는다.

트랜스 페미니즘은 셈해지지 않는 다수들인 여성을 위계적이고 경쟁적이며 권력 쟁취를 지향하는 일자인 남성에 대립시키고 있다. 여기서 트랜스 페미니즘은 남성적 가부장적 제도에 대한 다양한 해방 연대를 실현하고자 한다.

이러한 해방 연대에는 현존하는 자본주의 체제와 가부장 제도를 투쟁의 대상으로 보는 페미니즘 독재 정치가 있지 아니한가?

트랜스 페미니즘은 남성과 여성의 생물학적 성을 부정하고 페미니즘의 적(敵)인 경쟁과 위계를 근간으로 하는 자본주의 사회를 타도하려고 한다. 그 근저에는 공정한 경쟁과 성공한 여성 CEO의 자기 실현까지 부정하고 무차별적인 평등을 실현하려는 마르크스적 평등주의 세계관이 깔려있다.

이러한 마르크스적 세계관은 1917년 러시아의 볼세비키 혁명 이래 이미 72년간 이데올로기 실험 이후 1989년 동구권 공산주의 붕괴와 민주화 혁명

---

[9] 박일준, "나 역시 남자가 아니다. 포스트 휴먼 시대의 성(性)과 젠더에 대한 성찰," 56-7.

과 마르크스 종주국인 소련 연방의 해체로 역사에서는 실패로 끝났다.

트랜스 페미니즘은 마르크스의 사회 혁명 이념을 문화적으로 실현하고자 하는 신마르크스주의(Neo-Marxism)의 문화적 흐름으로 오늘날 젠더 이데올로기와 결합하여 21세기 지구촌에 젠더 이데올로기 혁명에 참가하고 있다.[10] 그러나 이미 역사적 실험으로 실패로 검증된 마르크스적인 혁명 사상을 퀴어문화(Queer Culture)적인 포장으로 되살리는 것은 다가오는 세대에게 무책임하고 나쁜 유산을 물려주는 것이다.

3. 제3의 성 역시 '제2의 성'과 같이 젠더 이데올로기의 고안물

1) 퀴어신학이 창안한 '제2의 성'이라는 사회적 성

퀴어신학자들은 있지도 않은 '사회적 성'(social sex, gender)이라는 '제2의 성'을 창안해서 젠더 이데올로기의 성곽 속에 생물학적 성(sex)인 제1의 성을 유폐시킨다.

퀴어신학자들에 의하면 '제1의 성'(생물학적 성)이 지배하는 사회 구조로 억압과 차별당하는 '제2의 성'(사회적 성)은 소통과 연대 속에서 해방을 쟁취해야 한다. 제2의 성이 철저히 억압당하고 배제당하는 구조 속에서 '제1의 성'으로 존재할 수 있는 존재도 없다. 왜냐하면, 모든 [생물학적] 남성은 이 억압과 차별의 구조 속에서 이미 거세당했기 때문이다.

---

[10] 김영한, 젠더주의의 문화인류학적 성 혁명 -핵심 주장, 영향과 문제점에 대한 비판적 성찰- [동반교연 1주년 총회 특강 발표문], 2018년 7월 27일.

하지만 이 구조의 해방은 단순한 남/녀의 이분법만으로는 불가능하다. 오히려 억압받고 차별받는 다양한 집단들이 서로 소통하고 연대하면서 각자의 접층에서 진정성(authenticity), 혹은 성스러움(divinity)을 이루어가는 과정(들)을 통해서만 진정한 해방이 가능할 것이다.[11]

여기서 퀴어신학은 젠더주의 실천을 위해 해방신학을 동원한다. 해방신학은 다수자들에 의한 차별받는 다양한 집단들, 즉 사회적 소수자와 소통과 연대를 통한 해방을 실천하고자 하기 때문이다.

그러나 정통개혁신학에 의하면 성(性) 정체성이란 개인의 심리적 문제이지 사회 구조의 문제는 아니다. 내가 남성인지 여성인지 결정하기 이전에 이미 나는 남성이나 여성으로 태어났고 그렇게 살아왔기 때문이다. 성 정체성이란 한 개인이 남성이나 여성으로서 가지는 정체성이지 사회적 연대로 정해지는 것은 아니다.

트랜스 페미니즘은 성 정체성 문제 해결을 단지 사회적 인정을 받아내기 위한 해방신학적 투쟁으로 몰고 간다. 그러나 정작 탈동성애 운동가들이 강조하는 성 소수자들의 성 중독 및 심리적인 복합성 치유라는 중요한 문제 해결에 대해선 침묵하고 있다.

2) 트랜스 페미니즘이 창안한 '제3의 성'도 제1의 성의 변태

트랜스 페미니스트들은 '제3의 성'을 창안한다. '제3의 성'이란 포스트 휴먼 시대에 근대의 인간 중심주의(anthropocentrism)를 포스트 휴먼주의, 즉 탈인간주의로 극복하고 미래 시대에 사이보그(Cyborg)의 출현을 예감하며

---

[11] 박일준, "나 역시 남자가 아니다. 포스트 휴먼 시대의 성(性)과 젠더에 대한 성찰," 57.

'제2의 성'으로 일어났던 백인 여성 중심의 페미니즘에 대한 내부적 비판으로 흑인 여성을 포함한 유색 인종 여성들의 우머니즘(womanism), 말하자면, 가부장제 하에서 남성뿐만 아니라 백인 여성에 의해서도 억압받아 온 흑인 여성을 포함한 유색 인종 여성들의 자기 정체성 찾기 운동과 억압받는 모든 이를 품는 담론으로 재구성되는 젠더 담론[12]을 지향하는 것이다. 그리고 트랜스 페미니스트들은 '제3의 성은 모든 세계의 박탈된 존재들 즉 난민, 동물, 자연, 환경, 기계, 사이보그 등으로 확대되었음을 증언하는 표현'으로 본다.

트랜스 페미니스트들은 '제2의 성'이라는 개념처럼 '제3의 성'은 '21세기 네트워크화 된 자본주의 현실 속에서 제국주의적 인간 주체 때문에 억압되는 사이보그적 주체, 즉 인공 생명의 주체들까지도 억압된 자로 포용하려는 자세'라고 본다.

'제3의 성'이란 사이보그(Cyborg)[13]인 인공 생명 주체까지 포함하는 성 개념이다. 이러한 '제3의 성'이란 포스트 휴먼 시대의 성으로서 '제2의 성'과 마찬가지로 제1의 성인 창조 질서인 생물학적 성을 부정하는 데서 나온다.

성을 인간적 사회적 활동의 산물로 보기 때문에 앞으로 제4, 5, 6의 성(性) 등 보는 관점에 따라서 다양한 성의 모습으로 확장되어 가는 것이다. 그리하여 성에 대한 개념이 규정되지 않고 사회적으로 정해지기 때문에 포스트 휴먼 시대의 인간의 성은 교차성과 얽힘 속에서 끊임없이 부동(浮動)하는 것이다. 이것은 인간 존재의 방황이고 인간 성(sex)의 자기 정체성 상

---

12 김은혜, "인사말 (연구 프로젝트 소개)," 「신학과 페미니즘의 대화」, 13.
13 사이보그(Cyborg)는 사이버네틱스(Cybernetics)와 생물(Organism)의 합성어다. cybernetic organism에서 나온 신조어다. 생물과 기계를 결합한 인공 인간, 말하자면 인공적인 기관의 대체나 이식을 통해 개조된 가상의 인조 인간을 말한다.

실을 드러내는 것이다.

  정통개혁신학에 의하면 인간은 몸의 존재로서 성을 지닌 존재다. 중성은 없다. 남성이나 여성으로 주어진 생물학적 성은 인간에게 주어진 창조 질서요 존재 질서다. 천사는 몸이 없으나 인간에게는 몸이 있으며, 인간은 성(sex)을 지닌 존재다. 이것이 인간다움이다. 이러한 성은 신체적으로 주어졌고 남성이나 여성으로서 인간은 그 존재를 인격적으로 체험한다.

  제2의 성, 제3의 성이란 생물학적으로 타고난 인간 성의 자기 일탈이다. 제2의 성이나 제3의 성이 별도로 있는 것이 아니라 생물학적 성을 지닌 인간의 변형된 성격과 역할이 있을 뿐이다. 제2의 성이나 제3의 성이란 제1의 성인 생물학적 성에 기반을 둔 인간성의 변태(變態)일 뿐이다.

4. 젠더는 인간이 아니라 하나님이 결정한다

1) 트랜스 페미니즘은 창조 질서인 이원적 젠더 질서를 부정

  트랜스젠더 신학자 켈러는 전통적인 이원적 젠더 담론을 부정한다. 그녀는 다음과 같이 피력한다.

> '젠더' 담론에 대해 보다 더 개방적이고 다양한 시도를 할 수 있다면, 즉 기존의 이원론적 젠더 담론을 문제시하면서 더 복잡하게 만들고 교차적으로 관계적인 시도를 한다면, 생명의 범위를 인간에만 두는 것이 아니라 전 생명체를 포함하는 만큼 개방적이 될 수 있다면, 페미니스트 신학이 우리에

게 줄 수 있는 선물은 더 값진 것이 될 수 있을 것이다.[14]

트랜스 페미니즘은 남성과 여성으로 이루어진 이원적 젠더 질서를 부정하고 이를 개방적으로 복잡하게 교차적 관계로 만들어 생명의 범위를 인간 존재를 넘어 만물이라는 전 생명체로 확대함으로써 인간 존재를 더 풍성하게 만들고자 한다. 그러나 이러한 시도는 이데올로기적 구상일 뿐이다.

정통개혁신학의 성찰에 의하면 트랜스 페미니즘이 창조 질서인 이원적 젠더 질서를 부정하고 트랜스젠더(그/그녀/그것)를 주장한다면, 그것은 전 생명체를 개방적이고 풍성하게 만드는 것이 아니라 창조적 생태 질서를 젠더 이데올로기로 교란시키고 변형시키는 것이다. 그러므로 젠더 이데올로기 운동을 문화인류학적 성 혁명이라고 말하는 것이다.[15]

남성과 여성이라는 이원적 성(性) 질서가 없다면 생태계는 존속될 수 없다. 제2의 성이나 제3의 성은 동성애적 사회 질서로써 이러한 성 질서에서는 생물학적 성에 근거한 후손의 증식은 없다.

제2, 제3의 동성애적 성 질서에서는 이성애적 성 질서와 달리 젠더주의적으로 변질된 남성과 여성만이 있다. 이들의 결합 속에서 사랑의 열매인 후손의 증식은 없고 이성애적, 심리적, 정서적 상호 보완이 없다.

---

[14] 최순양, "캐서린 켈러의 시각으로 한국 여성신학 돌아보기(Intercarnations and Transfeminism: Reflecting on Korean Feminist Theology), 「신학과 페미니즘의 대화」, 37.
[15] 김영한, 『젠더주의 도전과 기독교 신앙』 (서울: 두란노, 2018), 44-46.

2) 젠더의 부정성 주장은 생물학적 성의 선천성을 부정

정통개혁신학의 성찰에 의하면 켈러는 생물학적 성(biological sex)과 정신적 성(mental sex)을 혼동하고 있다. 생물학적 성은 선천적으로 태어나는 것이며, 후천적으로 바꿀 수 없다. 생물학적 성은 동성과 교류할 수 없고, 이성과는 교류할 수 있다. 신체 해부학적으로도 그렇게 되어 있다. 이성(異性)과 결혼을 통해 이성은 한 몸이 되고 하나의 정신이 된다.

인간의 정체성은 몸과 정신의 통일성으로 이루어진다. 동성 간의 성적 교류는 변태적인 교류가 되는 것이다. 그러나 정신적 성이란 동성과 이성과 다양하게 교차적으로 교류할 수 있다. 정신적인 성으로는 이성과도 우정을 나눌 수 있다.

트랜스 페미니즘이 젠더의 부정성(aphophasis)에 관해 말하는 것은 성경이 말하는 창조 질서인 성(性)인 젠더의 선천성, 생물학적 성의 선천성을 부정하는 것이다. 이는 창조주의 창조 질서를 젠더 이데올로기로써 부정하는 것이다. 젠더의 다양성이란 젠더 이데올로기의 인위적 구성으로 동성애, 혼합성애, 퀴어성(queer sex)을 지지하기 위한 고안물에 지나지 않는다.

5. 퀴어신학은 인간의 제2반란을 획책하고 있다

1) 젠더 이데올로기는 제2의 반란(젠더의 결정자는 인간)

정통개혁신학의 성찰에 의하면 '동성애가 정상적인 '성애'(性愛)라고 주장하는 것은 인간이 만들어 낸 '젠더 이데올로기'(Gender ideology)다. 젠더 이데올로기는 인간이 스스로 젠더를 결정한다고 주장한다. 이러한 주장은 하나님의 말씀에 어긋나는 것이다. 이는 원죄를 되풀이하는 '제2의 반란'(the second revolt)이다.

원죄란 인간이 선악을 스스로 결정하고자 하는 시도로 스스로 하나님이 되고자 하는 인간의 반역[16]이기 때문이다. 우리는 창세기 2장에 있는 실과에 대한 하나님의 계명을 엄밀히 읽어 보아야 한다. 하나님은 인간이 동산의 각종 나무의 열매는 네가 임의로 먹을 수 있도록 자유를 허락하셨다.

> 여호와 하나님이 그 사람에게 명하여 이르시되 동산 각종 나무의 열매는 네가 임의로 먹되(창 2:16).

그러나 선악을 알게 하는 나무의 열매는 먹지 말라고 명하셨다.

> 선악을 알게 하는 나무의 열매는 먹지 말라 네가 먹는 날에는 반드시 죽으리라 하시니라(창 2:17).

선악과를 먹지 말라는 하나님의 계명은 인간의 한계를 설정하신 것이다. 선악과 금지 명령이란 단순히 동산 중앙 선악과는 먹지 말라는 독선적이고 권위적인 과수원 주인의 명령이 아니라 인간 존재와 생명의 원리를 제시하신 것이다. 인간은 하나님으로부터 지음을 받은 존재로서 하나님과의 인격적인 관계로부터 그의 생명력을 공급받아야지만 그 영혼과 신체의 존재를 누릴 수 있다.

---

[16] 창 3:1-5 해설, 『해설 관주 성경전서』, (독일성서공회판, 1997), 11.

인간의 거룩성은 하나님의 계명을 지킴으로써 누릴 수 있고 인간의 지식이란 하나님 말씀이 오직 인간 영혼의 양식(糧食)이 됨으로써 진정한 앎을 누릴 수 있다. 이것이 무너지면 인간의 존재도 무너지는 것이다. 하나님은 이것을 아시고 최초의 인간에게 동산 과일을 임의로 먹되 선악과라는 지식의 실과는 먹지 말라고 명령하신 것이다.

지식의 근거는 인간 이성이 아니라 하나님 말씀이다. 지식의 근원은 하나님이시다. 하나님이 만물의 로고스로서 이 세상을 그분의 지식으로 창조하셨기 때문이다. 만물은 하나님 로고스의 원리에 의해 구현되어 있다. 만물은 우주의 질서로써 존재하는 것이다. 인간의 이성은 단지 그것을 수용, 즉 알아내는 것이다.

지식이란 인간이 만들어 내는 것이 아니라 이미 주어진 만물의 존재 질서를 인간이 탐구해 내는 것이다. 그러므로 관념론이 아니라 실재론이 성경적 지식론에 부합한다. 단지 이 실재에 대한 지식은 인간이 해석해야 하기 때문에 해석학적 실재론이 성경적 지식론에 부합한다.[17]

이에 반해, 인간이 자기 젠더(gender)를 결정하고자 하는 젠더 이데올로기는 인간의 제2의 신격화이며 하나님에 대한 두 번째 반란이다.

2) 젠더 이데올로기는 인간 신격화

악마는 하와를 다음과 같이 미혹했다.

> 너희가 결코 죽지 아니하리라 너희가 그것을 먹는 날에는 너희 눈이 밝아져 하나님과 같이 되어 선악을 알 줄 하나님이 아심이니라(창 3:4-5).

---

[17] 김영한, "기독교 인식론으로서 해석학적 실재론," 「기독교철학」, 제9호, 2009.12, 1-19.

젠더 이데올로기 추종자들은 "인간이 스스로 젠더를 만들어 낸다"라고 주장한다. 이는 인간의 피조적 제한성을 거부하고 인간 스스로 자신의 성(性) 정체성을 정립하고자 하는 시도로 '제2의 반란'이다. 낙원에서 뱀이 하와를 유혹한 이 말은 오늘날 젠더 이데올로기가 인간 신격화를 시도하려는 내용이다.

> 너희가 그것을 먹는 날에는 너희 눈이 밝아져 하나님과 같이 되어 선악을 알 줄 하나님이 아심이니라(창 3:5).

인간이 스스로 젠더를 정할 때 인간은 전통적 성의 굴레에서 해방된다는 것이다.

창세기 3장 이야기에 의하면 인간이 하나님의 계명에 불순종하여 선악과를 먹었을 때 인간은 하나님 앞에 인격적으로 서는 관계로부터 단절되었다. 인간은 순결의 상태에서 나와서 자신의 벌거벗은 상태를 인지하면서 수치가 동반된 양심의 갈등 속에서 하나님을 피해 수풀 속으로 들어가 숨는다.

창세기 3장 이야기의 교훈은 선과 악을 아는 일은 인간의 권리가 아니라 하나님의 주권이라는 것이다. 인간은 하나님과의 관계를 떠나서 생명나무 실과를 먹고 영생할 수 있었다.

> 이 사람이 선악을 아는 일에 우리 중 하나 같이 되었으니 그가 그의 손을 들어 생명 나무 열매도 따먹고 영생할까하노라(창 3:22).

그리하여 하나님은 인간이 생명 나무 실과로 향하는 길을 차단하셨다.

> 이같이 하나님이 그 사람을 쫓아내시고 에덴동산 동쪽에 그룹들과 두루 도는 불 칼을 두어 생명 나무의 길을 지키게 하시니라(창 3:24).

인간은 하나님에 대해 반역함으로써 생명나무 길이 차단되었다. 이것이 자율성(autnomy) 추구로 죽음의 존재가 된 인간 존재의 운명인 것이다.

오늘날 젠더주의자들은 인간 성(性)을 스스로 결정하고 선과 악에 대한 윤리를 스스로 정립하고자 함으로써 제2의 반란을 시도하고 있으며 퀴어신학자들은 이를 실천하고 있다.

제2장

켈러의 과정신학적 부정신학이 말하는 하나님은 성경의 인격적 하나님과 다르다

여성신학자 캐서린 켈러(Catherine E. Keller)의 트랜스 페미니즘(divine transfeminism)은 과정신학적 부정신학에 근거하고 있는데 상징과 시, 미적 언어를 통한 함축적이고 신비적 내용을 전달하고자 한다. 그리하여 켈러는 부정신학과 과정신학을 결합시키는 시적신학(theopoetics)에 사상을 담으며 이를 트랜스 페미니즘으로 발전시킨다.

켈러는 트랜스 페미니즘을 오늘날의 퀴어신학의 동성애 정당화를 위한 신학적 근거로 제시하고 있다. 먼저 과정신학적 부정신학이 주장하는 하나님에 관해 비판적으로 성찰하고자 한다.

1. 깊음, 테홈, 혼돈으로 상징되는 하나님

1) 깊음에서 창조

(1) 깊음(the deep)은 하나님 자신

켈러는 창세기 1:1이 말하는 말씀에 의한 '무로부터의 창조'(creatio ex nihilo)를 거부하고 '깊음으로부터의 창조'(creatio ex profundis, creation out of the deep)

를 말한다. 그녀는 과정신학의 관점에서 단 한 번의 유일회적인 완성된 창조가 아니라 '지속하는 창조'(creatio continua)를 주장한다.[1] 켈러는 일회적 말씀의 완결로 끝나는 창조가 아니라 끊임없이 시작하며 여러 존재의 얽힘 속에서 계속해서 일어나는 창조를 말한다.

켈러는 전통적인 신학이 말하는 말씀에 의한 창조(creation by the Word)가 아니라 깊음, 혼돈으로부터 창조에 주목한다. 깊음(the deep)은 하나님 자신의 깊음이다. 하나님의 깊음은 하나님 자신을 태어나게 할 뿐만 아니라 모든 만물을 탄생시킨다.[2]

모든 존재는 하나님 안에 있으며 하나님도 모든 존재 안에 있다. 창세기 1장에 대한 이러한 켈러의 과정신학적 해석에는 하나님과 만물이 불가분적인 존재로 있는 범재신론의 구조가 드러나고 있다.

(2) 비판적 성찰: 성경적 창조는 완성된 창조와 이에 근거한 지속적 창조

켈러가 주장하는 깊음으로부터의 창조는 창세기가 증언하는 말씀에 의한 창조와 다르다. 말씀에 의한 창조는 무에서의 창조로 여러 존재의 얽힘 속에서 지속적으로 일어나는 창조가 아니다. 켈러가 주장하는 깊음으로부터의 지속적인 창조에서는 시작도 끝도 없는 무한한 생성만 있다.

켈러가 말하는 무한한 시작에서는 성공과 실패를 인정한다. 성공과 실패란 무한한 과정 속의 하나의 계기일 뿐이다. 그러므로 하나님의 경륜에도 실패가 있다는 것을 인정한다. 하나님의 주권이 제한된다.

그러나 정통개혁신학에 의하면 말씀에 의한 창조와 창조하신 하나님의

---

[1] Catherine Keller, *Face of the Deep: A Theology of Becoming* (LH & NY: Routledge, 2003), 48.
[2] Catherine Keller, *Face of the Deep: A Theology of Becoming*, 180.

경륜에는 실패가 없다. 예언자 이사야는 하나님의 창조는 하나님의 섭리와 경륜에 따라 반드시 서며 이에 실패가 없다는 것을 선언한다.

> 만군의 여호와께서 맹세하여 이르시되 내가 생각한 것이 반드시 되며 내가 경영한 것을 반드시 이루리라(사 14:24).

이사야 예언에서 하나님의 경륜은 반드시 이루어지고 하나님 자신이 반드시 이루신다.

> 이것이 온 세계를 향하여 정한 경영이며 이것이 열방을 향하여 편 손이라 하셨나니 만군의 여호와께서 경영하셨은즉 누가 능히 그것을 폐하며 그의 손을 펴셨은즉 누가 능히 그것을 돌이키랴(사 14:26-27).

이 구절은 말씀으로 천지를 창조하신 하나님이 정하신 세계 경영은 반드시 이루어지며 누구도 능히 돌이킬 수 없다는 것을 뜻한다.

2) 테홈에서 창조

(1) 시작도 끝도 없는 테홈(창조의 근원)

켈러에 의하면 창조가 나오는 깊음은 형태도 없고 시작도 끝도 없는 창조의 근원인 '테홈'(תהום, tehom)이다. 테홈은 되어 감의 근원이다. 테홈은 단순히 억압하고 격퇴해야 하는 혼돈이나 흑암이 아니다. 테홈으로부터의 창조에서 하나님은 모든 되어 감 속에 계시며 시작과 끝이 없으며, 끝은 항상 새로운 시작으로 이어진다.

테홈은 창조의 근원으로 시작과 끝이 없는 끊임없는 시작의 원천이다. 이 되어 감 속에 하나님은 함께 계시며 실패 속에서 잃어버리는 것은 아무 것도 없다. 실패도 배움으로 다시 새로움으로 시작한다.

이러한 거대한 과정에서 선과 악, 성공과 실패, 빛과 어두움, 구원과 타락은 분리되지 않고 관계성 속에서 기회와 새로운 가능성으로 다양하게 얽히고 하나님도 그 과정에 기여한다. 하나님은 과정에서 모든 것을 주권적으로 이루어가시는 전능한 존재가 아니라 현실의 사건 속에서 무엇인가 촉발해내고 시작하게 하는 존재이시다.[3]

테홈은 단순한 흑암이나 혼돈이 아니라 모든 생명체를 감싸 안는 근원으로 하나님과 함께 일하는 창조의 에너지다. 켈러는 테홈을 불확정성, 삶의 과정의 깊이라 부른다.[4]

테홈은 시작이기도 하고 끝이기도 하며, 불규칙적으로 변화하는 열린 공간이다. 이는 니콜라스 쿠자(Nicholas of Cusa)의 부정신학이 가르쳐주는 것처럼 무지의 구름(cloud of unknowing)이라고 말할 수 있다.[5]

(2) 비판적 성찰: 하나님은 남성 신이나 여성 신이 아닌 성을 초월한 삼위일체적인 사귐의 존재

켈러의 과정신학이 제시하는 하나님은 만물 가운데, 만물에 의존하면서, 만물과 더불어 만들어지는 과정적 존재다. 과정적 존재이신 하나님은 성경

---

[3] 최순양, "캐서린 켈러의 과정신학적 부정신학," 21세기 세계여성신학의 동향, 한국여성신학회 엮음, (서울: 동연, 2015), 253, *Rafael Reyes* III, "The Issue of Vreatio Ex….." in Process Musings(http://www.processmusings.com, 6-7).

[4] Catherine Keller, *On the Mystery: Discerning Divinity in Process* (Philadelphia: Fortress Press, 2008), 48.

[5] Catherine Keller, *Face of the Deep: A Theology of Becoming*, 14.

이 전해주는 말씀으로 천지를 창조하신 주권적인 하나님이 아니다. 과정에서 하나님은 더 이상 전능하신 자가 아니라 피조물 가운데서 피조물의 영향을 받고 피조물과 함께 되어 감의 존재다.

켈러는 전통적 창조 신앙의 하나님은 유일신적 가부장적 하나님으로서 명령 하나로 절대적인 기준을 피조물에 제시하고 단 한 번에 창조를 완성하고 존재 피라미드 최상위에 권위적으로 있는 제국주의적 신이라고 비판한다.[6]

그러나 성경의 하나님은 자궁(子宮)을 가진 테홈으로서 여성 신이거나 가부장적 남성 신이 아니라 성을 초월한 인격적인 하나님이시다.

> 태초에 말씀이 계시니라 이 말씀이 하나님과 함께 계셨으니 이 말씀은 곧 하나님이시니라(요 1:1).

창조의 하나님은 여성의 자궁 같은 테홈이 아니라 인격적인 말씀이시다. 그는 로고스로서 없는 것으로부터 만물을 있게 하시는 창조의 말씀이시다. 성경에는 하나님을 여성 신이나 남성 신으로 표시한 곳이 없으며 단지 성부 하나님을 아버지라고 표시하고 있다.

> 본래 하나님을 본 사람이 없으되 아버지 품 속에 있는 독생하신 하나님이 나타내셨느니라(요 1:18).

'아버지 품'(καλπον τοὐ πατρός, the bosom of the Father)이란 알이나 자궁이 아니라 성부 하나님이라는 신성의 원천을 말한다. 이 영원하신 신성의 원

---

[6] Catherine Keller, *Face of the Deep: A Theology of Becoming*, 158.

천에서 독생하신 하나님 아들 성자가 나왔다. 이것을 정통개혁신학은 성부로부터 성자의 영원한 출생이라고 말하고 있다.

게세마네의 대제사장 기도에서 예수는 다음과 같이 기도 드리신다.

> 아버지여 창세 전에 내가 아버지와 함께 가졌던 영화로써 지금도 아버지와 함께 나를 영화롭게 하옵소서(요 17:5).

이 말씀은 아들이 창세 전에 영원으로부터 창조주로서의 영광을 가졌다는 것을 알려 주고 있다. 여기에는 여성 신의 존재나 매개가 없고 영원하신 성부 하나님으로부터 영원하신 성자의 출생이 있었다. 이것은 영원한 출생(eternal birth)이다. 이러한 영원한 아들 출생에서 아버지와 아들을 연결하는 것은 자궁과 탯줄이 아니라 성령이라는 사랑의 띠다. 여기에는 성부와 성자, 성령 사이의 영원한 삼위일체적인 교제와 일치가 있으며 가부장적 권위의 질서는 존재하지 않는다.

2. 과정으로써 하나님: 테홈에서 시작되는 만물의 서로 얽힘

1) 테홈, 혼돈, 깊음으로 상징되는 하나님

켈러의 과정신학에 의하면 모든 존재, 세상과 만물은 시작도 끝도 없는 다양성과 개방성 속에서 되어가고 있다. 하나님은 모든 존재, 세상과 만물의 역동성을 가능케 하는 힘이면서 동시에 그 역동성과 변화, 과정 안에 함께 있다. 세상과 만물, 즉 모든 되어 가는 것들은 하나님 안에서 되어 가며,

하나님도 그 속에서 되어 간다.[7]

하나님은 이러한 되어 감 속에서 피조물과 함께 있다. 켈러는 이러한 과정의 추동(推動)력이 되는 하나님을 테홈, 혼돈, 깊음이라고 상징화했다.[8]

과정신학에서 하나님은 테홈, 혼돈, 깊음과 구분되지 않는다. 과정신학에서 하나님은 인간의 생사화복(生死禍福)을 주관하시고 인간의 미래를 결정하시고 심판하시는 성경의 하나님이기보다는 '인간을 끊임없이 추동시키고 돌보는 열려있는 신비'로 파악된다.[9] 이러한 테홈에서 창조하시는 하나님은 혼돈 속에서 불확실성, 다양성과 개방성을 지닌 존재이시다.

켈러는 창세기에서 하나님이 '야웨의 천사들'과 동격으로 묘사되는 것에 근거하여, 엘로힘은 '모든 존재의 힘을 가능하게 하는 힘,' '땅, 물, 공기, 그리고 불을 생겨나게 하는 최초의 틀이자 물질'로 표현된다고 해석한다.[10] 그리하여 켈러는 하나님이 창조자이기만 한 것이 아니라 피조물이기도 하다는 파격적 제안을 한다.

바다, 숲, 소음, 사회, 삶, 사건들과 나날들이 단순히 창조의 대상이라고 말할 수 없다.[11] 하나님은 창조하기도 하지만, 창조와 생성 속에서 그 영향을 받기 때문으로 본다.

이러한 테홈의 하나님은 피조물이 되기도 하므로 창조의 말씀이신 하나님과는 전혀 다르다. 하나님은 만물이나 그 가운데 어떠한 존재와 동일시되는 분이 아니시다. 예언자 이사야는 비길 데 없는 이스라엘의 하나님에 관해 증언한다.

---

7 Catherine Keller, *Face of the Deep: A Theology of Becoming*, 180.
8 최순양, "캐서린 켈러의 과정신학적 부정신학," 265.
9 최순양, "캐서린 켈러의 과정신학적 부정신학," 245.
10 Catherine Keller, *Face of the Deep: A Theology of Becoming*, 175.
11 Catherine Keller, *Face of the Deep: A Theology of Becoming*, 176.

누가 여호와의 영을 지도하였으며 그의 모사가 되어 그를 가르쳤으랴 그가 누구와 더불어 의논하셨으며 누가 그를 교훈하였으며 그에게 정의의 길로 가르쳤으며 지식을 가르쳤으며 통달의 도를 보여 주었느냐(사 40:13-14).

이 구절에서 이사야는 하나님의 창조와 경륜은 어느 만물에 의존하거나 인간이나 천사에 의존하는 것이 아니고 주권적으로 이루어졌음을 말하고 있다. 예언자 이사야는 전능하신 하나님이 어떤 피조물과 비교할 수 없는 위대함을 말하고 있다.

	보라 그에게는 열방이 통의 한 방울 물과 같고 저울의 작은 티끌 같으며 섬들은 떠오르는 먼지 같으리니(사 40:15).

	그의 앞에는 모든 열방이 아무것도 아니라 그는 그들이 없는 것같이, 빈 것같이 여기시느니라(사 40:17).

하나님의 관점에서 "열방이 통의 한 방울 물과 같고 저울의 작은 티끌, 섬들은 떠오르는 먼지 같을 것"이고 하나님 앞에서는 모든 열방이 아무것도 아니다. 하나님은 그들을 없는 것같이, 빈 것같이 간주하신다는 이사야의 표현에서 창조하시는 하나님의 주권성과 초월성을 명료히 찾아볼 수 있다.

정통개혁신학은 이러한 만물 속에 내주하시는 하나님과 함께 만물 위에 뛰어나 전혀 의존하지 않으시는 주권적인 하나님의 초월성을 믿는다.

2) 비판적 성찰: 테홈으로서 하나님은 창조의 하나님이 아니다

켈러는 테홈을 알과 같고 자궁과도 같은 신비로 본다.[12] 테홈은 신비이기에 아직 생겨나지 않은 존재, 생겨난 존재, 생겨날 존재들을 모두 다 품고 있다. 테홈은 피조물과 같지도 않고 무관하지도 않다. 테홈은 모든 피조물이 만들어 내는 사건, 변화, 다양성을 만들어내는 가능성이면서, 그 변화와 다양성 속에 함께 있다.

이 테홈은 바로 하나님이다. 테홈으로서 하나님은 깊은 혼돈으로부터 이 세상을 창조했고 시작도 끝도 없는 깊은 바다와 같은 세상 속에 피조물과 함께 존재한다. 그리하여 모든 것은 진행 중에 있고 종말은 어떻게 되는지 예기될 수 없다.[13]

테홈으로서 하나님은 이 거대한 심연의 바다에 피조물과 함께 공존하며, 기쁨과 슬픔, 선과 악의 조화, 성공과 실패 속에서 우리를 이끌어가는 과정적 존재이시다. 이러한 시작도 끝도 없는 하나님은 성경이 증언하는 주권적이고 초월적인 인격적인 하나님이 아니다.

예언자 이사야는 하나님이 태초부터 만대를 명령했다고 증언한다.

> 너희가 알지 못하였느냐 너희가 듣지 못하였느냐 태초부터 너희에게 전하지 아니하였느냐 땅의 기초가 창조될 때부터 너희가 깨닫지 못하였느냐(사 40:21).

이처럼 이사야의 선언에서 창조하시는 하나님의 주권성과 초월성을 명료히 찾아볼 수 있다. 성경이 증언하는 하나님은 종말을 아신다. 성경의 하

---

[12] Catherine Keller, *Face of the Deep: A Theology of Becoming*, 50.
[13] 최순양, "캐서린 켈러의 과정신학적 부정신학," 265.

하나님은 만물을 창조하시고 역사의 과정을 주관하시는 분이시다.

> 그는 땅 위 궁창에 앉으시나니 땅에 사는 사람들은 메뚜기 같으니라 그가 하늘을 차일 같이 펴셨으며 거주할 천막 같이 치셨고 귀인들을 폐하시며 세상의 사사들을 헛되게 하시나니 그들은 겨우 심기고 겨우 뿌려졌으며 그 줄기가 겨우 땅에 뿌리를 박자 곧 하나님이 입김을 부시니 그들은 말라 회오리바람에 불려 가는 초개 같도다(사 40:21-24).

정통개혁신학에 의하면 인간들은 하나님과 대등한 동역자가 아니라 질적으로 무한한 차이가 있는 존재로서 '메뚜기,' '천막,' '초개,' '티끌' 같은 존재다. 하나님은 역사를 주관하시는데 자기가 원하시는 자를 일깨워 열국을 그에게 맡기고 새로운 길을 개척하게 하며 만대를 불러내신 분이시다.

> 누가 동방에서 사람을 일깨워서 공의로 그를 불러 자기 발 앞에 이르게 하였느냐 열국을 그의 앞에 넘겨 주며 그가 왕들을 다스리게 하되 그들이 그의 칼에 티끌 같게, 그의 활에 불리는 초개 같게 하매 그가 그들을 쫓아가서 그의 발로 가 보지 못한 길을 안전히 지났나니 이 일을 누가 행하였느냐 누가 이루었느냐 누가 처음부터 만대를 불러내었느냐 나 여호와라 처음에도 나요 나중 있을 자에게도 내가 곧 그니라(사 41:2-4).

하나님은 만대를 정하신 분으로서 그는 처음이요 나중이시다. 이러한 성경이 증언하시는 하나님은 처음과 끝을 모르고 과정 속에 있는 테홈으로서 하나님과 전혀 다르다. 정통개혁신학은 이러한 만물 속에 내주하시는 하나님과 함께 만물 위에 뛰어나 초월하셔서 전혀 의존하지 아니하시는 주권적인 하나님을 인정한다.

3. 과정신학적 범재신론

1) 영이신 하나님은 신체요 물질인 세상, 만물과 연결, 의존한다: 성경의 하나님과 다르다

켈러는 과정신학적 범재신론을 천명한다.
"모든 존재는 하나님 안에 있다."
그리고 그 어느 존재 하나도 하나님과 분리되지 않는다고 천명한다.[14]
과정신학적 범재신론은 모든 악과 고통을 하나님에게만 돌리지 않고, 과정의 사건에도 돌리며, 하나님이 모든 사건에 연결된 것으로 이해하고, 하나님은 이 모든 연결된 사건 안에 있다고 주장한다.
이러한 범재신론에서 모든 존재는 놀라울만큼 상호 의존적이며 관계적이다. 모든 존재는 서로 서로의 힘 안에 존재한다. 그리하여 과정신학은 하나님과 피조세계 사이에 존재하는 차이나 분리를 부정하지는 않으나 그 둘이 늘 상호 연관되어 있고 얽혀 있음을 강조한다.
범재신론에서 영이신 하나님은 신체요 물질인 세상, 만물과 연결되어 있다. 과정신학에서 고통과 악이란 모든 존재 사이에 흐르는 힘(에너지)의 오용과 독점에서 발생한다고 본다.[15] 이러한 과정신학의 하나님은 순수한 영

---

[14] Catherine Keller, *On the Mystery: Discerning Divinity in Process*, 53.
[15] Catherine Keller, *On the Mystery: Discerning Divinity in Process*, 53. 81.

으로서 그가 창조하신 물질인 만물에 전혀 의존하지 아니하시는 성경의 하나님과는 전혀 다르다.

2) 비판적 성찰: 성경적 하나님은 만물에 의존하지 않는다

(1) 신인 협동이 아닌 하나님의 주관적 행위

정통개혁신학은 과정신학이 주장하는 신인협동설을 거부한다. 신인협동설은 예언자 이사야가 말하는 하나님의 주권론에 배치된다. 하나님은 예언자 이사야를 통해 당시 북왕국을 멸망시키고 앗수르 왕국 건설이 자기의 힘, 지혜, 총명, 용맹에 의한 것이라는 앗수르 왕의 생각이 교만과 자만이라고 질책하신다.

> 그의 말에 나는 내 손의 힘과 내 지혜로 이 일을 행하였나니 나는 총명한 자라 열국의 경계선을 걷어치웠고 그들의 재물을 약탈하였으며 또 용감한 자처럼 위에 거주한 자들을 낮추었으며 내 손으로 열국의 재물을 얻은 것은 새의 보금자리를 얻음 같고 온 세계를 얻은 것은 내버린 알을 주움 같았으나 날개를 치거나 입을 벌리거나 지저귀는 것이 하나도 없었다 하는도다 (사 10:13-14).

하나님은 이러한 앗수르 왕의 교만과 자만이란 도끼가 찍는 자에게 자랑하며 막대가 드는 자에게 자랑하는 것과 같다고 질책하신다.

> 도끼가 어찌 찍는 자에게 스스로 자랑하겠으며 톱이 어찌 켜는 자에게 스스로 큰 체하겠느냐 이는 막대기가 자기를 드는 자를 움직이려 하며 몽둥이가 나무 아닌 사람을 들려 함과 같으로다(사 10:15).

성경은 세상사를 주관하시는 주권적인 하나님의 행사를 인정하는 신단독설(monergism)을 천명하며 하나님이 인간이나 세상 과정에 의존하는 신인협동설(synergism)을 인정하지 않는다.

(2) 하나님의 영은 물질적이지 않고 초월적이시다

정통개혁신학적 성찰에 의하면 켈러의 범재신론은 하나님이 영의 존재가 아니라 그의 신체인 세상과 불가분적인 관계 속에 존재함을 말함으로써 하나님을 세상적 존재로 평가절하고 그의 신체인 세상에 의존시키고 있다.

켈러는 하나님의 영은 물질적이며 구체성과 신체성을 지닌다고도 말한다. 하나님은 만물의 되어가는 과정 중에 태어나고 성장하는 모든 생명체에게 반응하고 이끌고 간다고 본다.[16]

그러나 정통개혁신학의 성찰에 의하면 하나님은 물질이나 신체성을 지닌 분이 아니시다. 그는 영이시다. 예수님은 보이는 우상을 숭배하고자 하는 사마리아 여인에게 하나님은 보이지 않는 영이라고 말씀하신다.

> 하나님은 영이시니 예배하는 자가 영과 진리로 예배할지니라(요 4:24).

천사는 '하나님의 부리시는 영'(히 1:14a)인 것처럼 하나님은 신체를 지니지 않으신 영이시며 그는 영원하시다. 사도 바울은 천명한다.

> 주는 영이시니 주의 영이 계신 곳에는 자유가 있느니라(고후 3:17).

---

[16] Catherine Keller, *On the Mystery: Discerning Divinity in Process*, 89.

시편 저자가 노래하듯이 세상은 물질로서 그것은 옷과 같이 변하지만, 하나님은 영으로서 영원토록 변하지 아니하신다.

> 또 주여 태초에 주께서 땅의 기초를 두셨으며 하늘도 주의 손으로 지으신 바라 그것들은 멸망할 것이나 오직 주는 영존할 것이요 그것들은 다 옷과 같이 낡아지리니 의복처럼 갈아입을 것이요 그것들은 옷과 같이 변할 것이나 주는 여전하여 연대가 다함이 없으리라 하였으나(히 1: 10-12).

성경의 하나님은 신체나 물질을 입으신 분이 아니라 이에 초월해 계시고 물질을 주관하는 충만한 능력을 지니신 삼위일체 영이시다. 하나님의 길은 하늘이 땅보다 높음 같이 인간과 만물의 길과 다르다.

이사야는 다음과 같이 대언한다.

> 이는 내 생각이 너희의 생각과 다르며 내 길은 너희의 길과 다름이니라 여호와의 말씀이니라 이는 하늘이 땅보다 높음 같이 내 길은 너희의 길보다 높으며 내 생각은 너희의 생각보다 높음이니라 이는 비와 눈이 하늘로부터 내려서 그리로 되돌아가지 아니하고 땅을 적셔서 소출이 나게 하며 싹이 나게 하여 파종하는 자에게는 종자를 주며 먹는 자에게는 양식을 줌과 같이 내 입에서 나가는 말도 이와 같이 헛되이 내게로 되돌아오지 아니하고 나의 기뻐하는 뜻을 이루며 내가 보낸 일에 형통함이니라(사 55:8-11).

이 구절은 하나님은 인간이나 만물에 의존하시지 않고 홀로 그의 뜻을 주권적으로 이루시는 초월적인 하나님이시라는 것을 말해 준다.

제3장

트랜스 페미니즘은 생태론적 범신론

미국의 감리교 여성신학자요 드류대학교(Drew University) 교수, 캐서린 켈러(Catherine Keller)는 포스트모던 페미니즘 논의에서 이를 과정신학적 차원으로 발전시키면서 트랜스 페미니즘(transfeminism)을 제창하고 있다. 페미니즘 제1물결(19-20세기 초, 중엽)은 자유주의 페미니즘(liberal feminism), 페미니즘 제2물결(1960-1980년대)은 급진적 페미니즘(radical feminism), 페미니즘 제3물결(1990-현재)은 젠더주의에 의해 주도되는 제3물결의 포스트모던 페미니즘(postmodern feminism)이다.[1]

켈러에 의해 주도되고 있는 트랜스 페미니즘은 급진적 페미니즘과 포스트모던 페미니즘 담론들 사이에 야기되고 있는 내적 긴장과 갈등을 넘어서기 위한 대안적 전략 모색이라고 볼 수 있다.

1　김영한, "젠더 이데올로기와 성 평등 혁명," 성 평등 정책의 문제점, 「학술포럼」, 2018. 7.27, 55-62.

1. 젠더주의와 과정철학을 연결하는 제3세대 페미니즘: 남성과 여성의 존재론적 상호 얽힘 주장으로 전통적인 양성(兩性) 구조를 허물어뜨림

1) 페미니즘과 포스트모던 페미니즘의 관계에 대한 대안적 사유인 급진적 사상

트랜스 페미니즘은 차별받고 억압받는 '여성'을 해방의 주체로 세우려는 페미니즘(feminism)의 정신을 다시 강조함과 동시에 '여성들'(women)뿐만 아니라 다양한 형태의 소수자들을 함께 품고 나아가야 한다는 포스트모던 페미니즘(postmodern feminism)의 강조점을 인정한다.

트랜스 페미니즘은 다양한 소수자들과 주변화 된 사람들과 연대를 하면서도, 여전히 여성 억압의 현실을 망각하지 않는다. 현재 트랜스 페미니즘은 바로 페미니즘과 포스트 페미니즘의 관계에 대한 문제 인식이며, 이에 대한 대안적 사유를 도모하는 중이다.[2]

캐서린 켈러(Catherine Keller)가 제안하는 트랜스 페미니즘(transfeminism)은 주디스 버틀러(Judith Butler)가 사회학적으로 규정한 젠더 개념을 포괄하면서 퀴어 이론과 연결되며, 해방신학을 수용하면서 모든 사회적 약자와 피억압자의 연대를 추구한다. 이 점에 있어서 그녀의 트랜스 페미니즘은 성소수자(LGBTQ)를 포함하면서 더 나아가 동식물을 포함하여 전 지구 생태계의 해방을 추구하고 있다.

---

[2] 에큐메니안, "신비, 다수성, 그리고 얽힘의 트랜스 페미니즘," 캐서린 켈러(Catherine Keller) 교수 방한 특별 인터뷰, 2017.11. (http://www.ecumenian.com/news/articleView.html?idxno=16127).

이러한 켈러의 트랜스 페미니즘은 최첨단 사상으로 여성 해방의 범위를 넘어서 모든 종류의 사회적 약자와 피억압자의 해방뿐 아니라 성 소수자와 성 다수자의 구분 자체를 무의미하게 만든다. 그리고 성뿐만 아니라 모든 사회적 사상에 있어서 주류 비주류의 경계 자체를 무너뜨리고, 더 나아가 배제의 논리를 불가피하게 내포하는 정체성 구분 논리 자체를 해체하고자 한다. 이런 의미에서 매우 급진적 사상이라고 말할 수 있다.

2) 기독교 신비주의 전통과 연결되는 부정신학(apophatic theology) 내포, 전통적인 양성(兩性) 구조를 허물어뜨림

켈러의 트랜스 페미니즘의 사상적 배경은 화이트헤드의 과정철학과 후기 구조주의 해체철학에 근거하고 있으며 기독교 신비주의 전통과 연결되는 부정신학(apophatic theology)의 요소를 가지고 있다.

그녀가 제시하는 트랜스 페미니즘은 상당 부분 데리다(Jacque Derrida)를 공통분모로 하여 버틀러의 해체 논리와 겹치는 부분이 있지만 다른 사상들 곧 양자(量子) 얽힘(quantum entanglement)론, 화이트헤드의 과정철학에 근거한 과정신학(process theology)과 니콜라우스 쿠자(Nicholas of Cusa)의 중세 신비주의 부정신학(apophatic theology), 케런 바라드(Karan Barad)의 신유물론(new materialism) 등으로부터 그 사상적 단초들을 모아 또 다른 이론적 토대를 구성하고 있는 제3세대 페미니즘이다.[3]

---

3 한상화, "트랜스 페미니즘과 동성애," "젠더 이데올로기, 네오 마르크시즘, 트랜스 페미니즘과 기독교," 「기독교학술원봄학술포럼자료집」, 2018.5.4.

이러한 제3세대의 페미니즘은 전통 사회의 가정(家庭)의 기본인 생물학적 성을 부정하고 남성이 여성으로, 여성이 남성으로 되어 감을 말함으로써 젠더주의가 말하는 사회적 성(gender)을 수용한다.

그뿐 아니라 더 나아가 성을 생물학적 고정 관념에서 벗어나 과정철학적 생성 관념에서 이해함으로써 남성과 여성의 존재론적 상호 얽힘을 주장함으로써 남성과 여성으로 된 전통적인 양성(兩性) 구조를 허물어뜨리고 있다.

2. 켈러의 트랜스 페미니즘의 3가지 특징

켈러의 트랜스 페미니즘은 과정신학, 부정신학, 신유물론으로 구성되어 있으며, 여기에 양자역학과 신비주의와 젠더주의가 자리 잡고 있다.

1) 과정신학: "양자(陽子) 얽힘"에 근거한 관계적 과정 우주론(relational process cosmology)인 범신론적 신비주의에 빠짐

켈러는 세계를 구성하고 있는 원자 이하 입자들의 이러한 상호 얽힘의 특성을 그대로 반영하는 '과정신학의 관계적 우주론'(relational cosmology of process theology), 또는 과정 우주론(process cosmology)을 제시한다.

이 견해는 모든 것을 존재(Being)가 아니라 되어 감(becoming), 즉 과정(process)으로 이해하는 알프레드 노스 화이트헤드(Alfred North Whitehead)의 유기체철학 사상에 근거한다. 켈러는 이 우주를 다음과 같이 말한다.

우주는 무한한 미완성의 상호 활동성(interactivity) 가운데 우리 자신의 구성적 관계성(constituent relationality) 속에서 펼쳐진다.⁴

켈러는 '양자 얽힘'(quantum entanglement) 개념으로써 세계 만물을 이해하고자 한다. 이 개념은 모든 존재하는 것의 '상호 내재성'(mutual immanence)과 '신비적 얽힘'(apophatic entanglement)을 주장하는 하나의 근거를 제공한다. 이 개념은 관찰자와 관찰 대상, 즉 주체와 객체가 서로 어울려 하나로 얽혀지는 현상을 뜻한다.

그리고 관찰 도구들을 통해 이 얽힘 현상을 관찰하는 동시에 이 도구들이 현상에 함께 연결돼서 복합적인 얽힘 현상을 만들어낸다. 이러한 기이한 현상은 이전 근대 과학에서는 거의 볼 수 없는 현상이다.

양자(陽子) 얽힘(quantum entanglement)은 다른 말로 양자(陽子)의 비장소성(nonlocality), 불가분리성(nonseparability) 등으로도 알려진 현상이다. '얽힘'(entanglement)이란 상호 작용했던 전자(electron)와 같은 두 입자가 서로 멀리 떨어진 뒤에도 모종의 특별한 관계 유지 현상을 말한다. 그리하여 물리학의 상식을 깸으로써 모더니티(modernity) 자체를 허물어버리는 입자들의 신비한 특성을 말한다.⁵

켈러는 장소를 확정할 수 없으며 분리될 수 없는 양자의 상호 얽힘 현상을 과정신학과 부정신학에 밀접하게 연결하고 있다. 이러한 켈러의 상호 얽힘의 과정 우주론은 끊임없는 생성 속에 있는 우주를 밝히는 설명이긴

4　Catherine Keller, *Intercarnations: Exercises in Theological Possibility* (New York: Fordham University Press, 2017), 43.
5　Catherine Keller and MaryJane Rubenstein, eds. *Entangled Worlds: Religion, Science, and New Materialism* (New York: Fordham University Press, 2017), 4.

하나 우주 과정을 하나의 유기체적인 신(神)으로 간주함으로써 하나님과 우주를 혼동시키고 있다.

우주는 하나의 살아 있는 자연으로서 상호 연결되고 얽힘 속에 있다는 것은 상호 의존적이라고 말할 수 있다. 하지만 만물의 존재적 가치가 무차별적으로 동일하다고 간주할 수는 없다.

켈러의 과정 우주론은 모든 존재의 연속성만을 강조함으로써 존재 간의 불연속성을 간과하고 있다. 이러한 존재 이해는 진화론을 옹호하는 이론은 되나 성경적 창조론을 지지하고 있지 않다. 켈러의 과정 우주론은 만물이 각 존재 간의 연속성과 상호 얽힘의 한계를 드러내는 다양한 종(種, Species)의 불연속성을 부정하고 있다.

성경은 우주가 테홈이라는 원시적 존재에서 나온 것이 아니라 하나님의 말씀 때문에 무로부터의 창조된 피조물이요 모든 것을 동일하게 지으시지 않고 모든 존재에 한계를 정하시고 그 종류대로 지으셨다고 증언하고 있다.

> 하나님이 이르시되 땅은 풀과 씨 맺는 채소와 각기 종류대로 씨 가진 열매 맺는 나무를 내라 하시니 그대로 되어(창 1:11).

> 하나님이 큰 바다짐승들과 물에서 번성하여 움직이는 모든 생물을 그 종류대로, 날개 있는 모든 새를 그 종류대로 창조하시니 하나님이 보시기에 좋았더라(창 1:21).

> 하나님이 이르시되 땅은 생물을 그 종류대로 내되 가축과 기는 것과 땅의 짐승을 종류대로 내라 하시니 그대로 되니라(창 1:24).

창세기는 식물을 그 종류대로, 모든 생물을 그 종류대로 지으셨다고 말하고 있다. 지구는 생태 공동체로서 서로 연관되어 있으나 식물과 동물, 인간은 그 종류가 다르다. 식물과 동물, 인간을 창조하시기 전에 천지와 물을 창조하셨다.

하늘과 땅, 바다는 서로 다른 물체이고, 그 가운데 식물, 동물, 인간은 서로 다르며, 한 종(種, Species)이 다른 종으로 진화하지 않고 종 안에서 서로 교류하며 발전하는 것이다. 식물 안에도 다양한 종이 있으며, 동물 안에도 다양한 종(種, Species)들이 있으며 인간 안에도 다양한 종(인종: 백인, 흑인, 황인, 홍인 등)들이 있다.

켈러의 과정 우주론에서는 우주라는 과정적 존재와 신과의 구분이 분명하지 않고 우주 자체를 신으로 간주하고 있으며 모든 존재의 연속성과 상호 얽힘을 강조함으로써 범신론적 신비주의에 빠지고 있다. 이러한 켈러의 사상은 성경적 창조적 존재론에 배치되고 있다.

2) 신비주의적 부정신학: 접힘(fold), 또는 주름(pli)으로 설명되는 실재의 다겹성(multiplicity)철학은 성경이 증언하는 하나님에 대한 긍정적 신학 도외시

켈러는 그의 저서 『불가능성의 구름』(Cloud of the Impossible)에서[6] 부정신학(apophatic theology)의 신 이해를 '시(詩)적 신학'(theopoesis)으로 제시한다. 이 저서에서 켈러는 고대 카파도키아 교부 닛사의 그레고리 사상에서 중세 초

---

6   Catherine Keller, *Cloud of the Impossible: Negative Theology and Planetary Entanglement* (New York: Columbia University Press, 2015).

기의 위 디오니시우스, 신플라톤주의, 그리고 무명의 신비주의 작가의 저서 『무지성의 구름』(Cloud of Unknowing)과 니콜라스 쿠자에 이르기까지 낯선 부정신학 전통의 논의들을 추적한다.

그리고 켈러는 '신비롭게 빛나는 어둠'과 '무지의 구름' 그리고 '접힘과 펼쳐짐의 신' 등의 다양한 은유들을 통해 하나님의 불가해성을 계속 시적 언어로 설명한다. '신비적 얽힘'(apophatic entanglement)은 구름이란 은유로 표상된다.

켈러의 부정신학적 설명의 기본 틀을 제공하는 것은 들뢰즈가 차용하는 라이프니츠의 '주름' 혹은 '접힘'(the fold)이라는 개념이다. 이 개념은 본래 물체와 정신의 관계에 대해 일원론적으로 설명하기 위해 사용되었다.

켈러에 의하면 한계 지워질 수도 없고, 알 수도 없는 하나님을 니콜라스 쿠자가 '무한'(infiniti)이라 명명할 때 이것은 우주의 무한한 다겹성 가운데 그 하나님의 접혀짐(enfold, complicans)과 펼쳐짐(unfold, explicans)에 따라 역사적으로 나타난다고 본다.[7]

켈러의 저서 『불가능의 구름』은 제3부로 이루어져 있는데 복합(complication), 전개(explication), 그리고 의미(implication)의 부분으로 나누어진다. 여기서 켈러의 부정신학이 추구하는 것은 하나님을 특정한 실체로 간주하고 말하는 정통 기독교의 신학적 언어가 가지는 지배적 권력성에 대항하여 하나님의 신비(Mystery)와 흑암(Darkness)을 강조한다.

그러므로 켈러는 하나님 체험에 대한 모든 확실성을 뒤흔드는 부정신학을 작업한다. 켈러는 특별히 니콜라스 쿠자에게서 '무지의 교사'(doctor ignorantia),

---

[7] Catherine Keller, *Cloud of the Impossible: Negative Theology and Planetary Entanglement*, 7, 17.

또는 '아는 무지'(knowing ignorance)라는 개념을 취하여 '신비는 지배를 좌절시킨다'라고 피력하면서 해체 작업을 한다.

이러한 켈러의 부정신학은 성경적 하나님 개념에 적합하지 않다. 비록 성경의 하나님은 초월적이며 숨어계시는 존재지만, 그리스도 예수 안에 나타난 하나님의 자기 드러내심에 의해 그의 불가지성은 극복된다. 사도 요한은 숨어계시는 하나님이 예수 그리스도 안에서 자기 드러내심에 관해 증언하고 있다.

> 본래 하나님을 본 사람이 없으되 아버지 품속에 있는 독생하신 하나님이 나타내셨느니라(요 1:18).

성경의 하나님은 스스로 숨어계셔서 본 사람이 없었으나 예수 그리스도 안에서 하나님이 자신의 모습을 드러내셨다. 사도 요한은 그의 서신에서도 다음과 같이 자신을 드러내신 하나님을 증언하고 있다.

> 태초부터 있는 생명의 말씀에 관하여는 우리가 들은 바요 눈으로 본 바요 자세히 보고 우리의 손으로 만진 바라(요일 1:1).

하나님은 신비와 흑암 속의 존재이긴 하나 예수 그리스도 안에서 우리가 듣고 보고 만지고 이해하고 느끼는 존재로 드러내심을 증언하고 있다. 그런데 켈러의 부정신학은 성경이 증언하는 이러한 하나님의 긍정적 신학의 차원을 도외시하고 있다. 그러므로 부정신학은 예수 그리스도 안에서 긍정신학으로 대치되어야 한다고 정통 기독교 신 이해의 바른길이다.

3) 신유물론인 상호육화(相互肉化, intercarnation)론: 물질들의 상호 교류하는 힘들의 역동성인 진입 행위(intra-action)는 정통 교회의 성육신(로고스가 인간이 됨)과 전혀 다름

켈러는 양자역학의 신비하고 상식을 뛰어넘는 발견을 반영하고 화이트헤드의 유기체철학과 오늘날의 유물론을 함께 묶어서 기독교적 유물론의 한 형태인 신유물론(new materialism)을 제시한다. 신유물론의 시각에서 보면 우리는 단순히 물질과 얽혀 있는 것이 아니다. 하나의 물질화(materialization)는 다른 물질화와 얽혀 있다.

이 신유물론은 화이트헤드, 들뢰즈, 가타리, 스텐저 등에 영향을 받아 과거 유물론의 부작용에서 물질성을 회복하고자 한다.[8] 특히 바라드(Karan Barad)가 보다 강조하는 개념은 '진입 행위'(intra-action)다. 이 개념은 사물들이 있어서 상호 작용(interaction)을 한다는 기존 개념을 대체하면서 모든 물질화 과정에 필연적인 진입 행위를 강조한다. 진입 행위의 대행자(agent)는 인간이나 개인이 아니라 모든 물질이 상호(相互) 간 교환하고 분산하고 영향을 주고받는 힘들의 역동성이다.

켈러에 의하면 물질화 과정에 이러한 진입 행위를 이해하게 되면 사물 간의 절대적 분리나 전통적으로 이해된 객체 개념이 불가능해진다. 사물은 항상 다겹적으로, 집합적으로, 혼합적으로 그야말로 진입 행위들과 복합성들로 존재한다고 보기 때문이다.

켈러는 양자역학에 근거한 신비한 물질(apophatic matter)을 내포할 수 있는 관계적 상호육화(relational intercarnation)의 비전을 제시한다. 켈러는 퀴어

---

[8] 한상화, "트랜스 페미니즘과 동성애," 2018. 5월 4일.

적 생태학적 연결성을 주장하는 다자성애적 공간(polyamory of place) 개념을 언급하면서 다자성애적 범재신론(*polyamory panentheism*)을 지향한다.[9]

켈러는 기독교신학 전통의 몸에 대한 억압적 요소들을 역사적으로 살펴보며 그러한 이분법적, 본질주의적 물질 이해와 몸 이해에 근거한 전통적 그리스도의 성육신론을 미신적(superstition) 기독론이라 일컫는다. 켈러는 전통적 기독론을 거부하고 퀴어 기독론을 수용한다. 이러한 켈러의 육화론은 물질의 상호 진입 행위론으로 로고스가 인간이 되는 정통 교회의 성육신론과는 전혀 다르다. 사도 요한은 다음과 같이 증언한다.

> 말씀이 육신이 되어 우리 가운데 거하시매 우리가 그의 영광을 보니 아버지의 독생자의 영광이요 은혜와 진리가 충만하더라(요 1:14).

켈러는 이러한 성경적 성육신론을 미신이라고 거부하고 물질과 물질 사이의 상호(相互) 간 교환하고 분산하고 영향을 주고받는 힘들의 역동성을 주장하는 것은 생성철학적 신비주의를 수용하고 있으며 성경적 기독교신학의 성육신론 기반을 떠나고 있다.

켈러의 신유물론적 관계적 육화론은 초월적 하나님이 인간 속에 들어오신 로고스의 자기 비하(*kenosis*) 사건과는 근본적으로 다르다. 사도 요한의 성육신론에서는 말씀이 인간의 육신 가운데 들어오시나 말씀은 결단코 인간의 신체와 혼합되거나 초월성을 상실하지 않는다.

왜냐하면, 성육신한 말씀은 아버지 독생자의 영광과 진리를 충만하게 유지하고 있기 때문이다. 성경적 성육신론은 진정한 신비적 사건이다. 이는

---

[9] 한상화, "트랜스 페미니즘과 동성애," 2018. 5월 4일.

자연적 신비가 아니라 하나님이 행하신 인간 구속의 사건으로 하나님이 자기 비하하신 케노시스*(kenosis)*의 사건이다. 이는 미신적이거나 신화적 시간이 아니라 A.D. 1세기에 유일회성으로 역사에 일어난 진정한 기적의 사건으로서 신학적 사건이다.

3. 만물은 무한한 '상호 얽힘'의 관계성 안에 있는 '상호 교차성'(inter-sectionality)으로 존재

1) 만물의 '상호 얽힘'과 '상호 교차성' 사상은 성경적으로 정초된 우주론과 배치

트랜스 페미니즘이 삶의 가장 궁극적인 문제와 관계될 때 세 가지 빠뜨릴 수 없는 기준이 있다.

> **첫째 기준은** 가장 내밀한 것에서 무한까지 모든 것을 연결하는 '상호 얽힘'(entanglement)이다.
> **둘째 기준은** 부지성(不知性, unknowing)으로 무지에서 지혜까지 확장되는 무념적 불확실성(apophatic uncertainty)이다.
> **셋째 기준은** 정통주의에서 다원주의까지 가로지르는 다층적 진리를 고려하는 다수성(multiplicity)이다.[10]

---

10 Catherine Keller, *Intercarnations: Exercises in Theological Possibility*, 36.

켈러의 트랜스 페미니즘은 모든 개개인의 고정된 정체성 개념을 부정하면서 이 세상의 모든 것이 무한하게 '상호 얽힘'의 관계성 안에 있는 '상호 교차성'(intersectionality)으로 존재한다고 본다. 이 양자(陽子) 얽힘은 다른 말로 양자(量子)의 비장소성(nonlocality), 불가분리성(nonseparability) 등으로도 알려진 현상으로 물리학의 상식을 깨는 입자(粒子)들의 신비한 특성을 말한다.[11]

켈러는 이런 차원에서 모든 여성의 경험을 넘어 모든 종류의 약자와 주변인들과 성 소수자들의 연대성뿐 아니라 가능한 모든 존재와 상호 연결성을 천명했다. 트랜스 페미니즘은 남성도 여성도 아닌 제3의 성, 간성(intersexual)[12]과 무성애자(Asexual)를 포함하며, 나아가 모든 종류의 해방 운동을 아우르면서 상호적 상황 속에서 모든 것이 얽혀 있음을 보여 주고자 한다.

트랜스 페미니즘은 이러한 상호 얽힘의 관계 속에서 모든 여성의 경험을 넘어 모든 종류의 약자 및 주변인들과 성 소수자들의 연대성뿐만 아니라 가능한 모든 존재와의 상호 연결성을 말하고 있다.

켈러는 모든 존재의 상호 얽힘과 상호 교차성을 다음과 같이 피력한다.

---

[11] Catherine Keller and Mary-Jane Rubinstein, eds., *Entangled Worlds: Religion, Science and New Materialisms*, 4.
[12] 간성(intersexual)이란 여성과 남성의 성기(양성 현상)가 동시에 있는 경우로 출생 시 나타난다. 의학적으로 간성의 신생아는 출생 시 전체 신체 모습을 근거로 부모와 의사가 토론하여 남자 또는 여자의 성을 결정하고 그것에 따라 치료하고 남자로 또는 여자로 양육한다. 인권론자들은 간성자가 장성한 후 자신이 결정하게 해야 하고 주장한다. 민성길, "사회적 성의 정체성," 성 평등 정책의 문제점, 동성애 동성혼 개헌 반대 국민 연합, 2018.7.27, 33-54. 48-50.

모든 존재하는 것들과의 의식적 연결: 지혜는 너무 크고, 진리는 너무 다층적(manifold)이다. … 이 장(field) 안에서 상호 교차성은 서로가 십자로처럼 교차되는 것일 뿐 아니라 서로의 자아 구성 요소 안에 참여함으로써 하나의 동시적 상호 관계성의 밀도(density)로 꽃 핀다.[13]

따라서, 트랜스 페미니즘은 여성신학의 차원을 넘어 관계적이고 다원적이며 해체적인 과정신학, 부정신학, '시(詩)적 신학'(theopoetics)을 추구하는 급진적인 사상으로 작동한다. 지속적 변혁을 위해서 트랜스 페미니즘은 젠더(gender, 사회학적 성) 개념과 '얽히면서'(entangled) 인종, 경제, 생태계, 가장 내밀한 성(sex), 그리고 그것과 관련된 '성 소수자'(Lesbian, Gay, Bisexual, Transgender, Queer, LGBTQ) 운동 모두 포괄한다.[14] 이러한 과정신학의 모든 존재의 상호 얽힘과 상호 교차성 사상은 동성애적 성 개념에 대한 이론적 근거를 제시하고 있다.

이러한 만물의 상호 얽힘과 상호 교차성 사상은 고전적인 만물의 고정성과 무연결성 사상을 과정철학적으로 극복하는 것으로 끊임없이 생성하는 우주를 설명하는 자연신학적 이론으로 공헌하고 있다. 그러나 이러한 사상은 성경적으로 정초된 우주론과 배치되기 때문에 정통개혁신학적으로는 그 타당성을 인정할 수 없다.

성경적 우주론은 테홈에서 설명되는 것이 아니라 인격적인 하나님의 말씀에 의한 창조론에서 비로소 바르게 설명될 수 있기 때문이다. 고린도전서에서 바울은 성경적 우주론의 테두리를 잘 묘사하고 있다.

---

[13] Catherine Keller, *Intercarnations: Exercises in Theological Possibility*, 44.
[14] Catherine Keller, *Intercarnations: Exercises in Theological Possibility*, 36.

그런즉 누구든지 사람을 자랑하지 말라 만물이 다 너희 것임이라 바울이나 아볼로나 게바나 세계나 생명이나 사망이나 지금 것이나 장래 것이나 다 너희의 것이요 너희는 그리스도의 것이요 그리스도는 하나님의 것이니라 (고전 3:21-23).

이 구절에서 사도 바울의 증언에 의하면 인간은 만물과 단지 상호 연결되고 교차적인 존재임을 넘어선다. 만물의 영장으로 인간은 만물과 동일시될 수 없다. 그리고 만물의 청지기로서 인간은 만물을 지키는 자다. 그리고 그리스도에 의해 구속을 받은 자로서 인간은 하나님 앞에 책임을 져야 한다.

2) 하나님 형상으로 지음 받은 인간은 만물과 상호 얽힌 존재 아닌 천사보다 귀한 존재

켈러의 과정 우주론이 제시하는 '모든 존재의 상호 얽힘과 상호 교차성' 사상은 정통개혁신학은 수용할 수 없는 사상이다. 왜냐하면, 이 사상은 성경이 제시하는 남성과 여성, 암컷과 수컷의 성적 이원성을 허물어뜨리기 때문이다.

이러한 모든 존재의 상호 얽힘과 상호 교차성 사상은 하나님 형상으로 지음을 받은 인간의 존엄성을 무너뜨린다. 그리고 인간 존재의 본성이 존재 본성적으로 아메바나 지렁이나 곤충이나 짐승과 차이가 없다고 보기에 이른다. 인간 존재란 원시 존재로부터 진화한 고등 존재에 불과한 것으로 보기 때문이다.

그러나 성경은 인간 존재의 본성이란 하나님보다 조금 못하게 지음을 받은 천사보다 귀한 존재라고 말하고 있다. 시편 기자는 8편에서 창조주의 지음을 받은 인간성의 위대한 헌장을 노래하고 있다.

> 사람이 무엇이기에 주께서 그를 생각하시며 인자가 무엇이기에 주께서 그를 돌보시나이까 그를 하나님보다 조금 못하게 하시고 영화와 존귀로 관을 씌우셨나이다(시 8:4-5).

하나님은 인간에게 다른 만물과는 달리 영광과 존귀와 위엄을 부여하셨다.

> 주의 구원이 그의 영광을 크게 하시고 존귀와 위엄을 그에게 입히시나이다 (시 21:5).

하나님은 인간을 만물과 상호 얽힘의 존재로 만드시지 않고 만물을 다스리고 만물을 돌보고 지키는 청지기요 정원사 역할을 하는 만물의 영장으로 지으셨다.

> 주의 손가락으로 만드신 주의 하늘과 주께서 베풀어 두신 달과 별들을 내가 보오니 … 주의 손으로 만드신 것을 다스리게 하시고 만물을 그의 발아래 두셨으니(시 8:3-6).

성경은 만물의 청지기인 인간이 불순종으로 하나님으로부터 징벌받음으로 땅이 저주를 받게 되었다고 말한다.

아담에게 이르시되 네가 네 아내의 말을 듣고 내가 네게 먹지 말라 한 나무의 열매를 먹었은즉 땅은 너로 말미암아 저주를 받고 … 땅이 네게 가시덤불과 엉겅퀴를 낼 것이라(창 3:17-18a).

이 구절은 만물은 상호 얽힘이나 교차가 아니라 영장인 인간의 영향을 받는 것을 말하고 있다. 사도 바울은 인간의 죄로 말미암은 피조물의 썩어짐의 종노릇을 언급하고 있다.

피조물이 허무한 데 굴복하는 것은 자기 뜻이 아니요 오직 굴복하게 하시는 이로 말미암음이라 … 그 바라는 것은 피조물도 썩어짐의 종 노릇 한 데서 … 피조물이 다 이제까지 함께 탄식하며 함께 고통을 겪고 있는 것을 우리가 아느니라(롬 8:20-22).

제4장

과정 우주론적 범재신론은
하나님의 인격성과 초월성을 상실

이제 필자는 과정 우주론적 범재론으로서 켈러의 트랜스 페미니즘에 대한 비판적 성찰의 종결에 이르고자 한다. 과정 우주론적 범재신론이 설명하는 하나님의 존재는 만물의 과정에 내재하고 그 과정을 이끄는 자로서 기능할 뿐이다.

이러한 하나님의 활동은 인격적 활동이라기보다는 만물의 되어 감의 내면적 추동력이지 돌봄, 공감, 고통을 함께하시는 성경이 증언하는 사랑의 하나님이 보여 주시는 인격적 활동이라고 말하기는 어렵다.

그리고 인격성의 부재와 함께 과정 우주론에서의 하나님의 존재는 만물의 되어 감 속에서 시작도 끝도 없는 과정에서 항상 새로운 시작의 추동력으로 나타날 뿐이다. 그래서 만물의 과정을 인격적으로 초월하여 주권적으로 인도하시고 목적과 끝을 정하시는 인격적인 섭리의 하나님이라고 보기 어렵다.

이러한 트랜스 페미니즘의 하나님은 과정적 만물로서의 신이지 성경이 증언하는 창조하시고 시작과 끝을 그의 주권적인 의지 가운데서 예정하시고 섭리하시며 창조의 과정을 그의 경륜 속에서 이끌고 가시는 초월적 하나님은 아니시다는 것이다. 여태까지의 비판적 성찰을 다음과 같이 요약

정리하고자 한다. 켈러의 트랜스 페미니즘은 과정 우주론적 범재신론으로서 다음 문제를 야기시킨다.

1. 과정 우주론에서 하나님의 초월성은 만물의 상호 얽힘 속에서 갇힘

1) 하나님의 존재는 만물 상호 교차성의 상호 얽힘 속에 갇힘

켈러의 트랜스 페미니즘에서 우리 인간은 개인으로 존재하는 것이 아니고 우리를 둘러싸고 있는 모든 것, 생물학적 구성 요소, 생태학적 환경적 요소, 사회학적 구성 요소 등 우주의 모든 것에 함께 얽혀서 계속해서 상호 작용을 하면서 변화하는 흐름 또는 과정에 있다. 그러므로 트랜스 페미니즘은 과정 우주론(process cosmology)으로 이해된다. 이 과정(process)이야말로 지속적이고 무한하다.

이 끝없는 흐름의 과정은 특정 시공 속에서 상대적인 작용과 반작용의 맥박들 또는 파동들에 협력적으로 상호 작용하고 그 얻어지는 결과들은 다시금 이 끊임없는 변화의 흐름으로 연결되어 계속 전진한다.[1]

하나님의 존재는 만물의 되어 감 속에서 시작도 끝도 없는 과정에서 항상 새로운 시작의 추동력으로 이 과정에 있다. 그리하여 하나님의 존재는 만물의 과정에 내재하고 그 과정을 이끄는 자로서 이 상호 교차성의 과정에 갇혀 있다. 하나님 존재 자체도 만물의 상호 교차성 속에 있으므로 상호

---

1 Catherine Keller, *Intercarnations: Exercises in Theological Possibility* (New York: Fordham University Press, 2017), 43.

교차성의 과정을 초월하지 못하고 단지 이 과정을 주도하는 내적 추동력에 불과하기 때문이다.

하나님은 이 과정에 의존하고 과정에 지배받는다. 그러므로 하나님은 이 만물 상호 교차성의 과정에 얽혀 있으므로 이 과정에서 빠져나오지 못한다. 하나님의 존재는 이 상호 교차성의 상호 얽힘에 갇혀 있다. 이것이 바로 과정 우주론에서 하나님의 숙명이다.

2) 트랜스 페미니즘의 하나님은 되어지는 과정에서 초월성 상실

끊임없는 변화의 흐름으로 연결되어 만물의 계속 전진을 강조하는 켈러의 과정 우주론에서 하나님은 만물의 상호 얽힘 속에 갇혀 그의 초월성을 상실한다. 트랜스 페미니즘에서는 모든 존재하는 것의 고립된 개별적 실체는 부인되고 모든 것은 상호 관계성 가운데 되는 과정에서만 존재한다.

켈러에 의하면 만물은 상호 교차성의 얽힘 속에 있으며. 그리고 그 상호 얽힘의 구조는 우리가 내부적으로 알 수 없는 생태계의 신비를 드러낸다.

여기서 창조주와 자연 만물과 차이는 사라지며 상호 얽힘 속에서 창조주의 초월성은 만물과 융합되어 버린다. 그리하여 켈러의 과정 우주론은 그것이 설명하는 창조주 하나님에 대한 신앙과 그의 계시를 거부한다.

켈러가 수용하는 신유물론은 부정신학적 신비주의와 신비로운 물질화만을 강조하며, 그것의 필연적 결과로서 하나님의 존재는 과정으로 존재한다. 하나님의 과정과 그의 만물과 상호 얽힌 자체가 그의 계시(啓示, revelation)다.

'테홈'(תהום, tehom)으로부터의 나오심은 그의 테홈으로부터의 되어 감이며 그의 계시다. 초월적으로 다가오는 말씀으로서의 계시는 없다. 하나님의 존재는 만물의 과정에서만 존재하므로 초월성을 상실한다.

3) 성경의 하나님은 초월적 주권자로서 역사의 모든 과정을 섭리하고 주관하시는 존재

그러나 정통개혁신학에 의하면 성경의 하나님은 만물에 초월해 계시면서도 불가지적 존재가 아니라 그분의 뜻을 만물과 역사 속에 계시하시는 분이시다. 하나님은 에덴에서 인간의 자유를 보존하시기 위해 인간이 각종 실과는 임의로 먹을 수 있으나 선악을 알게 하는 나무의 실과는 먹지 말라고 명하시는 인격적 존재시다.

> 동산 나무의 열매를 우리가 먹을 수 있으나 동산 중앙에 있는 나무의 열매는 하나님의 말씀에 너희는 먹지도 말고 만지지도 말라 너희가 죽을까 하노라(창 3:2b-3).

그리고 하나님은 뱀(사탄)의 유혹에 꾀여 범죄한 인간이 벌거벗음의 수치를 발견하고 수풀 속에 숨어있는 인간을 찾아오셔서 그를 부르시며 상담하시는 분이시다.

> 여호와 하나님이 아담을 부르시며 그에게 이르시되 네가 어디 있느냐 (창 3:9).

하나님은 돌봄과 사랑 안에서 인간을 책망하시며 벌을 내리신다.

> 아담에게 이르시되 네가 네 아내의 말을 듣고 내가 네게 먹지 말라 한 나무의 열매를 먹었은즉 땅은 너로 말미암아 저주를 받고 너는 네 평생에 수고

하여야 그 소산을 먹으리라 땅이 네게 가시덤불과 엉겅퀴를 낼 것이라 네가 먹을 것은 밭의 채소인즉 네가 흙으로 돌아갈 때까지 얼굴에 땀을 흘려야 먹을 것을 먹으리니 네가 그것에서 취함을 입었음이라 너는 흙이니 흙으로 돌아갈 것이니라 하시니라(창 3:17-19).

하지만 하나님은 인간의 수치를 가리기 위해 가죽옷을 지어 입히신다.

여호와 하나님이 아담과 그의 아내를 위해 가죽옷을 지어 입히시니라(창 3:21).

그리고 하나님은 타락한 인간을 에덴동산에서 내보내시고 인간이 노동으로 초지(草地)를 갈아 땀을 흘려 수고로 살게 하신다. 그리고 인간이 생명 나무 실과를 따 먹고 영생할까 우려하셔서 그룹과 불칼, 즉 그의 천사들을 명하여 생명 나무의 길을 지키게 하시어 인간이 생명 나무로 가는 길을 막으신다.

여호와 하나님이 이르시되 보라 이 사람이 선악을 아는 일에 우리 중 하나같이 되었으니 그가 그의 손을 들어 생명 나무 열매도 따 먹고 영생할까 하노라 하시고 여호와 하나님이 에덴동산에서 그를 내보내어 그의 근원이 된 땅을 갈게 하시니라 이같이 하나님이 그 사람을 쫓아내시고 에덴동산 동쪽에 그룹들과 두루 도는 불 칼을 두어 생명 나무의 길을 지키게 하시니라(창 3: 22-24).

창세기는 인간의 근원적 역사와 본성과 숙명에 관해 계시적으로 우리에게 알려 주고 있다. 여기서 계시되는 하나님의 모습은 인간을 그의 형상으로 존귀하게 창조하시고 그의 선하신 뜻을 인간에게 알려 주시고 이를 위반하여 수치와 갈등 속에 빠진 인간에게 구원의 길을 제시해 주시는 초월적인 인격적인 하나님이시다.

2. 과정 우주론에서 하나님의 인격성 상실: 생성하는 과정 속에 있는 신 존재

1) 우주와 역사는 목적을 상실하는 끊임없는 생성

켈러의 과정 우주론에서 하나님 존재는 인격성을 상실하고 생성하는 과정에 있다. 과정으로 존재하는 우주와 역사는 목적을 상실하는 끊임없는 생성 가운데 있다. 켈러의 하나님은 과정에서만 존재하기 때문에 과정에 의존한다. 그러므로 범재신론이다.

여기서는 만물을 섭리하는 인격적인 하나님은 없고 개개인의 정체성 자체가 부인되고 모든 것이 상호 관계성 안에서 존재의 되어 감의 과정에 있다. 모든 것은 목적성이나 지향점도 없고 불확실성 가운데 있을 뿐이다.

존재하는 모든 것의 고립된 개별적 실체는 없으며 모든 것은 상호 관계성 가운데 되어 감(becoming)의 과정(process)에서만 존재한다. 여기서 하나님 존재는 생성으로 환원되고 있다. 켈러는 세계를 구성하고 있는 원자 이하 입자들의 이러한 상호 얽힘이란 '과정신학의 관계적 우주론'(relational cosmology of process theology), 또는 과정 우주론(process cosmology)의 특성이라고 주장하고 있다.

2) 생성하는 과정 속에 있는 하나님은 성경이 증언하는 하나님의 인격성 상실

켈러의 과정 우주론에는 모든 것을 존재(being)로 보는 것이 아니라 되어 감(becoming), 즉 과정(process)으로 이해하는 화이트헤드(Alfred North Whitehead)의 유기체철학 사상이 지배한다. 화이트헤드는 자신의 사상을 '유기체의 철학'이라 명명하고 전통적인 실체(substance)의 철학을 극복하려 했다고 볼 수 있다.

되어감이란 실체에 대응하는 것으로 세계를 구성하는 요소로서의 '현실적 존재'나 '현실적 기회'를 말하는데, 이는 상호 간 유기적으로 작용을 주고받는 현실의 다이내믹한(역동적) 과정을 뜻한다.[2]

이 과정이라는 개념은 화이트헤드의 사상이 기초이며, 시간, 공간과 함께 전개된 사건을 말한다. 자연의 세계가 이와 같은 사건이라고 하는 유기적이며 창조적인 관계로부터 성립되어 있다는 것은 우리 직접적인 경험이 입증한다.

이와 같은 사상적 배경을 가지고 켈러는 우주는 '무한한 미완성의 상호 활동성(interactivity) 가운데 우리 자신의 '구성적 관계성(constituent relationality) 속에서 펼쳐진다'고 말한다. 여기서 하나님의 존재는 생성하는 과정에 있으며 이 무한한 미완성의 상호 활동성 과정과 동일시되며 인격성을 상실하고 있다.

---

[2] Alfred North Whitehead, 『과정과 실재』(*Process and Reality*), 오영환 역 (민음사, 2003).

3) 성경의 하나님은 섭리의 하나님으로서 우주와 역사 가운데 계시며 초월적으로 개입

정통개혁신학에 의하면 만물은 과정에 있으나 성경의 하나님은 이 만물의 과정과 동일시 되지 않으신다. 성경의 하나님은 이 과정에 계시고 이 과정에 개입하시지만, 초월해 계셔서 이 과정에 의해 아무 영향을 받지 아니하신다.

그분은 내재적 초월자로서 만물 하나하나를 그분의 섭리 가운데서 인도하시고 그분의 뜻을 이루시기 때문이다.

예수님은 산상설교에서 만물을 돌보시는 하나님을 증언하신다.

> 공중의 새를 보라 심지도 않고 거두지도 않고 창고에 모아들이지도 아니하되 너희 하늘 아버지께서 기르시나니(마 6:26a).

하나님은 아궁이에 던져지는 들풀 하나까지 섬세하게 돌보신다.

> 오늘 있다가 내일 아궁이에 던져지는 들풀도 하나님이 이렇게 입히시거든 (마 6:30a).

공중의 새를 기르시고 들풀을 입히시는 하나님은 만물과 동일시되지 않으시고 만물 가운데 계시면서 만물을 초월해 계시면서 만물을 돌보시는 분이시다. 구약의 열왕기하 14장을 보면 히스기야 왕이 이스라엘을 침범한 아수르 왕 산헤립의 항복 요구 편지를 받고 성전에 올라가 이를 하나님 앞에 펴놓고 기도하면서 하나님의 개입과 구원을 요청하는 이야기가 나온다.

히스기야가 사자의 손에서 편지를 받아보고 여호와의 성전에 올라가서 히스기야가 그 편지를 여호와 앞에 펴 놓고 그 앞에서 히스기야가 기도하여 이르되 그룹들 위에 계신 이스라엘의 하나님 여호와여 주는 천하만국에 홀로 하나님이시라 주께서 천지를 만드셨나이다 여호와여 귀를 기울여 들으소서 여호와여 눈을 떠서 보시옵소서 산헤립이 살아 계신 하나님을 비방하러 보낸 말을 들으시옵소서 (왕하 19:14-16).

히스기아 왕의 기도에 대한 하나님의 응답이 예언자 이사야를 통해 주어진다.

아모스의 아들 이사야가 히스기야에게 보내 이르되 이스라엘 하나님 여호와의 말씀이 네가 앗수르 왕 산헤립 때문에 내게 기도하는 것을 내가 들었노라 하셨나이다 여호와께서 앗수르 왕에게 대해 이같이 말씀하시기를 처녀 딸 시온이 너를 멸시하며 너를 비웃었으며 딸 예루살렘이 너를 향하여 머리를 흔들었느니라 … 네 거처와 네 출입과 네가 내게 향한 분노를 내가 다 아노니 네가 내게 향한 분노와 네 교만한 말이 내 귀에 들렸도다 그러므로 내가 갈고리를 네 코에 꿰고 재갈을 네 입에 물려 너를 오던 길로 끌어 돌이키리라 하셨나이다 (왕하 19:20-28).

이사야 예언자의 말씀대로 하나님의 천사가 나타나 앗수르 군대를 멸절한다.

이 밤에 여호와의 사자가 나와서 앗수르 진영에서 군사 십팔만 오천 명을 친지라 아침에 일찍이 일어나 보니 다 송장이 되었더라 (왕하 19:35).

역사가인 헤로도투스(Herodotus)의 역사서에 의하면 앗수로 진영에 들쥐들이 출몰하여 진영을 공격하여 장비들을 먹어치우고 흑사병을 퍼트렸다는 기록이 있다.[3] 이는 역사적으로 일어난 하나님의 초자연적 개입이다. 성경의 하나님은 그의 백성들의 기도와 간구를 들으시고 저들을 위험 속에서 구원하시는 역사 내에 개입하시는 초월적 존재시다.

예레미야 예언서를 보면 낮과 밤의 질서와 천지의 규례는 자연의 스스로의 법칙이 아니라 창조주의 규례라는 것을 예레미야는 대언하고 있다.

> 여호와께서 이와 같이 말씀하시니라 너희가 능히 낮에 대한 나의 언약과 밤에 대한 나의 언약을 깨뜨려 주야로 그 때를 잃게 할 수 있을진대 내 종 다윗에게 세운 나의 언약도 깨뜨려 그에게 그의 자리에 앉아 다스릴 아들이 없게 할 수 있겠으며 내가 나를 섬기는 레위인 제사장에게 세운 언약도 파할 수 있으리라(렘 33:20-21).

예언자 예레미야는 하나님이 밤과 낮의 질서를 정하여 폐하지 아니하시는 것같이 그의 백성 이스라엘과 맺은 언약을 폐하지 아니하실 것을 약속하신다. 다음 구절은 천지의 법칙도 하나님이 정하셨다(창 8:22; 시 89:37; 104:19; 74:16; 104:19)고 증언하고 있다.

> 여호와께서 이와 같이 말씀하시니라 내가 주야와 맺은 언약이 없다든지 천지의 법칙을 내가 정하지 아니하였다면 야곱과 내 종 다윗의 자손을 버리

---

[3] Charles G. Martin, "1 and 2 Kings," (2 Kings 19:35), in F.F. Bruce(General Editor), *The International Bible Commentary* (Zondervan: Marshall Pickering, 1986), 435.

고 다시는 다윗의 자손 중에서 아브라함과 이삭과 야곱의 자손을 다스릴 자를 택하지 아니하리라 내가 그 포로된 자를 돌아오게 하고 그를 불쌍히 여기리라(렘 33:25-26).

천지의 법칙이 폐하여지지 아니함 같이 하나님은 그의 백성을 향한 그의 언약을 폐하지 아니함을 약속하고 있다. 포로되어 간 그의 백성을 향한 하나님의 섭리와 경륜은 폐하여지지 않고 이루어진다.

예수님은 하나님이 더욱이 우리 인간 하나하나를 돌보아주시는데 이를 믿지 못하는 우리들의 불신앙을 안타까워하신다.

너희는 이것들보다 귀하지 아니하냐(마 6:26b).

하물며 너희일까보냐 믿음이 작은 자들아(마 6:30b).

하나님은 믿는 신자 하나하나를 돌보시고 우리에게 있어야 할 것을 친히 아시고 공급해주신다. 그러므로 예수님은 제자들에게 말씀하신다.

그러므로 염려하여 이르기를 무엇을 먹을까 무엇을 마실까 무엇을 입을까 하지 말라 이는 다 이방인들이 구하는 것이라 너희 하늘 아버지께서 이 모든 것이 너희에게 있어야 할 줄을 아시느니라(마 6:30-32).

그렇게 믿는 신자 한 사람 한 사람을 돌보시는 성경의 하나님은 섭리의 하나님으로서 우주와 역사 가운데 계시며 초월적으로 그것의 과정에 개입하셔서 그분의 섭리를 행사하시는 분이시다.

3. 과정 우주론에서 하나님은 초월적 은총 상실: 구원은 자연의 상호 얽힘의 내재적 복원력에서 나옴

1) 물질화 과정의 진입 행위(상호 작용) 강조는 사물의 객체 개념의 불가능 초래

켈러의 과정 우주론에 의하면 구원은 하나님의 초월적 은총에서 나오기보다는 자연의 상호 얽힘의 내재적 자기 복원력에서 나온다. 여기서는 오늘날 생태계의 위기 속에 있는 자연의 진정한 구원이라는 것도 상호 교차적이고 얽힘 속에서 자연의 스스로의 자기 복원력에 의존하게 된다. 과정 우주론은 자연의 상호 얽힘과 교차성을 통한 내재적 완결 과정을 말한다.

그리하여 초월적인 창조주로부터 오는 대속의 은총은 거대한 자연의 생태학적 교차성과 상호 얽힘의 내재적 자기 복원력으로 환원되어 버린다.

정통개혁신학에 의하면 자연의 복원력도 만물을 창조하신 하나님의 자연 섭리 가운데 있다. 인간에게도 생체의 면역력이 있어서 건강한 상태에서는 생체의 자기 복원력이 작동한다. 자연에도 이러한 자기 복원력이 작동한다. 이것이 창조와 보존의 섭리 가운데 있다. 그러나 지구 생태계도 지구 온난화로 인한 각종 기후 변화 등은 일정 수준을 넘어가면 자체 복원이 불가능하다. 이때는 하나님의 초월적 간섭이 필요하다.

지구는 인간에 의한 오염으로 생태학적 위기에 직면해 있다. 생태계의 자기 복원력으로 회복 불가능 가운데 있다. 여기에 성경은 새 하늘과 새 땅을 예언하고 있다.

> 내가 지을 새 하늘과 새 땅이 내 앞에 항상 있는 것같이 너희 자손과 너희 이름이 항상 있으리라 여호와의 말이니라(사 66:22).

> 또 내가 새 하늘과 새 땅을 보니 처음 하늘과 처음 땅이 없어졌고 바다도 다시 있지 않더라(계 21:1).

2) 초월적으로 간섭하는 하나님의 행위 없는 힘들의 역동성만이 존재: 기독교의 은총신학이 다겹적 물질의 공생적 존재론으로 변모

켈러는 화이트헤드의 과정철학뿐 아니라 캐런 바라드(Karan Barad)의 신유물론(New Materialism)의 신학적 적용 가능성을 다룬다.[4] 신유물론의 시각에 의하면 우리는 단순히 물질과 얽혀 있는 것이 아니고 우리의 물질화(materialization)는 다른 물질화와 얽혀 있다. 켈러가 수용하는 바라드의 진입 행위(intra-action) 개념은 기존 사물들의 상호 작용(interaction) 개념을 대체한다.

켈러는 물질화 과정에 필연적인 진입 행위를 강조한다. 이 진입 행위는 대행자가 인간이나 개인으로 이해되지 아니하고 모든 물질이 상호 간의 교환하고 분산하고 영향을 주고받는 힘들의 역동성이다. 그리하여 물질화 과정에 수행되는 이러한 진입 행위에서 사물 간의 절대적 분리나 전통적으로 이해된 객체 개념이 불가능해진다. 사물은 항상 다겹적으로, 집합적으로, 혼합적으로 그야말로 진입 행위들과 복합성들로 존재한다.

---

4 한상화, "트랜스 페미니즘과 동성애," 젠더 이데올로기, 네오 마르크시즘, 트랜스 페미니즘과 기독교, 「기독교학술원봄학술포럼자료집」, 2018.5.4.

신유물론에서는 물질 밖에서 초월적으로 간섭하는 하나님의 행위는 존재하지 않고 상호 간 교환하고 분산하고 영향을 주고받는 힘들의 역동성만이 존재한다. 그리하여 기독교의 은총신학이 트랜스 페미니즘 안에서는 다겹적 물질의 공생적 존재론으로 변모한다. 신유물론적 사고에 의하면 해방이란 이 무한경쟁의 구조 속에서 패자(敗者)로 규정되거나 낙인찍힌 소수자들의 연대를 통해 이루어진다.

해방은 바로 독자적 예외적 존재가 되기 위한 무한경쟁과 승자독식의 구조를 무너뜨리고 극복함으로써 가능할 것이다. 여기서 초월적 은총 개념은 상호 교환적 다겹적 공생적 존재의 '얽힘'(entanglement)에서 유기체적으로 수행되는 복원력 안에서 사라진다.

3) 성경의 하나님은 역사와 우주의 생성 과정에 간섭하시고 그의 주권적 목적을 향해 이끌고 가시는 살아 계시는 분

이에 반하여 정통개혁신학에 의하면 성경의 하나님은 과정에서 상호 교환적으로 다겹적으로 있는 공생적인 존재가 아니라 그러한 만물의 공생적 환경을 창조하시고 공생의 생태 조건을 유지하시는 초월적 존재시다.

이사야 34장은 하나님이 지으신 만물들이 짝을 지니고 있음을 증언하고 있다.

> 너희는 여호와의 책에서 찾아 읽어보라 이것들(these creatures) 가운데서 빠진 것이 하나도 없고 제 짝(its mate)이 없는 것이 없으니 이는 여호와의 입이 이를 명령하셨고 그의 영이 이것들을 모으셨음이라(사 34:16).

이사야 34장은 여호와께서 만국(萬國)을 향해 진노하시며 만군(萬軍)을 향해 분을 내시어 그들을 진멸(殄滅)하신다는 내용이다. 만군이 모두 살륙을 당하여, 땅이 피로 흠뻑 젖고, 드디어 불모지가 되면(사 34:1-10), 사람 대신에, 당아(사다새), 고슴도치, 부엉이, 까마귀, 시랑(승냥이), 타조, 이름 모를 들짐승, 이리, 숫염소, 올빼미, 독사, 솔개와 같은 짐승들이 그 땅을 차지하고 살게 된다는 것이다(사 34:11-15).

그러면서 16절에서 '너희는 여호와의 책을 자세히 읽어보라 이것들이 하나도 빠진 것이 없고 …'라는 말이 이어진다. 여기에서 '이것들'이 11-15절에 언급된 '짐승들'을 가리킨다는 것은 그 문맥에서 명확하게 드러난다. '독일어 공동 번역'은 '이 짐승들'이라고 번역했다.[5]

이 구절은 만물이 서로 짝이 있도록 지으시고 지속적으로 공생하도록 섭리하신다는 내용을 나타낸다. 다겹적이며 다층적이라는 것은 만물의 공존과 공생이라는 관점에서 각 존재 안에서 공존 공생한다고 제한적으로 이해될 수 있을 것이다. 그러나 이러한 공존적이고 공생적인 존재의 환경과 조건을 만드신 하나님은 이 질서에서 초월적으로 계신다.

시편 기자는 하나님은 이 우주가 있기 전에 영원 전부터 계신 존재라는 것을 노래하고 있다.

---

5   여호와의 책을 자세히 읽어 보라. 민영진, "성경 대담," 2015.2.11.9:59(http://blog.naver.com/jn832/220269613541). 이러한 사실은 주석에서도 확인된다. 존 칼빈은 그의 이사야서 주석에서, "이것들 가운데 어느 것 하나 빠진 것이 없다"라고 할 때 '이것들'은 모두 11-15절에 언급된 '짐승들'을 가리키는 것이라고 주석하고 있다. 박윤선도 그의 이사야서 주석에서 "이것들이 하나도 빠진 것이 없고"라고 할 때의 '이것들'은 위의 예언(11-15절)에 기록된 동물들이 하나도 빠짐없이 후일에 반드시 그 땅(에돔)을 점령하리라는 말씀이다. '여호와의 입이 이를 명하셨고'라는 말은 하나님께서 위에(11-15절) 예언된 짐승들을 명하여 장차 황폐한 에돔 땅에 살도록 명령하시겠다는 뜻이다. 그리고 '그의 신이 이것들을 만드셨음이라'는 것은 하나님의 신, 곧 하나님의 영(靈)이 장차 그 짐승들을 에돔 땅에 모으시리라는 뜻이다"라고 설명하고 있다.

산이 생기기 전, 땅과 세계도 주께서 조성하시기 전 곧 영원부터 영원까지 주는 하나님이시니이다(시 90:2).

우주는 하나님과 함께 공존하는 존재가 아닌 하나님의 피조물이다. 우주 이전에 하나님은 영원부터 하나님으로 계셨다. 시편 기자는 인간이란 하나의 티끌로서 인생의 삶이 밤의 한순간에 불과하며 천년이 어제와 같다고 노래한다.

주께서 사람을 티끌로 돌아가게 하시고 말씀하시기를 너희 인생들은 돌아가라 하셨사오니 주의 목전에는 천 년이 지나간 어제 같으며 밤의 한 순간 같을 뿐임이니이다(시 90:3-4).

인간이나 시간이나 만물은 신석 존재가 아니라 하나님의 진노 앞에 홍수처럼 휩쓸어가는 소멸하는 존재다.

주께서 그들을 홍수처럼 쓸어가시나이다 그들은 잠깐 자는 것 같으며 아침에 돋는 풀 같으니이다 풀은 아침에 꽃이 피어 자라다가 저녁에는 시들어 마르나이다(시 90:5-6).

이러한 소멸하는 만물과 시간과 인간에 대해 하나님은 영원부터 영원까지 동일하게 계시며 우주와 역사 과정에 대해 섭리하시고 일하시는 분이시며 그의 초월적 은총을 우리에게 주실 수 있는 분이시다.

주 우리 하나님의 은총을 우리에게 내리게 하사 우리의 손이 행한 일을 우리에게 견고하게 하소서 우리의 손이 행한 일을 견고하게 하소서(시 90:17).

하나님의 지탱하시는 은총에 의해 만물은 지금 이 순간 소멸하거나 우주의 무한한 심연으로 추락하지 않고 우주 공간 속에서 자전 공전하는 지구 안에서 그 존재를 지탱하고 있다.

이처럼 성경의 하나님은 역사나 우주와는 질적으로 다른 초월적 존재이시며 끊임없이 역사와 우주의 생성 과정에 간섭하시고 그의 주권적 목적을 향해 이끌고 가시는 살아 계시는 분이시라는 것을 증언하고 있다. 그러므로 예언자 이사야는 그의 성읍 예루살렘의 구속을 위해 쉬지 아니하시는 하나님을 노래하고 있다.

나는 시온의 의가 빛 같이 예루살렘의 구원이 횃불 같이 나타나도록 시온을 위해 잠잠하지 아니하며 예루살렘을 위해 쉬지 아니할 것인즉(사 62:1).

동시에 하나님은 그의 백성이 하나님이 그의 구원의 행사를 멈추지 아니하시도록 기도하기를 쉬지 않아야 한다고 권면하고 있다.

예루살렘이여 내가 너의 성벽 위에 파수꾼을 세우고 그들로 하여금 주야로 계속 잠잠하지 않게 하였느니라 너희 여호와로 기억하시게 하는 자들아 너희는 쉬지 말며 또 여호와께서 예루살렘을 세워 세상에서 찬송을 받게 하시기까지 그로 쉬지 못하시게 하라(사 62:6-7).

성경이 증언하는 하나님은 지금도 쉬지 않으시고 졸지도 주무시지도 않으시고 일하시는 하나님, 인간과 우주의 구속을 위해 일하시는 대속적 사랑의 인격적 존재시다. 하나님은 시위대 뜰에서 갇혀 있는 예언자 예레미야를 향해 말씀하신다.

> 일을 행하시는 여호와, 그것을 만들며 성취하시는 여호와, 그의 이름을 여호와라 하는 이가 이와 같이 이르시도다 너는 내게 부르짖으라 내가 네게 응답하겠고 네가 알지 못하는 크고 은밀한 일을 네게 보이리라(렘 33:2-3).

그러므로 안식일에 베데스다 연못 가에서 38년 된 병자를 고치신 데 대해 유대인들이 예수가 안식일 계명을 범했다고 비난하자 예수는 하나님은 종교적 계명을 넘어서 인자와 사랑으로 일하시는 분이시라고 가르치신다.

> 예수께서 그들에게 이르시되 내 아버지께서 이제까지 일하시니 나도 일한다 하시매(요 5:17).

성경의 하나님은 과정 가운데, 과정 너머, 과정을 섭리하시는 분이시다.

4. 과정 우주론에서 말씀의 성육신은 과정 우주론적 범재신론적 육화로 변형

1) 신유물론의 다겹적 존재와 만물의 복합성 주장은 범(凡)자연생태론적 인간 이해

켈러는 신유물론(new materialism)으로서 관계적 육화(relational intercarnation)론을 전개한다. '관계적 육화'(肉化)란 하나님이 인간(들)과의 관계로 진입하셔서 관계를 이루시고 완성하신다는 말로 이해한다. 이 진입 행위는 대행자를 인간이나 개인으로 이해하지 아니하고 모든 물질이 상호 간의 교환하고 분산하고 영향을 주고받는 힘들의 역동성으로서 이해한다.

물질화 과정에서는 진입 행위가 실행되어 사물 간의 절대적 분리나 전통적으로 이해된 객체 개념이 불가능해진다. 따라서, 신유물론에서 사물은 항상 다겹적으로, 집합적으로, 혼합적으로 그야말로 진입 행위들과 복합성들로 존재한다.

켈러의 이러한 트랜스 페미니즘에서는 성경이 증언하는 말씀의 성육신은 과정 우주론의 범재신론적 육화(肉化)로 변형되어 버린다. 말씀이 육신이 되었다는 것은 전통적인 신학이 해석하듯이 로고스가 인간이 되어 특정한 육체성(나사렛 예수)을 구현했다는 말이 아니라 물질화 과정의 진입 행위라는 것이다. 말하자면 물질이란 상호 간의 교환하고 분산하고 영향을 주고받는 힘들의 역동적 현상이라는 뜻이다.

이러한 물질의 역동적 상호 교환 과정에서 말씀의 성육신이란 있을 수 없다. 말씀의 성육신은 영원하신 로고스가 인간의 신체 속에 인격적으로 들어오기 때문이다. 이는 만물의 과정 법칙을 깨뜨리는 기적의 사건이다.

신유물론의 특성은 다겹적 존재와 만물의 복합성으로 드러난다. 모든 존재는 다겹들로 되어 있어 공생적이다. 존재의 되어 감은 동물들과, 식물들, 마이크로유기체들, 균의 입자들 그리고 은하계 전체를 연결해 준다.

인간 유전체(genome)는 소위 나의 몸이라고 불리는 평범한 공간 가운데 있는 모든 세포 중 오직 10%밖에 되지 않는다. 세포들의 다른 90%는 박테리아, 균, 원생 생물(protists) 등으로 이루어져 있다. 나는 이러한 수많은 작은 짝(mates)과 어우러져 한 사람의 성인이 된다.[6] 또한, "하나이기 위해서는 항상 다른 많은 것과 되어 감이다."[7] 여기서 인간 존재는 다른 존재 중의 하나로 평준화되고 자연의 한 유전체(genome)로 간주하여 버린다.

켈러는 이것을 평면적 존재론이 아니라 접힘의 존재론 또는 프랙탈 존재론이라고 한다[8]. 이러한 인간 이해는 범자연생태론적 인간 이해로서 자연의 한 유전체로서 거대한 우주적 과정에서 하나님 형상을 지닌 인간의 유일한 존재가 상실되어 버린다.

2) 성경은 자연이나 우주의 한 작은 존재로 간주할 수 없는 인간의 존엄성 천명

정통개혁신학에 의하면 역사적 예수는 자연이나 우주의 한 작은 존재로 간주할 수 없는 인간의 존엄성을 다음과 같이 피력하셨다.

---

6 Catherine Keller and MaryJane Rubenstein, eds. *Entangled Worlds: Religion, Science, and New Materialism* (New York: Fordham University Press, 2017), 2.
7 Keller and Rubenstein, eds. *Entangled Worlds: Religion, Science, and New Materialism*, 2.
8 한상화, "트랜스 페미니즘과 동성애" in 젠더 이데올로기, 네오 마르크시즘, 트랜스 페미니즘과 기독교, 2018. 5월 4일.

> 사람이 만일 온 천하를 얻고도 자기 목숨을 잃으면 무엇이 유익하리요 (막 8:36).

> 사람이 양보다 얼마나 더 귀하냐 그러므로 안식일에 선을 행하는 것이 옳으니라 하시고(마 12:12).

예수님은 인간의 생명은 천하보다 귀하며, 안식일에 병자의 치유는 안식일 계명 지킴보다 중요하다고 가르치신 것이다. 이러한 예수님의 인간 이해는 창세기 만물과 다른 인간의 하나님 형상성 사상을 반영하고 있다.

> 하나님이 이르시되 우리의 형상을 따라 우리의 모양대로 우리가 사람을 만들고 그들로 바다의 물고기와 하늘의 새와 가축과 온 땅과 땅에 기는 모든 것을 다스리게 하자 하시고 하나님이 자기 형상 곧 하나님의 형상대로 사람을 창조하시되 남자와 여자를 창조하시고(창 1:26-27).

하나님이 바다의 물고기와 새, 가축, 짐승들을 각기 종(種, species)에 따라 지으셨으나 인간은 하나님 형상에 따라 지으셨으니 신유물론이 말하는 것처럼 만물이 균일한 것이 아니다. 인간의 지위는 만물을 다스리는 청지기의 사명을 부여받은 것이다. 그리고 이러한 만물과 인간의 차이 사상은 노아 홍수 이후 하나님의 말씀에서도 드러난다.

> 땅의 모든 짐승과 공중의 모든 새와 땅에 기는 모든 것과 바다의 모든 물고기가 너희를 두려워하며 너희를 무서워하리니 이것들은 너희의 손에 붙였음이니라 모든 산 동물은 너희의 먹을 것이 될지라 채소 같이 내가 이것을

다 너희에게 주노라(창 9:2-3).

그리고 인간의 피를 흘리면 자신의 피를 지불해야함을 명령하고 있다.

다른 사람의 피를 흘리면 그 사람의 피도 흘릴 것이니 이는 하나님이 자기 형상대로 사람을 지으셨음이니라(창 9:6).

여기서 짐승은 인간의 음식이 되며 짐승의 피는 흘려도 되나 인간의 피는 흘려서는 안 된다는 동물과 다른 인간 생명의 존귀성을 말하고 있다. 시편 8편은 구약의 인간주의 헌장(humanist charter)이라고 불리리만큼 인간의 존엄성을 말해 주고 있다.

사람이 무엇이기에 주께서 그를 생각하시며 인자가 무엇이기에 주께서 그를 돌보시나이까 그를 하나님보다 조금 못하게 하시고 영화와 존귀로 관을 씌우셨나이다 주의 손으로 만드신 것을 다스리게 하시고 만물을 그의 발아래 두셨으니(시 8:4-6).

시편 기자는 인간이 만물보다 귀하게 하나님보다 못하게 존귀와 영화로 지음을 받은 존재임을 노래하고 있다. 인간 존재는 신유물론이 말하는 것처럼 인간 유전체를 이루는 세포가 10%이며 나머지 90%는 박테리아, 균, 원생생물(protists) 등으로 이루어진 자연 중의 하나의 존재로 환원되는 존재가 아니라 천지와 바꿀 수 없는 유일한 존재인 하나님의 형상이라는 존귀한 존재라는 것이다.

5. 과정 우주론은 남성과 여성의 성(性)을 과정적 특성(남성이 여성으로, 여성이 남성으로 되어 감)으로 봄으로써 성(性)의 생물학적 정체성 부정

1) 트랜스 페미니즘의 인간 몸의 상호 연결성 강조는 성적 문란 조장할 윤리적 다원성 허용

켈러의 트랜스 페미니즘에 의하면 과정적 존재로서의 인간에게 성(性) 정체성이란 고정(固定)되어 있지 않으므로 동성애는 허용된다. 과정과 생성 속에 있는 인간의 존재는 성에 있어서도 생물학적으로 고정되어 있지 않고 사회적 성(性)인 젠더(gender)로서 남성에서 여성으로 여성에서 남성으로 이동이 가능하다고 본다.

과정신학은 생성철학을 기본으로 하면서 모든 존재를 선험적 본질을 지닌 고정적 존재로 보지 않고 무한한 과정에서 상호 교차하는 가운데 생성된다고 보기 때문이다.

인간 영혼의 문제는 무시되고 몸의 상호 연결성만을 강조함으로써 성적 문란을 조장할 윤리적 다원성이 허용된다. 그러므로 켈러의 트랜스 페미니즘에서는 남성과 여성의 구별이나 남성이나 여성으로서의 성 정체성이란 이러한 우주적 과정에서는 아무 의미가 없다. 그러므로 동성애가 금기(禁忌)되거나 혐오(嫌惡)될 이유가 없는 것으로 본다.

그리고 해방신학의 동기를 지닌 트랜스 페미니즘은 동성애자들이 사회적 성 소수자로서의 사회적으로 억압을 받는다는 측면에서 이들에 대한 사회적 정치적 연대를 공고히 한다.

2) 인간은 우연히 형성된 자연적 존재 아니라 하나님 형상으로 지음을 받은 신앙적 존재

이러한 트랜스 페미니즘의 남성과 여성의 성 정체성 이해는 성경의 성 이해에 배치된다. 성경에 의하면 인간은 우주적 생성 과정에서 상호 교차적인 관계 속에서 우연히 형성된 자연적 존재가 아니라 하나님의 형상으로 지음을 받은 신앙적 존재다. 인간의 고귀한 본성이란 그에게 있는 하나님의 형상성이다.

이 하나님의 형상성은 인간의 영혼만이 아니라 그에게 주어진 남성과 여성이라는 생물학적 성이다. 각 개인은 생물학적으로 남성이나 여성으로 존재하고 사회적으로 살아간다. 이러한 생물학적 성이란 내가 규정하기 이전에 이미 태어나면서 천부적으로 주어진 것이다.

> 하나님이 자기 형상 곧 하나님의 형상대로 사람을 창조하시되 남자와 여자를 창조하시고(창 1:27).

하나님은 인간에게 남자와 여자가 한 몸으로 결합한 가정을 이루도록 섭리하셨다.

> 이러므로 남자가 부모를 떠나 그의 아내와 합하여 둘이 한 몸을 이룰지로다 (창 2:24).

인간의 본성과 운명이란 이러한 피조물적 제한성과 성적 한계성을 받아들일 때 인간의 존엄성은 지켜진다는 것이다. 아담은 자기에게 다가온 하와를 보았을 때 남성의 정체성을 느끼면서 하와를 자기와 다른 여성의 정체성으로 보았다.

> 아담이 이르되 이는 내 뼈 중의 뼈요 살 중의 살이라 이것을 남자에게서 취하였은즉 여자라 부르리라 하니라(창 2:23).

하와는 아담에게 '내 뼈 중의 뼈요 살 중의 살'로서 감지되었다. 이러한 아담의 고백은 남녀라는 이원적 성질인 몸의 친밀성과 끌리는 신체적 매력과 보완성을 말하는 것이다.

이런 고백에는 성적인 차이성에서 오는 성적 매력이 내포되어 있다. 그러므로 하나님은 아담에게 하와와 한 몸으로 가정을 이루라고 명령하신 것이다.

> 이러므로 남자가 부모를 떠나 그의 아내와 합하여 둘이 한 몸을 이룰지로다 (창 2:24).

남자나 여자는 홀로서는 몸과 정신으로 반쪽이다. 남자와 여자는 사랑을 통해 서로 결합하여 한 몸을 이룸으로써 비로소 자신의 정체성을 알고 실현할 수 있다.

6. 과정 우주론에서 만물의 상호교차성은 진리와 윤리 다원주의 허용

1) 진리의 유일성 대신에 다원주의가 허용

켈러의 트랜스 페미니즘에서는 진리의 유일성 대신에 다원주의가 허용된다. 트랜스 페미니즘에서 모든 존재하는 것은 모두 연결되고 진리는 다층적(manifold)이고 다원적이다. 그리하여 진리의 유일성 개념이 사라져 버린다. 켈러가 제시하는 신유물론은 현재 문화 이론, 여성신학, 정치신학, 그리고 퀴어 이론을 통해 물질 그 자체의 대행(agency of material itself)에 주의를 기울임으로써 인간의 특권을 대체하고자 한다.

켈러가 주장하는 신유물론에 의하면 우주라는 장(field) 안에서 상호 교차성은 서로가 십자로처럼 교차하는 것일 뿐 아니라 서로의 자아 구성 요소 안에 참여함으로써 하나의 동시적 상호 관계성의 밀도(density)로서 꽃 피어난다. 만물의 상호 교차성에서는 모든 것을 판가름하는 진리의 기준 자체는 거부된다. 진리의 유일성은 부인된다. 그리하여 선과 악의 윤리적 규준이 상대화되고 다원화될 수밖에 없다.

2) 신유물론적 진리론은 예수 그리스도의 유일성 거부

모든 것이 상대화되어 버리는 신유물론적 천명에 대해 나사렛 예수는 자신이 유일한 진리임을 말씀하신다.

> 내가 곧 길이요 진리요 생명이니 나로 말미암지 않고는 아버지께로 올 자가 없느니라(요14:6).

이 구절은 나사렛 예수가 신유물론이 말하는바 여러 길, 진리나 생명 가운데 하나의 길이나 진리나 생명이 아니라 유일한 길, 유일한 진리, 유일한 생명이라는 사실을 말해 주고 있다.

사도 요한은 은혜와 진리는 우주라는 장(場)의 상호 교차성에서 존재하는 것이 아니라 영원하신 로고스로서 이 세상에 들어오신 예수 그리스도이신 것을 증언하고 있다.

> 말씀이 육신이 되어 우리 가운데 거하시매 우리가 그의 영광을 보니 아버지의 독생자의 영광이요 은혜와 진리가 충만하더라(요 1:14).

> 율법은 모세로 말미암아 주어진 것이요 은혜와 진리는 예수 그리스도로 말미암아 온 것이라(요 1:17).

퀴어신학은 성경을 젠더주의적으로 해석하여 '성경은 동성애를 인정한다'라고 왜곡된 주장을 하면서, 동성애는 "가증하다"(תועבה, 토에바, detestable, 레 18:22)라는 신구약이 가르치는 올바른 성경 해석에서 벗어나고 있다. 죄 개념도 성경적 죄 개념에서 벗어나 사회학적 죄의 개념에 사로잡혀 있다. 죄란 하나님 계명에 대한 불순종이 아니라 지배 체제가 소외된 집단에 부치는 '딱지'로 왜곡하고 있다.

이런 식으로 퀴어신학은 전체 성경과 기독교 교리를 젠더주의적으로 왜곡하여 해석하고 있다. 퀴어신학과 정통개혁신학의 근본적인 차이점은 성경관에 있다. 퀴어신학은 성경을 지나간 시대의 문화적 사회적 편견을 가진 역사적 문서라고 보지만, 정통개혁신학은 성경을 시대와 인종과 문화를 초월하여 모든 시대와 처소에 타당한 하나님의 말씀으로 교회의 신앙과 윤리의 절대적 기준과 지침으로 본다.

오늘날 기독교는 새로운 위기와 도전에 직면해 있다. 기독교가 이 시대의 동성애 운동을 유발한 젠더 이데올로기의 성 주류화 운동(양성 철폐 성 평등, 동성애·동성혼 합법화)에 굴종하느냐 아니면 이를 돌파하여 나가는가 하는 기로에 서 있다. 퀴어신학은 젠더주의에 영합하고 이러한 인본주의적 흐름과 타협하고 있다.

이러한 퀴어신학의 일탈에 관련해 다시 한번 사도 유다의 서신의 다음 구절은 오늘날 그리스도인들에게 새롭게 다가오는 하나님의 경고이다.

> 사랑하는 자들아 너희는 우리 주 예수 그리스도의 사도들이 미리 한 말을 기억하라. 그들이 너희에게 말하기를 마지막 때에 자기의 경건하지 않은 정욕대로 행하며 조롱하는 자들이 있으리라 하였나니 이 사람들은 분열을 일으키는 자며 육에 속한 자며 성령이 없는 자니라 사랑하는 자들아 너희는 너희의 지극히 거룩한 믿음 위에 자신을 세우며 성령으로 기도하며 하나님의 사랑 안에서 자신을 지키며 영생에 이르도록 우리 주 예수 그리스도의 긍휼을 기다리라 어떤 의심하는 자들을 긍휼히 여기라. 또 어떤 자를 불에서 끌어내어 구원하라 또 어떤 자를 그 육체로 더럽힌 옷까지도 미워하되 두려움으로 긍휼히 여기라(유 1:17-23).

말세에 자기의 경건하지 않은 정욕대로 행하며 조롱하는 자들, 분열을 일으키는 자며 육에 속한 자며 성령이 없는 자들이란 동성애나 성적 방탕 속에 있는 자들을 말한다. 이러한 자들이 발호하는 가운데 신자들은 '지극히 거룩한 믿음 위에 자신을 세우며 성령으로 기도하며, 하나님의 사랑 안에서 자신을 지키며 영생에 이르도록 우리 주 예수 그리스도의 긍휼을 기다리라'는 권면을 받아들여야 한다.

특히 그리스도인들은 자신이 성 소수자가 아니라고 교만하거나 동성애자들을 멸시하거나 정죄해서는 안 된다. 우리는 단지 동성애 자체는 성경이 금하는 것이라는 사실과 "가증한 일"이라는 사실을 알려 주어야 한다. 그리고 저들을 동성애라는 불에서 끌어 내어 구원해야 한다. 사도 유다는 우리가 긍휼과 사랑을 가져야 할 것을 권면하고 있다.

> 어떤 의심하는 자들을 긍휼히 여기라 또 어떤 자를 불에서 끌어내어 구원하라 또 어떤 자를 그 육체로 더럽힌 옷까지도 미워하되 두려움으로 긍휼히 여기라(유 1:23).

동성애에 대해 호의를 가진 자들에 대하여도 인내를 가지고 이들에게 설득해야 할 것이다. 저들에 대해 탈동성애 운동을 하면서 성 다수자인 우리가 가져야할 태도는 겸손이요 공감이며 인내요 사랑에 근거한 우정어린 설득과 권면이다.

제3부

퀴어신학에 대한 교의학적 비판

제1장 퀴어신학의 성경 해석, 신학적 근거, 신론, 기독론
제2장 퀴어신학의 교회론, 구원론, 종말론
제3장 퀴어신학의 세례론, 성찬론, 묵상론, 성 윤리
제4장 퀴어신학은 동성애를 정당화하는 이단 사상이다

제1장

퀴어신학의 성경 해석, 신학적 근거, 신론, 기독론

필자는 처음 동성애 이슈에 접했을 때 '동성애 이슈는 단지 윤리적 이슈이지 교리적 이슈는 아니다'라고 가볍게 생각했다. 필자는 처음에는 그렇게 생각하고 동성애가 교회에까지 들어오고 있구나 정도로 생각하고 기독교 윤리적인 관점에서 접근하면서 교회와 교인들에게는 덕스럽지 못하니 막아내야 한다고 생각했다.

그런데 필자가 이 이슈를 수년간 다루면서 점차 신앙 교리적으로 접근하게 되면서 동성애 이슈는 사상사적으로 신마르크주의적 문화인류학적 성혁명(neomarxistic, cultural-anthropological sex revolution)과 연결된다는 것을 점차 깨닫게 되었다.[1]

그러므로 필자는 동성애 문제를 단지 윤리적 이슈를 넘어서서 교회가 서고 넘어지는 조항(*articulus stantis et cadentis ecclesiae*), 즉 교리적 문제에 해당한다는 결론에 도달했다.[2] 동성애 이슈는 성경관과 성경 해석의 문제요 세계

---

[1] 김영한, 『젠더주의의 도전과 기독교 신앙』(서울: 두란노, 2018), 26-55.
[2] 이 분야에서 총신대학교신학대학원 기독교윤리학 이상원 교수 퀴어신학의 기괴한 교리에 대해 원전 『퀴어신학』(*Queer Theology*)(Gerard Loughlin, "Introduction: The End of Sex," in *Queer Theology*, 1-34; Mark D. Jordan, "God's Body," in *Queer Theology*, 281-292)에 근거하여 종교개혁적 개혁정통개혁신학 관점에서 신학적인 비판 "퀴어신학에 대한

관과 교의학적 문제에 기인하는 것으로 결론되었다.

필자의 생각대로 퀴어신학자들도 퀴어신학적 관점에서 『퀴어 성경 주석』[3]을 출판하였고, 개요적이긴 하나 성경 해석론, 신론, 기독론, 교회론, 구원론, 종말론, 세례론, 성찬론, 묵상론, 성 윤리 등 퀴어신학의 교의학[4]을 제시하고 있다. 필자의 관점에 의하면 동성애 이슈는 기독교 신앙과 교리의 핵심적인 부분에 해당한다. 동성애를 받아들이느냐 아니냐는 단지 시대적 유행을 좇아가느냐 보수에 머무느냐는 패션의 문제가 아니라는 것이다.

동성애 이슈의 핵심에는 성경관이 있다. 성경을 단지 지나간 역사적 문화적 문서로 보느냐 아니면 성경을 모든 시대의 하나님 사람들의 신앙과

분석과 비판," 「기독교동성애대책아카데미」, 2017.2.20. 343-367.
그리고 합신대 조직신학 이승구 교수가 제15회 샬롬나비학술 대회에서 발표한 논문 "퀴어신학의 주장과 그 문제점들," 「종교개혁 5백주년 기념, 제15회 샬롬나비학술 대회자료집」, "동성애, 과연 인권인가?" 백석대, 2017.11.24., 27-42 등이 정통개혁신학에 입각한 비판적 통찰과 아울러 학술적 자료를 비판적 연구를 위해 제공하고 있다. "동성애 정당화하는 퀴어신학은 이단 사상," 동성애에 대한 신학적 성찰, 「한국개혁신학회 제45차 학술심포지엄자료집」, 2018.10.20, 한국성서대학교 갈멜관 305호, 8-21.
그리고 "동성애 행위에 대한 영성신학적 해석: 동성애는 창조 본연의 가정 질서를 거스리는 죄악," in 김영한 외, 『동성애, 21세기 문화충돌』(용인: 킹덤북스, 2016), 267-300를 발표했다. 구약신학에서는 장신대학교 구약학교수 배정훈이 "구약성경에 나타난 동성애" in 김영한 외, 『동성애, 21세기 문화충돌』(용인: 킹덤북스, 2016), 43-73이라는 논문에서 비판적 분석을 보여 주고 있다.
그리고 고신대학교 조직신학 이신열 교수의 "바르트의 동성애 이해에 대한 비판적 고찰: 그의 『기독교, 사회적 관용, 그리고 동성애』를 중심으로." 한국개혁신학, 61 2019, 96-145.그리고 고신대 교의신학 교수인 우병훈이 "동성애에 대한 독일 개신교 신학자들의 이해 차이: EKD Texte 57과 볼프하르트 판넨베르크를 비교하여 한국개혁신학, 62(2019), 10-69, 웨신대 조직신학 권문상 교수는 "하나님의 형상과 동성애신학의 한계" in 김영한 외, 『동성애, 21세기 문화충돌』(용인: 킹덤북스, 2016), 301-320 등 연구들이 동성애에 대한 신학적 비판서로 기여를 하고 있다.

3 Deryn Guest, Robert E. Goss, Mona West, and Thomas Bohache, eds. *The Queer Bible Commentary* (London: SCM Press, 2008).
4 Gerard Loughlin, ed. *Queer Theology Rethinking the Western Body* (Malden: Blackwell, 2007).

삶을 향한 규범을 제시하는 하나님의 말씀으로 보느냐이다. 전자에 속하는 자들은 동성애 본문을 단지 시대적 문화적 산물로 보고 오늘날 삶의 방식에는 맞지 않은 것으로 본다.

그래서 동성애를 인정하는 것이다. 이에 반해, 성경이 시대를 넘어 규범적인 하나님의 영감 있는 말씀으로 받아들일 때 동성애 본문도 역사적 배경을 지니고 있으나 오늘날에도 타당한 하나님의 규례가 되는 것이다. 그래서 동성애를 거부하는 것이다. 그래서 2014년에 별세한 독일의 신학자 볼프하르트 판넨베르크(Wolfhart Pannenberg)는 동성애 이슈를 받아들이는 자들은 예수 그리스도의 거룩한 보편적 사도적 교회에 속할 수 없다고 선언한다.

동성애 이슈에 대한 '예수 그리스도의 교회'가 보이는 태도는 1세기 초대교회에서 사도 바울이 갈라디아교회에서 가만히 일어나 믿음에다 율법 행위를 부가하려는 기독교 유대주의자들에 대해 '아나테마'(Anathema, 저주)를 선고한 것과 같은 맥락이다.

> 그러나 우리나 혹은 하늘로부터 온 천사라도 우리가 너희에게 전한 복음 외에 다른 복음을 전하면 저주를 받을지어다(갈 1:8).

그리고 16세기 종교개혁가 루터가 초대교회의 은혜 교리에 공로 교리를 첨가하여 기독교를 변질시킨 로마 가톨릭에 대해 이신칭의 교리가 '교회가 서고 넘어지는 교리'라고 한 것과 같은 맥락이다. 그래서 필자는 오늘날 동성애를 수용하느냐 않느냐는 단지 한 교인의 개인 윤리에 국한되는 문제가 아니라 이를 수용하는 교회와 신학교의 영적 정체성이 결정되는 시금석이 된다는 것을 천명하고자 한다.

1. 퀴어신학의 성경 해석은 자의적 젠더주의적 해석

1) 퀴어신학은 '성경은 동성애를 죄로 여기지 않는다'고 왜곡하여 가르친다

퀴어신학자들은 소돔과 고모라 거민이 하늘로부터 내려온 유황불 심판을 받은 사실(창 19:1-29)은 동성애 때문이 아니라 나그네를 환대하지 않았기(끄집어내 알려고 했던 무례함)[5] 때문이라고 왜곡한다.

퀴어신학자들은 이 구절을 인용해 소돔과 고모라의 죄악은 가난한 자들을 학대한 것이지 동성애가 아니라고 주장한다.

> 네 아우 소돔의 죄악은 이러하니 그와 그의 딸들에게 교만함과 음식물의 풍족함과 태평함이 있음이며, 또 그가 가난하고 궁핍한 자를 도와주지 아니하며(겔 16:49).

미국 시카고신대학교 성경학 교수 테오도르 W. 제닝스(Theodore W. Jennings)는 '동성애라는 것은 저주도 아니고 범죄도 아니다. 하나님이 주신 놀라운 선물이다'고 하면서 '동성애에 대한 혐오나 증오'는 '성서가 죄라고 판정하는 것이 탐욕과 교만과 폭력이라는 것'을 잊게 한다고 주장한다.[6]

---

[5] P. A. Bird, "The Bible in Christian Ethical Deliberation Concerning Homosexuality: Old Testament Contributions," in D. L. Balch eds., *Homosexuality, Sciences, and the Plain Scene of Scripture* (Grand Rapids, MI: Eerdmans, 2000), 147. P. Pronk, *Against Nature? Types of Moral Argumentation Regarding Homosexualitisy,* tr. by J. Vriend (Grand Rapids, MI: Michigan, 1993).

[6] Theodore W. Jennings, *The Man Jesus Loved: Homoerotic Narrative from the New Testament,*

아르젠티나 감리교 출신으로 스코틀랜드 에든버러대학교 여성 퀴어신학자 마르셀라 알타우스 레이드(Marcella Althaus Reid)는 '동성애가 죄가 아니고 정당한 사랑의 표현의 하나'라고 한다.

그는 오히려 이성애가 정상적이라고 하는 것이 변태적인(pervasive) 주장이고 이데올로기적 질서(the ideological order)이므로 우리는 과감히 그것을 벗어나려고 해야 한다고 주장한다.[7] 페트릭 히긴스(Patrick Higgins)는 '동성애를 변태적이라고 생각하는 그것이 변태적인 사고'라고 역공격한다.[8]

[정통개혁신학의 반론]

"상관하리라"(ידע, 야다, 창 19:5; 삿 19:22)는 '악을 행치 말라'와 연관시키면 동성애 폭행인 것을 알 수 있다.

"상관하리라"(창 19:5)는 성적 관계를 의미한다

롯이 소돔과 고모라의 폭도들에게 딸을 내어 주려고 한 것은 이들이 성적 목적으로 나그네에 접근('상관하리라,' ידע, 창 19:5) 했기 때문이다. 이들이 롯의 딸을 거부한 것은 이들이 동성애자들이라는 사실을 입증해 준다.[9] 롯은 이들에게 "악을 행치 말라"(창 19:7)고 했다.

(The Pilgrim Press, 2003). 박성훈 『예수가 사랑한 남자: 신약성경의 동성애 이야기』 (서울: 동연, 2011), 12-42.
7   Marcella Althaus-Reid, *Indecent Theology* (London: Routledge, 2000), 200.
8   페트릭 히긴스는 "이성애적 독재"라는 표현도 사용한다. Patrick Higgins, *Heterosexual Dictatorship* (London: Fourth Estate, 1996).
9   R.A.J. Gagnon, *The Bible and Homosexual Practice: Texts and Hermeneutics* (Nashville: Abingdon Press, 2001), 65-71.

"관계하리라"(삿 19:22b)는 성적 관계를 의미한다

사사기 19장에서 레위 사람이 아내를 데리고 노인의 집에서 유숙할 때 그 성읍의 불량배들이 그 집을 에워싸고 주인에게 말한다.

> 네 집에 들어온 사람을 끌어내라 우리가 그와 관계하리라(삿 19:22b).

여기서 불량배들이 원하는 대상은 레위인의 여자(첩)가 아니라 레위인 남자(나그네)이다. '야다'(ידע)라는 단어는 창세기 19장과 같이 성적 의미를 담고 있다.[10] 이들은 이성이 아닌 동성에 대해 성 행위를 하되, 상대방의 의사와 상관없이 일방적인 성폭행을 하겠다는 것이다.

창세기 19장과 같이 노인은 말한다.

> 집 주인 그 사람이 그들에게로 나와서 이르되 아니라 내 형제들아 청하노니 이같은 악행을 저지르지 말라 이 사람이 내 집에 들어왔으니 이런 망령된 일을 행하지 말라(삿 19:23).

노인은 나그네 대신 자기 첩을 내어, 이들이 첩을 밤새도록 욕보여 죽게 만든다. 이런 행위는 "음행과 망령된 행위"(삿 20:6, 10)다. 이런 악은 반드시 이스라엘에서 제거되어야 한다(삿 20:12-13).

---

[10] 배정훈, "제1장 구약성경에 나타난 동성애," in 김영한 외 『동성애, 21세기 문화충돌』, 2016, 60.

레위기는 동성애 규정과 판례를 제시하고 있다

레위기 18:22, '너는 여자와 동침함 같이 남자와 동침하지 말라 이는 가증한 일이니라'는 "동성애를 가증한 일"(תוֹעֵבָה, 토에바, detestable)이라 금하는 동성애 규정이다.

레위기 20:13, '누구든지 여인과 동침하듯 남자와 동침하면 둘 다 가증한 일을 행함인즉 반드시 죽일지니 자기의 피가 자기에게로 돌아가리라'는 '동성애자는 가증한 일을 행한 자니 반드시 죽이라'는 동성애 판례이다.[11]

에스겔도 소돔의 죄악이 동성애라는 것을 말한다

선지자 에스겔의 소돔 죄악 책망은 그 후속절이 말하는 "가증한 일"(תוֹעֵבָה, 토에바, abomination)과 연결되어 있다.

> 네 아우 소돔의 죄악은 이러하니 그와 그의 딸들에게 교만함과 음식물의 풍족함과 태평함이 있음이며, 또 그가 가난하고 궁핍한 자를 도와주지 아니하며 거만하여 가증한 일을 내 앞에서 행하였음이라 그러므로 내가 보고 곧 그들을 없이 하였느니라(겔 16:49-50).

50절에 교만하고 가증한 일이란 '동성애'를 말하는 것이다.

예레미야도 소돔과 고모라의 죄악이 동성애라는 것을 말한다

선지자 예레미야도 예루살렘 선지자 중 소돔과 고모라 주민의 가증한 일을 행하는 자가 있다고 언급하고 있다.

---

[11] 배정훈, "제1장 구약성경에 나타난 동성애," 61.

내가 예루살렘 선지자들 가운데도 가증한 일을 보았나니 그들은 간음을 행하며 거짓을 말하며 악을 행하는 자의 손을 강하게 하여 사람으로 그 악에서 돌이킴이 없게 하였은즉 그들은 다 내 앞에서 소돔과 다름이 없고 그 주민은 고모라와 다름이 없느니라(렘 23: 14).

동성애는 소돔 사람들의 유일한 죄는 아니지만, 여러 죄란 이웃에게 행한 불의와 음란한 성 행위 등이며 동성애는 가장 두드러진 죄악 중 하나다.[12]

2) 독일 개신교 텍스트 57의 동성애 다루는 성경 본문 해석: 성경 본문 의미와는 달리 사랑의 이중 계명에 입각해 동성애 허용 결론

(1) 성경 해석학적 원리 오용: 율법을 복음에 종속화, 율법의 고유한 규범 기능 약화

독일 개신교는 1996년 '독일 개신교 텍스트 57'(EKD Texte 57)[13]에서 전체적으로 동성애를 인정하는 독일 개신교의 입장을 공식적으로 채택했다. EKD Texte 57는 '신학적 문제의 결정적인 기준은 성경적 증언이 되어야 한

---

[12] 배정훈, "제1장 구약성경에 나타난 동성애," 59.
[13] 독일 개신교 텍스트(EKD Texte)는 오늘날 세계적으로 이슈화되고 있는 동성애 이슈에 대해 독일 개신교의 공신력 있는 신학자들이 함께 토론하여 의견을 정리한 독일 개신교(EKD)의 공식 지침서이다. 거의 매해 발간하지만, 발간하지 않은 해도 있으며. 그 내용은 인터넷에서 쉽게 열람할 수 있도록 해 놓았다.(https://www.ekd.de/EKD-texte, 2019. 4.25 최종 접속). EKD Texte 57은 1996년에 나온 텍스트로 동성애 문제를 집중적으로 다루었다.(*EKD Texte 57, Mit Spannungen Leben: Eine Orientierugshilfe des Rates der evangelischen Kirche in Deutschland zum Thema 'Homosexualität und Kirche,'* (Hannover:EKD, 1996). 고신대 교수 우병훈이 EKD Texte 57의 동성애 논의를 이에 반대 입장을 개진한 판넨베르크의 에세이와 비교하여 반동성애의 입장에서 잘 정리했다. 우병훈, "동성애에 대한 독일 개신교 신학자들의 이해 차이: EKD Texte 57과 볼프하르트 판넨베르크를 비교하여," 한국개혁신학, 62 (2019), 1-69.

다'라는 종교개혁적 성경 해석 원리를 따른다.[14]

그러면서 개별 성경 진술들이 성경 권위와 가지는 관계가 저절로 이해되는 것은 아니라고 덧붙인다. 그리스도가 성경의 중심이기 때문에 기독교의 근원은 그리스도이지 성경책이 아니라고 주장한다.[15] 그러면서 루터의 성경 해석 입장을 수용한다면서 성경 본문이라 할지라도 그리스도와 일치하지 않으면 비난받을 수 있다고 주장한다. 개별 본문은 그리스도의 관점에서 해석되어야 한다면서 해석학적 순환을 피할 수 없다고 주장한다.[16]

율법과 복음과의 관계에서도 EKD Texte 57은 '율법은 복음과 관계되고 복음을 위해서 봉사할 때만 필수적이고 유용해진다'라고 말한다. 여기서 EKD Texte 57의 성경 해석 방식에 있어서 두 가지 관점이 드러난다.

첫째, 성경 본문보다 그리스도를 우선시한다.
둘째, 율법을 복음에 종속시킨다.[17]

필자의 관점에 의하면 EKD Texte 57의 해석학적 관점은 정통개혁신학의 관점과 다르다. 이에 따르는 세 가지 관점의 위험성이 동반된다.

첫째, '성경에 의한 성경 해석' 원리가 훼손된다는 것이다.
EKD Texte 57의 성경 해석에서 '성경은 성경으로 해석한다'라는 종교개혁적 성경 해석의 원리가 정경성의 판단의 근거인 그리스도 원리(그리스도

---

14 EKD Texte 57:13.
15 EKD Texte 57:13.
16 EKD Texte 57:13.
17 우병훈, "동성애에 대한 독일 개신교 신학자들의 이해 차이: EKD Texte 57과 볼프하르트 판넨베르크를 비교하여," 한국개혁신학, 62(2019), 22.

를 추구하는지 아닌지, ob sie Christum treiben oder nicht)[18]에 의해 약화(弱化)된다는 것이다.

그리스도는 성경의 주인이지 성경 해석의 원리가 아니다. 그리스도는 구속자요 창조의 동역자로서 창조의 주역인 성부 하나님의 창조 질서 영역에 순응하신다. 그러므로 창조 질서는 구속과 은혜 질서에 해소되어서는 안 된다.[19] 그럴 때 율법 폐기주의가 성경 해석의 원리로 지배하기 때문이다.

그리스도는 율법의 완성자이지 율법 폐기자가 아니다. 예수는 산상설교에서 율법 완성자로서 자신의 사명을 말씀하시며 율법은 하나님 나라에서 폐기되는 것이 아니라 성화의 차원으로 성취되는 것을 말씀하신다.

> 내가 율법이나 선지자를 폐하러 온 줄로 생각하지 말라 폐하러 온 것이 아니요 완전하게 하려 함이라 진실로 너희에게 이르노니 천지가 없어지기 전에는 율법의 일점 일획도 결코 없어지지 아니하고 다 이루리라(마 5:17-18).

동성애 이슈가 속하는 성(性) 질서 등 윤리의 영역은 구속 질서가 아니라 창조 질서이기 때문에 은혜의 질서가 미치긴 하지만, 여전히 시민적이고 규범적인 율법 사용이 요청되는 영역이다.

루터가 그리스도를 성경 해석의 중심으로 보았을 때 그것은 이신칭의의 원리를 강조하기 위한 것이지, 동성애를 정당화하기 위한 것은 결코 아니었다.[20] 정경성 원리가 바로 성경 해석의 원리가 될 수 없다. 루터는 오히

---

[18] 루터는 이 구절을 그가 번역한 『독일어 성경』(Die Bibel, 1522)의 서문에 썼다(Vorrede zum NT/Ep. Jacobi, WA DB 7, 384).
[19] 김영한, 『바르트에서 몰트만까지』, 기독교서회, 개정증보판, 2003, 81-83.
[20] 우병훈, "동성애에 대한 독일 개신교 신학자들의 이해 차이: EKD Texte 57과 볼프하르트 판넨베르크를 비교하여, p21 각주 33.

려 동성애를 명백히 반대했다.[21]

둘째, 율법의 고유한 규범 기능을 약화한다는 것이다.

EKD Texte 57의 성경 해석의 문제는 율법의 규범적 기능의 부정이다. 율법은 그리스도에 의해 폐지된 것이 아니라 성취되었다. 율법은 그리스도에 의해 완성된 것이지 무효화 되지 않았다.

동성애 금지 사항은 십계명의 제1계명에서 제5계명,[22] 그리고 제6계명에서 제10계명[23]과 함께 여전히 신자들에게도 유효하기 때문이다. 그리스도는 창조의 동반자요 율법의 부여자이시기 때문이다.

그리스도의 십자가 대속 후에도 창조와 율법은 폐지되지 않고 신자들에게 오히려 새로운 기능인 규범적 사용(*normativus usus*)이 요청된다. 루터는 율법폐기론자들과 논쟁하면서 '율법의 제3용도'(*tertius usus legis*)를 천명했다.[24]

셋째, 율법은 반드시 지켜져야 한다는 것이다.

이는 성화를 받은 자들이 하나님이 어떤 행동을 요구하시는지, 곧 이를 통해 그들이 하나님께 순종할 수 있는 그런 행동이 무엇인지 알기 위해서이다.[25]

율법은 신자들에게 성화를 위한 규범적 기능을 한다. 루터는 이러한 율법의 규범적 사용과 관련해 '율법의 다른 용도'(*usus alienus legis*) 내지 '실천적인 복음의 용도'(*usus practicus evangelii*)를 인정했다.[26]

---

21 루터의 창세기 주석의 창 19:4-5에 대한 주석(LW 3:251-55)과 로마서 강해, 롬 1:24에 대한 주석(LW 25:164-66, LW는 영문판 루터전집[Luther's Works]의 약칭).
22 1-5계명: 다른 신을 두지 말라, 우상을 만들지 말라, 하나님 이름을 망령되어 부르지 말라, 안식일 거룩히 지키라, 부모를 공경하라.
23 6-10계명: 살인하지 말라, 간음하지 말라, 도둑질하지 말라, 거짓 증거하지 말라, 탐내지 말라.
24 권호덕, 『율법의 세가지 용도와 그 사회적 적용』(서울: 그리심, 2003), 77-79.
25 WA 39/1, 485,22-24
26 Albrecht Peters, *Gesetz und Evangelium*, HST Bd. 2 (Gütersloh: Gerd Mohn, 1981), 41.

이상에서 보는바 같이 EKD Texte 57의 성경 해석은 이러한 세 가지 관점으로 인해 동성애 본문을 이웃 사랑 계명에 종속시킴으로 부차적으로 만들어, 비록 성경 본문이 동성애를 반대하더라도 일차적인 사랑의 이중 계명 준수의 관점에서 동성애를 받아들여야 한다고 모순적인 결론에 도달한 것이다.

(2) 성경 본문들이 '동성애가 하나님의 뜻에 어긋난다' 라고 가르치나, '윤리적으로 책임 있는 동성애 관계는 침묵한다' 라고 왜곡

EKD Texte 57에 의하면 동성애를 다루는 가장 중요한 성경 본문들은 레위기 18:22; 20:13, 로마서 1:26-27, 고린도전서 6:9-11, 디모데전서 1:10이다. 이 본문들은 동성애 행위를 한결같이 '혐오스러운 것,' '부끄러운 정욕,' '불의,' 율법 위반이라고 규정한다.[27]

레위기 20:13에서는 동성애자를 '죽이라'고 규정하고 있다고 밝힌다. 그런데 EKD Texte 57은 위의 성경 본문 해석에 관해 두 가지 관찰이 필요하다고 본다.

첫째, 동성애는 성경 전체에서 부차적으로 다루어진다.
둘째, 예수는 동성애에 관해 언급하지 않으셨다.[28]

이러한 성경 본문들의 해석들이 '맞지 않거나 불충분한 것으로 판명 났다'(unzutreffend oder unzureichend erwiesen)라고 본다.[29] 그러면서 다음과 같이

---

27 EKD Texte 57:16.
28 EKD Texte 57:17.
29 EKD Texte 57:17.

세 가지로 본문 해석을 제안한다.

> **첫째**, 레위기 18:22과 20:13은 하나님께서 주신 삶의 질서 위반으로 읽혀져야 하며, 동성애 관계의 윤리적 측면을 다루지 않았다.[30]
>
> **둘째**, 고린도전서 6:5과 디모데전서 1:10에서는 "남자와 소년 사이의 동성애가 하나님의 뜻에 반대된다"라고 지적한다.[31]
>
> **셋째**, 로마서 1:26 이하 본문은 신학적으로 "순리대로 쓸 것을 바꾸어 역리로 쓰며"가 나오는데, 중요한 것은 특정 그룹의 사람이 아니라 어떤 특정 행위이다. 순리가 아니라 역리로 바꾼다는 표현이 중요하다. 본문이 강조하는 것은 죄의 보편적 연루이며 죄가 성적인 영역까지 침투하게 된 사실이라는 것이다.[32]

EKD Texte 57은 이상의 본문 주석을 종합하여 동성애에 관한 성경의 가르침을 다음과 같이 요약한다.

> **첫째**, 모든 사람은 하나님 앞에 죄인이다.
>
> **둘째**, 마가복음 7:1-23에 나타난 정결과 부정에 관한 예수의 설교에 따르면 마음의 죄가 더욱 심각하다.

속에서 곧 사람의 마음에서 나오는 것은 악한 생각 곧 음란과 도둑질과 살인과 간음과 탐욕과 악독과 속임과 음탕과 질투와 비방과 교만과 우

---

[30] EKD Texte 57:18.
[31] EKD Texte 57:18.
[32] EKD Texte 57:19.

매함이니 이 모든 악한 것이 다 속에서 나와서 사람을 더럽게 하느니라 (막 7:21-23).

셋째, 하나님의 선하신 뜻은 사랑의 이중 계명 안에 요약되어 있다.
넷째, 동성애가 하나님의 뜻에 어긋난다는 성경 본문은 하나님 사랑의 이중 계명, 말하자면 복음의 빛 아래서 이해되어야 한다. 그러면 동성애에 대한 부정적 언급은 하나님의 은혜의 약속이 된다.
인간을 향한 하나님의 구원 의지를 요약한 사랑의 계명과 동성애적 형식으로 동거하는 것에 대한 윤리적으로 책임 있는 형성에 대한 질문은 연결되어야 한다.[33]

EKD Texte 57은 성경 본문들이 동성애를 반대하고 있음을 시인하면서도 그 본문들이 모두 동성애 행위 자체만 겨냥하고 있고 "동성애자가 취할 수 있는 윤리적이고 책임 있는 형식에 대해서는 함구하고 있다"라고 결론을 제시한다. 저자의 견해에 의하면, 이러한 EKD Texte 57 결론은 동성애 성경 본문들의 의미를 약화시킨다.[34]
이러한 EKD Texte 57의 친동성애적 성경 해석은 종교개혁자들이 유산으로 남겨준 '성경에 의한 성경 해석'이며 '성경 본문의 문자적 해석' 원리에 배치(背馳)되는 해석학적 태도다.

---

[33] EKD Texte 57:21.
[34] 우병훈. "동성애에 대한 독일 개신교 신학자들의 이해 차이: EKD Texte 57과 볼프하르트 판넨베르크를 비교하여," 한국개혁신학, 62(2019), 31.

(3) 동성애 행위를 사랑의 이중 계명 안에서 허용: 율법의 고유한 규범 기능 약화

EKD Texte 57의 동성애 허용 입장은 그리스도 대속에 나타난 하나님 사랑 안에 율법의 규범 기능을 약화시키고, 심지어 부정하는 방향으로 나아가는 것이 아닌지 질문이 제기된다. EKD Texte 57은 성경 본문이 가르치는 동성애에 대한 부정적 언급은 동성애 행위 자체를 말하는 것이지 윤리적 형식을 가리키는 것이 아니라는 애매한 입장은 성경 본문을 동성애적 상황에 견강부회(牽强附會) 식으로 맞추어 해석한다는 인상을 지울 수 없다.

EKD Texte 57이 제시하는 '동성애가 하나님의 뜻에 따라 윤리적으로 이루어진다'라는 문장은 하나님이 가증하게 여기는 행위를 윤리적 형식으로 행한다는 것인데 이것이 하나님 앞에서 용납될 수 있는가?

EKD Texte 57은 동성애를 이혼과 유비하여 설명하고 있다. 이혼도 하나님의 뜻이 아니다. 그러나 '마음의 악함'이라는 조건으로는 이혼이 윤리적으로 책임성 있게 이루어져야 한다고 설명한다. 예수도 이혼에 관해서는 배우자 간음의 경우에는 이혼을 허용했다.

그러나 예수께서 동성애를 허용한다고 가르치는 곳은 4복음서 어디에도 없다. 동성애 행위가 하나님 사랑의 이중 계명 안에서 허용된다는 독일 개신교 Texte 57 주장은 율법의 고유한 규범 기능을 약화하고 율법을 복음에 종속시키는 자유방임주의로 나아가는 경향을 보여 준다.

따라서, 성경 본문은 동성애 행위를 반대한다는 주장과 동성애가 윤리적으로 책임 있게 이루어지는 경우 허용된다는 주장은 서로 어긋나는 주장이 아닐 수 없다.[35] 성경 본문은 성경 본문 자체의 맥락에서 해석되어야 하지

---

[35] 이 어긋남에 관해 우병훈이 그의 자세한 논문에서 예리하게 지적하고 있다. 우병훈. "동

오늘날 동성애적 상황에 맞추어서 해석되어서는 안 된다.

(4) 판넨베르크의 EKD Texte 57 비판: 이웃 사랑은 하나님 사랑의 테두리 안에서 준행

독일의 대표적 신학자 판넨베르크는에 의하면 동성애 문제에 관해 EKD Texte 57의 입장을 정면적으로 반대하고 신학적으로 반박하고 있다. 그는 1996년 미국 기독교 잡지 「크리스처니티투데이」(Christianity Today)에서 에세이 형식으로 동성애 문제에 관해 비판적 입장을 개진했다.

판넨베르크는 EKD Texte 57이 제시하는 사랑의 이중 계명 아래서 동성애 문제를 다루어야 한다는 전제에 대해 수정하는 해석학적 원칙을 제시한다.

> 사랑의 이중 계명에서 하나님 사랑과 이웃 사랑이 균등하게 다루어지는 것이 아니라 하나님 사랑이 이웃 사랑에 우선되어야 한다고 주장한다. 그 이유는 동성애나 간음의 경우에서 보는 바같이 "사랑이 죄가 될 수 있다"는 전제에서 시작한다.[36]

판넨베르크는 "왜곡된 사랑이 있을 수 있다"라고 말한다. 인간은 사랑이신 하나님의 형상을 따라 사랑하도록 지음을 받았다. 하지만 인간의 성품들은 하나님을 떠나거나 하나님 외 다른 것을 더 사랑하게 될 때 부패하게 된다.

성애에 대한 독일 개신교 신학자들의 이해 차이: EKD Texte 57과 볼트하르트 판넨베르트를 비교하여,"「한국개혁신학」 62(2019), 26-27.

[36] Wolfhart Pannenberg, "Revelation and Homosexual Experience," in *Christianity Today* Nov. 11, 1996, 135.

예수께서는 십계명의 부모 공경조차도 하나님 사랑이라는 제1계명 아래 두어야 한다고 가르치셨다.[37]

> 아버지나 어머니를 나보다 더 사랑하는 자는 내게 합당하지 아니하고 아들이나 딸을 나보다 더 사랑하는 자도 내게 합당하지 아니하며(마 10:37).

판넨베르크는 EKD Texte 57처럼 이웃 사랑 안에 사랑의 이중 계명이 성취된다고 보지 않고 오히려 하나님 사랑의 하위 항목으로 이웃 사랑을 위치시킬 때에만 사랑의 이중 계명의 진정한 의미가 드러난다고 본다. 사랑의 이중 계명에서 전제가 되는 것은 야웨 하나님에 대한 절대적 헌신이다.

저자는 이러한 판넨베르크의 견해가 올바른 해석이라고 생각한다. 신구약의 윤리에서도 하나님 사랑이 이웃 사랑보다 우위에 있다.

판넨베르크는 '어떤 계명이 가장 크냐'라고 묻는 율법사의 질문(막 12:29b; 마 22:37b)에 대해 예수께서 출애굽기 20:3-17에 근거하지 않고 오히려 신명기 6:4에 근거하여 답변한 것에는 중요한 의미가 있다. 출애굽기에서는 야웨의 구원 행위가 십계명의 근거가 되지만, 신명기에서는 야웨의 유일성이 십계명의 근거가 된다.[38]

사랑의 이중 계명에서 기본적인 전제가 되는 것은 야웨에 대한 절대적 헌신이다. 하나님 사랑 우위는 구약뿐만 아니라 신약에서도 바로 타당하다. 예수께서 하나님 나라를 지고의 가치로 가르치셨다.

---

[37] Wolfhart Pannenberg, "Revelation and Homosexual Experience," 35.
[38] Wolfhart Pannenberg, *Systematische Theologie* II, (Göttingen: Vandenhoeck, 1991), 370

그런즉 너희는 먼저 그의 나라와 그의 의를 구하라 그리하면 이 모든 것을 너희에게 더하시리라(마 6:33).

판넨베르크는 동성애 관습에 대한 성경의 평가는 구약이나 신약에서 그 어떤 본문에서도 예외없이 이 관습을 죄로 보고 부정(否定)하고 있다고 해석한다. 판넨베르크는 레위기의 성결법은 너무나 확고하게 동성애를 거부하고 있다. 레위기 18:22에서는 동성애가 '가증한 일'이라고 보고 레위기 20:13에서는 동성애는 사형에 해당하는 범죄로 취급받았다.

누구든지 여인과 동침하듯 남자와 동침하면 둘 다 가증한 일을 행함인즉 반드시 죽일지니 자기의 피가 자기에게로 돌아가리라(레 20:13).

그리고 동성애는 간음과 같이 취급을 받았다.

누구든지 남의 아내와 간음하는 자 곧 그의 이웃의 아내와 간음하는 자는 그 간부와 음부를 반드시 죽일지니라(레 10:10).

판넨베르크에 의하면 구약에서 동성애에 관한 판단은 신약에서도 지속적으로 나타나고 있다. 헬레니즘 문화에서 동성애는 문제가 되지 않았다. 동시대 문화와는 달리 사도 바울은 동성애 행위를 로마서에서 하나님을 떠난 사람들의 특징으로 규정한다.

그와 같이 남자들도 순리대로 여자 쓰기를 버리고 서로 향하여 음욕이 불일 듯하매 남자가 남자와 더불어 부끄러운 일을 행하여 그들의 그릇됨에 상당한 보응을 그들 자신이 받았느니라(롬 1:27).

고린도전서에서 동성애 관습은 "하나님 나라에 들어갈 수 없는 죄"라고 묘사된다.

> 불의한 자가 하나님의 나라를 유업으로 받지 못할 줄을 알지 못하느냐 미혹을 받지 말라 음행하는 자나 우상 숭배 하는 자나 간음하는 자나 탐색하는 자나 남색하는 자나 도적이나 탐욕을 부리는 자나 술 취하는 자나 모욕하는 자나 속여 빼앗는 자들은 하나님의 나라를 유업으로 받지 못하리라 (고전 6:9-10).

탐색하는 자(말라코이, *malakoi*)는 동성애 성 관계에서 여자 역할 하는 자를 가리키고 '남색하는 자'(아르세노코이타이, *arsenokoitai*)는 동성애 성 관계에서 남자 역할 하는 자를 가르친다.[39] 바울은 그리스도인들은 예수를 믿고 세례를 받아 이러한 동성애 관습에서 해방된 자라는 것을 천명하고 있다.

> 너희 중에 이와 같은 자들이 있더니 주 예수 그리스도의 이름과 우리 하나님의 성령 안에서 씻음과 거룩함과 의롭다 하심을 받았느니라(고전 6:11).

판넨베르크는 신약성경의 그 어떤 본문도 동성애적 행위들을 거부하는 바울의 선언에 반대하거나 약화시키지 않는다고 주장한다.[40]

---

[39] David E. Garland, *1 Corinthians* (Grand Rapids, MI: Baker, 2005), 213-14. Ben Witherington III, *Conflict & Commentary in Corinth* (Grand Rapids, MI: Eerdmans, 1995), 161.
[40] Wolfhart Pannenberg, "Revelation and Homosexual Experience," 37.

판넨베르크는 EKD Texte 57의 해석학적 제안 – 동성애를 거부하고 있는 성경 본문들을 사랑의 이중 계명과 은혜의 원리 속에서 동성애를 인정하고 더욱 책임성 있는 동성애적 관계를 유도하는 본문으로 읽기 – 을 거부한다. 그는 EKD Texte 57의 동성애 인정은 사랑의 이중 계명의 중요한 취지를 오히려 놓치는 것이며, 이웃 사랑을 하나님 사랑보다 우위에 둠으로써 기독교 사랑을 오히려 훼손하는 것이라고 주장한다.

2. 동성애의 신학적 근거는 교부들의 동성애: 교부들의 묵상의 삶을 젠더주의적으로 왜곡

1) 동방교회의 교부요 수도승 닛사의 그레고리 묵상을 젠더주의적으로 왜곡

여성 퀴어신학자로 미국 시러큐스대학교(Syracuse University) 종교학 및 초대교회사 교수인 버지니아 부루스(Virginia Burus)는 동방교회의 교부요 수도승 닛사의 그레고리(Gregory of Nyssa, A.D. 331-95)의 묵상의 글[41]을 인용한다.

> 자연의 충동에 남자답게 대항하여 싸울 능력이 없는 심약한 사람은 힘에 부치는 싸움터로 내려가기보다는 유혹으로부터 멀리 물러나는 것이 더 낫다.[42] 하늘의 일들(heavenly things)을 우선적으로 추구하면서 결혼 생활의 혜택을 신

---

[41] Gregory of Nyssa, On Virginity, in Selected *Writings and Letters*, trans. by William Moore and Others (Edinburgh: T & T Clark, 1995), 345a-348b, 352a.

[42] Gregory of Nyssa, *On Virginity,* 352a.

중하고 적절하게 이용하여 시민적 공동체에 대한 의무를 수행하는 것이다.[43]

부루스는 결혼을 칼에 비유하여 설명하고 있는 닛사의 그레고리의 묵상에 주목한다. 칼은 부드러운 손잡이와 죽음의 도구인 강철로 구성되어 있다. 부드러운 손잡이는 자녀 출생이 포함된 결혼 생활이 주는 즐거움을 뜻하며 표피적이고 감각적인 것에 지나지 않는다.

강철 부분은 죽음의 폭력, 곧 자녀, 배우자, 부모의 상실을 뜻한다. 칼의 상처를 피하는 자, 곧 독신 생활을 하는 수도승에게 있어서는 하나님이 곧 신랑이다. 이 신랑의 신부인 처녀 영혼(virgin soul)은 거룩한 영으로서 잉태하여 지식, 의, 성화, 구속을 낳는다.[44]

여기서 동정(童貞)의 영혼은 닛사의 그레고리 자신인 남성 영혼이지만 그리스도의 신부로서 명확하게 여성의 역할을 한다. 이렇게 하여 부루스는 동성애적 삶을 정당화하고 있다.[45]

퀴어신학자들이 퀴어신학의 정당화를 위해 기독교 고전을 인용하는 것도 '기괴하다'(queer)라고 말할 수 있다. 닛사의 그레고리는 독신적인 삶을 살았고 동성애와는 아무 관련 없는 성인(聖人)인데 퀴어신학자들은 그의 묵상의 삶을 동성애를 지지하는 신학적 근거를 확보하고자 한다.[46]

---

[43] Virginia Burus, "Queer Father: Gregory of Nyssa and the Subversion of Identity," 149에서 재인용.
[44] Virginia Burus, "Queer Father: Gregory of Nyssa and the Subversion of Identity," 150; Gregory of Nyssa, *On Virginity*, 360b.
[45] Virginia Burus, "Queer Father: Gregory of Nyssa and the Subversion of Identity," 147.
[46] 이상원, "퀴어신학에 대한 분석과 비판," 한국교회동성애대책협의회(한기총, 한교연, 한장총, 미래목회포럼). 「기독교동성애대책아카데미」, 2017, 351.

2) 12세기의 신비주의 묵상가 버나드의 아가서 강해를 젠더주의적으로 왜곡

영국 더럼대학교(Durham University)의 게이(gay) 로마 가톨릭 퀴어신학자 제라드 로흘린(Gerard Laughlin)은 12세기의 신비주의 묵상가인 클레르보의 버나드(Bernard of Clairvaux, 1090-1153)가 쓴 『아가서 강해집』에서 동성애에 대한 신학적 근거를 찾고자 한다.

버나드에 따르면 입맞춤은 신랑과 신부의 복합적인 친밀함을 표현하는 기능만 아니라 수도승의 영혼과 그리스도, 교회와 구주, 그리스도와 성부 간의 친밀함을 표현하는 기능도 수행한다. 입술에 입술을 누르는 것은 하나님과 인간의 연합을 의미한다.[47]

영혼은 그리스도에게 입맞춤으로써 승천의 사다리를 오르기 시작하여, 마침내 '가장 친밀한 사랑의 꼭대기'(the summit of love's intimacy)에 오른다.[48] 입을 맞추는 입술은 성부의 입술이 되고, 입맞춤을 받는 입술은 성자의 입술이 된다. 입맞춤 그 자체는 성부와 성자 사이를 연결하는 성령이다. 입맞춤을 통해 영혼은 삼위일체의 성애적 생명에 참여한다.[49]

이처럼 로흘린은 버나드의 '사랑의 신비주의'(mysticism of love)를 동성애적으로 왜곡하여 남성 수도승과 남성 그리스도의 성애적 사랑이 하나님을 향한 영혼 승천의 통로라고 해석하며 동성애를 신학적으로 정당화하고자 한다. 로흘린은 버나드의 영혼 입맞춤을 동성애적 성애(性愛)로 해석하고

---

[47] Bernard of Clairvaux, *On the Songs of Songs I,* trans. by Kilian Walsh ocso (Kalamazoo: Cistercian Publications, 1977), 2.3; Laughlin, "Omphalos," 121.
[48] Clairvaux, *On the Songs of Songs I,* 4.1; Laughlin, "Omphalos," 121.
[49] Clairvaux, *On the Songs of Songs I,* 8.2; Laughlin, "Omphalos," 121.

있다.[50]

　여성 퀴어신학자 엘리자베스 스튜어트(Elizabeth Stuart)에 의하면 하나님과의 범신론적인 연합의 체험과 독신 생활은 긴밀하게 관련되는 데, 그 이유는 독신 생활이 성애적인 모든 욕망을 하나님께만 집중하는 것을 가능케해 주기 때문으로 본다.[51]

[정통개혁신학의 반론]

수도승들의 영성적 묵상(독신 생활에서 하나님에 대한 영적 연합)을 외설화: 성애적인 욕망의 범신론적 연합에 집중함으로써 영적 희락과 성애적 희락을 혼동

　정통개혁신학에 의하면 닛사의 그레고리는 소아시아 카파도키아 지방의 세 분 교부(성 바질, 나지안주스 그레고리, 닛사의 그레고리) 중 한 분으로서 세속 생활의 행복과 즐거움인 자녀, 배우자, 부모를 버리고 지식, 의, 성화, 구속이라는 하늘의 일들(heavenly things)을 추구한 독신과 동정의 수도사였다.

　이들은 신체적인 쾌락인 성적 즐거움을 멀리하고 하나님과 영적 결혼을 했다. 자신을 동정(童貞)으로 하나님께 드리고 그리스도와 영적인 결혼을 했다. 자기는 그리스도의 신부요 그리스도는 자기의 신랑이라는 것은 영적 관계를 상징하는 것이다. 그런데 퀴어신학자들이 수도사 자신이 남성이니 남성인 그리스도와의 관계를 동성애 관계로 설정한다는 것은 수도사의 거룩한 수도적 삶을 외설화하는 것이다.

50　Gerard Laughlin, "Omphalos," in *Queer Theology*, 121.
51　Elizabeth Stuart, "Sacramental Flesh," in *Queer Theology*, 69.

수도사 버나드의 입맞춤은 수도사의 영혼과 그리스도와의 영적인 입맞춤이다. 입술에 입술을 누르는 것은 영이신 하나님과 인간의 깊은 영적 소통을 말해 주고 있다. 여기에는 깊은 영적 체험으로 나와 세상은 간 곳 없고 오직 구속한 주만 보이는 차원으로 성애(sexual love, 性愛)가 들어갈 여지가 없다.

그런데 로홀린은 수도사 버나드의 영혼 입맞춤을 동성애적인 입맞춤으로 외설화시키고 있다. 독신(獨身)에서의 하나님과 연합은 생애적인 욕망을 하나님께 쏟아붓는 것이 아니라 전인적인(영적, 정신적, 신체적) 열망을 하나님에게 드리는 것이다. 이는 성애와는 전혀 상관없다. 영적인 충만한 연합 속에서는 오히려 성애적인 요소는 정신적인 추구와 희락 속에 해소되어 들어설 여지가 없다.

3. 퀴어신학의 신론은 불가지론 내지 외설적 신론: 삼위일체 부인

1) 하나님에 대한 불가지론, 하나님을 기괴한 신으로 보는 범신론

퀴어신학은 정통개혁신학의 삼위일체론을 '본질이 없는 정체성'(identity without an essence)이라고 부정하면서 신론에 대한 불가지론을 표명한다.

"우리는 하나님이 어떤 분이신지 모른다. 다만, 하나님이 아닌 것이 무엇인지를 알 뿐이다"라는 토마스 아퀴나스의 부정신학의 명제[52]로부터 '하나님은 확실히 존재하시지만, 그 본질이 무엇인가는 알려지지 않는다'라는 뜻을 읽

---

[52] Aquinas, *Summa Theologia*, I.3.

어낸다. 퀴어신학자들은 오랜 신비주의 전통을 언급하며 다음과 같이 말한다.

> 인간이 사용하는 은유(metaphor)는 하나님이 어떤 분이신지를 정확히 표현하기에 적절하지 않으므로 그 누구도 하나님에 대해 최종적인 말을 할 수 없다.[53]

'퀴어신학자들'(Swicegood, Althaus-Reid, Johnson, Cornwall 등)은 결국 '퀴어 하나님'(queer God)을 요구한다.[54] 여성 퀴어신학자 콘웰은 피력한다.

> 알타우스-레이드 저작은 퀴어 이론과 후기 식민지 이론을 정치학과 경제학과 함께 엮는다. 그리고 하나님은 역시 퀴어(God is also queer)다. 사실 하나님은 교회에서 추방당해서, 변두리 사람들, 특히 정치적 성적 그리고 젠더 소외자들(political, sexual and gender dissidents)과 함께 계신다.[55]

미국 드류대 여성 퀴어신학자인 캐서린 켈러(Catherine Keller)가 제시하는 하나님은 모든 존재와 세상 만물의 역동성을 가능케 하는 힘이면서 동시에 그 역동성과 변화, 그리고 과정 안에 함께 있다. 세상과 만물, 즉 되어 가는

---

[53] Cf. Susannah Cornwall, "Queer Theology and Sexchatology" (available at: http://www.3ammagazine.com/3am/queer-theology-and-sexchatology/);Susannah Cornwall, *Controversies in Queer Theology* (SCM, 2011).

[54] Cf. Thomas L. P. Swicegood, *Our God Too* (New York, NY: Pyramid Books, 1974); Marcella Althaus-Reid, *Indecent Theology* (London: Routledge, 2000); idem, *The Queer God* (London and New York: Routledge, 2003); Jay Emerson Johnson, "A 'Queer God'? Really? Remembering Marcella Althaus-Reid," Center for Lesbian and Gay Studies, Pacific School of Religion (March 5, 2009).

[55] Susannah Cornwall, "Queer Theology and Sexchatology"; Susannah Cornwall, *Controversies in Queer Theology* (SCM, 2011).

모든 것은 하나님 안에서 되어 가며, 하나님도 그 속에서 되어 간다.[56]

하나님은 이러한 되어 감 속에서 피조물과 함께 있다. 켈러는 이러한 과정의 추동력이 되는 하나님을 테홈, 혼돈, 깊음이라고 상징화했다.[57]

이처럼 만물 안에서 만물과 더불어 되어가는 존재로서 과정의 추동력이 되는 테홈, 혼돈, 깊음으로서 표상되는 하나님은 범재신론의 하나님으로서 성경이 증언하는, 우리와 함께하시고 구원하시며 친구로 계시는 인격적인 하나님으로 다가오지 않는다.

[정통개혁신학의 반론]

성경의 하나님은 아브라함과 이삭과 야곱의 하나님이시다

정통개혁신학에 의하면 하나님은 그의 이름을 묻는 모세에게 '나는 스스로 있는 자'라고 말씀하신다.

> 하나님이 모세에게 이르시되 나는 스스로 있는 자이니라 또 이르시되 너는 이스라엘 자손에게 이같이 이르기를 스스로 있는 자가 나를 너희에게 보내셨다 하라(출 3:14).

그리고 하나님은 자신이 아브라함, 이삭과 야곱의 하나님이라고 말씀하신다.

---

[56] Catherine Keller, *Face of the Deep: A Theology of Becoming* (London and New York: Routledge, 2003), 180.
[57] 최순양, "캐서린 켈러의 과정신학적 부정신학," in 한국여성신학회 엮음, 『21세기 세계 여성신학의 동향』, 동연, 2015, 265.

하나님이 또 모세에게 이르시되 너는 이스라엘 자손에게 이같이 이르기를 너희 조상의 하나님 여호와 곧 아브라함의 하나님, 이삭의 하나님, 야곱의 하나님께서 나를 너희에게 보내셨다 하라 이는 나의 영원한 이름이요 대대로 기억할 나의 칭호니라 (출 3:15).

성경의 하나님은 예수 그리스도 안에서 자신을 드러내신 약속과 은총과 사랑의 하나님이시다.

율법은 모세로 말미암아 주어진 것이요 은혜와 진리는 예수 그리스도로 말미암아 온 것이라 (요 1:17).

예수님은 제자들에게 자신이 하나님의 보이는 본체라고 말씀하신다.

내가 곧 길이요 진리요 생명이니 나로 말미암지 않고는 아버지께로 올 자가 없느니라 너희가 나를 알았더라면 내 아버지도 알았으리로다 이제부터는 너희가 그를 알았고 또 보았느니라 (요 14:6-7).

성경이 우리에게 증언하는 하나님은 테홈(תהום, tehom), 혼돈, 깊음으로 표상되는 분이 아니라 모세를 부르시고 그를 이집트에 보내신 하나님, 약속과 구원, 은혜와 진리의 하나님이시다.

성경의 하나님은 영이시기 때문에 성을 초월한 인격적 존재시다

성경의 하나님은 자궁(子宮)을 가진 테홈으로서 여성 신이거나 남성 신이 아니라 성을 초월한 인격적인 하나님이시다.

태초에 말씀이 계시니라 이 말씀이 하나님과 함께 계셨으니 이 말씀은 곧 하나님이시니라(요 1:1).

성경에는 하나님을 여성 신이나 남성 신으로 표시한 곳이 없으며 단지 성부 하나님을 아버지라고 표시하고 있다.

본래 하나님을 본 사람이 없으되 아버지 품 속에 있는 독생하신 하나님이 나타내셨느니라(요 1:18).

"아버지 품"(καλπον τού πατρός, the bosom of the Father)이란 알이나 자궁이 아니라 성부 하나님이라는 신성의 원천을 말한다. 이 영원하신 신성의 원천에서 독생 하신 하나님 아들 성자가 나왔다. 이것을 정통개혁신학은 성부로부터 "성자의 영원한 출생"(eternal generation)이라고 말하고 있다.

성경의 하나님은 만물 위에 계시는 인격적인 하나님이시다

켈러가 제안하는 트랜스 페미니즘의 하나님은 과정 속 만물로서의 신이지, 성경이 증언하는 창조하시고 시작과 끝을 그의 주권적인 의지 가운데서 예정하시고 섭리하시며, 창조의 과정을 그의 경륜 속에서 이끌고 가시는 초월적 하나님은 아니다. 켈러의 과정신학적 해석에는 하나님과 만물이 불가분적인 존재로 있는 범재신론의 구조가 드러나고 있다.

하지만 성경이 증언하는 하나님은 만물 안에 갇혀서 자기의 능력을 발휘하지 못하는 무기력한 신이 아니라 자신의 주권으로 만물 위에 계시고 만물을 이끌어 나가시는 인격적 하나님이시다.

내가 시초부터 종말을 알리며 아직 이루지 아니한 일을 옛적부터 보이고 이르기를 나의 뜻이 설 것이니 내가 나의 모든 기뻐하는 것을 이루리라 하였노라 내가 동쪽에서 사나운 날짐승을 부르며 먼 나라에서 나의 뜻을 이룰 사람을 부를 것이라 내가 말하였은즉 반드시 이룰 것이요 계획하였은즉 반드시 시행하리라(사 46:10-11).

하나님은 만물 위에 계심으로서 만물 가운데 계시고, 만물의 발전 가운데 개입하시며, 그의 뜻을 실현하실 수 있는 분이시다.

2) 신자와 성애를 나누는 남신: 하나님에 대한 외설적 해석

퀴어신학자들은 하나님을 신자들과 성애를 나누는 분으로 묘사한다. 퀴어신학은 하나님을 남근(男根)을 지닌 남신으로 해석하고 있으며, 삼위일체 하나님에 대한 표명이 없다. 심지어 어떤 퀴어신학자는 삼위일체는 '세 사람이 동성애적 관계를 하는 것'(gay, sexual threesome)을 표현한다고까지 왜곡한다.[58]

게이(gay) 로마 가톨릭 퀴어신학자 제라드 로흘린(Gerard Laughlin)은 에스겔 1:27에 있는 '그 허리 아래의 모양도 불같아서 사방으로 광채가 나며'라는 표현을 하나님의 성기(남근)를 우회적으로 표현한 것이라고 본다.

로흘린은 에스겔 16:8에 '내 옷으로 너를 덮어 벌거벗은 것을 가리고'는 성 관계를 갖기 위해 자리에 누운 것으로 해석했는데 이 장면은 특히 합법적인 아내와 잠자리를 같이 하는 것이 아니라 처녀를 강간하는 장면으로

---

[58] Michael L. Brown, *A Queer Thing Happened to America*; "The Darker Side of LGBT Theology: From Queer Christ to Transgender Christ," available at: https://stream.org/the-darker-side-of-lgbt-theology-from-queer-christ-to-transgender-christ.

해석한다.[59] 여기서 하나님의 강간 행위의 상대역인 여자 역할은 이스라엘의 남자를 뜻하므로 남성이신 하나님과 남성인 이스라엘 남자들이 성 관계를 했다는 뜻이 된다.

'이 얼마나 신성 모독적 해석인가!'

(1) 하나님을 남신(男神)으로 해석: 몸을 지니시지 않은 영적 존재인 성경의 하나님 모독

로흘린이 에스겔 1:27의 "그 허리 아래의 모양도 불 같아서 사방으로 광채가 나며"라는 구절이 '하나님의 성기'를 우회적으로 표현한다고 해석하는 것은 하나님을 남신으로 보고 성기를 지닌 분으로 보는 전혀 비성경적이며 외설적(猥褻的)인 해석이다.

로흘린의 '허리 아래의 모양의 불 같아서'를 하나님의 성기로 외설적으로 해석하는 것은 '사방으로 광채가 나며'라는 다음 문맥을 전혀 간과하는 젠더주의적 왜곡이다. 이 구절은 하나님의 영광을 분명히 표현하는 다음 구절로 연결된다.

> 그 사방 광채의 모양은 비 오는 날 구름에 있는 무지개 같으니 이는 여호와의 영광의 형상의 모양이라(겔 1:28).

"허리 아래의 모양이 불 같아서 사방으로 광채가 나며, 그 광채의 모양은 비오는 날 구름에 있는 무지개 같다"라는 표현은 하늘의 보좌, 하나님

---

[59] Gerard Laughlin, "Omphalos," in *Queer Theology* (Malden: Blackwell, 2007), 125-26.

의 보좌 가운데 있는 하나님의 영광의 모습을 말하는 것이다.[60]

에스겔은 하나님을 직접 보았다고 말하지 않으나 하나님의 임재인 쉐키나(shekhinah)를 증언하고 있다.[61]

창세기 15장 기록에 의하면 아브람의 제물에 하나님이 응답하실 때 '연기 나는 풀무에 타는 횃불'(a smoking firepot with a blazing torch)이 제물 위로 지나간다. 횃불이란 하나님의 임재로서 이 횃불이 제물 사이를 지나간다는 것은 하나님이 제물을 받으신다는 것을 나타내는 장면이요 이 전 장면은 하나님이 믿음의 조상 아브람과 언약을 맺으시는 장면을 상징하는 것이다.[62]

> 날에 여호와께서 아브람과 더불어 언약을 세워 이르시되 내가 이 땅을 애굽 강에서부터 그 큰 강 유브라데까지 네 자손에게 주노니(창 15:18).

불은 하나님의 임재의 모습이다. 그의 영광의 상징이기도 하다. 출애굽기의 기록에 의하면 미디안 광야의 목자 모세는 시내산(호렙산)에서 떨기나무 불꽃(the flames of fire) 가운데 임대한 하나님의 모습을 보았다.

> 여호와의 사자가 떨기나무 가운데로부터 나오는 불꽃 안에서 그에게 나타나시니라 그가 보니 떨기나무에 불이 붙었으나 그 떨기나무가 사라지지 아니하는지라(출 3:2).

---

[60] 겔 1:26-28, 『해설 관주 성경주석』 (독일성서공회판, 1977), 1281.
[61] F. F. Bruce, "Ezekiel 1:28b," in F. F. Bruce, General Editor, *The International Bible Commentary* (Grand Rapids, Mich.: Zondervan Publishing House, 1979), 813.
[62] 창 15:17-31, 『해설 관주 성경전서』, (독일성서공회판, 1997), 31; D. F. Payne, Genesis 15: 1-21, Bruce, *The International Bible Commentary*, 126.

떨기나무 불은 나무를 태우지 않는 불, 영적 실재로, 하나님 임재를 상징한다.[63] 그리고 하나님의 거룩성을 드러낸다.

네가 선 곳은 거룩한 땅이니 네 발에서 신을 벗으라(출 3:5b).

하나님은 영이시므로 불같은 모습으로 자신의 존재를 가시적으로 나타내실 뿐 불은 하나님이 아니다.

그 허리 아래의 모양도 불 같아서 사방으로 광채가 나며(겔 1:27).

퀴어신학자 로흘린이 이 구절을 하나님의 성기로 해석하는 것은 외설적 해석이라 아니할 수 없다. 전혀 성기와는 상관이 없는 표현으로 그의 영광스러운 모습을 드러낼 뿐이다. 히브리서 저자는 증언한다.

우리 하나님은 소멸하는 불이심이라(히 12:29).

이 말씀은 하나님의 은혜를 거역하는 자들에 대한 경고로서 주어진 것이다. 시내산에서 모세가 율법을 받으러 간 사이에 이스라엘 백성들은 이집트의 풍요신을 숭배하면서 음행했다. 이 모든 자에게 하나님의 심판이 있었다. 하나님의 임재에는 모든 불의와 음행에 대해 정결케 하심에 있다. 이것은 불의 기능이다.

---

[63] Bruce, *The International Bible Commentary*, 157.

하나님은 이스라엘을 이집트에서 나오게 하시고 하나님의 백성이 되도록 율법을 주시려고 시내산으로 인도하셨다. 시내산에서 이스라엘 백성은 하나님의 인도하심과 부르심을 알지 못하고 하나님 앞에서 성별 하지 않고 오히려 풍요의 신에게 숭배하고 음란한 행위를 했다.

그랬을 때 언약과 축복의 산 시내산은 우상 숭배자와 음행하는 자들에게 '불이 붙는 산과 침침함과 흑암과 폭풍'과 나팔 소리로 진동하는 심판의 처소가 되었다(히 12:19). 여기서 하나님은 '심판자 하나님'(히 12:)으로 나타났다. 불은 심판하시는 하나님의 거룩성을 상징한다.

성경은 "하나님은 영이시라"(요 4:24a)고 증거하고 있다. 그는 몸을 지닌 분이 아니시다. 예수님은 사마리아 여인에게 증언하신다.

> 하나님은 영이시니 예배하는 자가 영과 진리로 예배할지니라(요 4:24).

그분은 남신도 여신도 아닌 영이신 하나님이시다. 이러한 하나님에 대해 남근을 지닌 분으로 해석하는 것은 젠더주의적 왜곡이다.

히브리서 저자는 하나님의 심판에 대한 두려움을 일깨우면서 하나님은 "소멸하는 불"(a consuming fire)이라고 증언하고 있다.

> 그러므로 우리가 흔들리지 않는 나라를 받았은즉 은혜를 받자 이로 말미암아 경건함과 두려움으로 하나님을 기쁘시게 섬길지니 우리 하나님은 소멸하는 불이심이라(히 12:28-29).

"하나님은 소멸하는 불"이란 표현은 상징적 표현으로서 하나님은 보이는 불이 아니라 불경건하고 불순종하는 자들에 대한 그의 심판을 나타내고 있다.

(2) 그의 패역한 백성과 언약을 회복하시는 하나님에 대한 모독

> 내 옷으로 너를 덮어 벌거벗은 것을 가리고(겔 16:8).

이 구절은 처녀를 강간하는 장면이 아니라 하나님을 배신한 이스라엘에게 하나님 백성의 언약을 주시는 것을 옛 중동 지역의 결혼 예식으로 상징적으로 표현하고 있다. 옛 중동에서는 남자가 겉옷을 가지고서 여자를 덮음으로써 여자를 아내로를 잇기 위해 남편의 친족인 보아스에게 말한다.

> 나는 당신의 여종 룻이오니 당신의 옷자락을 펴 당신의 여종을 덮으소서 이는 당신이 기업을 무를 자가 됨이니이다(룻 3:9).

이러한 중동 지역의 익숙한 사회적 관습을 사용하시어 그의 백성에 대한 언약을 회복하시는 하나님의 모습을 나타내는 것이다. 이러한 하나님의 언약을 나타내는 상징적 표현을 처녀에 대한 강간으로 해석하는 것은 신성모독이며 외설적 해석이다.

4. 퀴어신학의 기독론은 외설적 기독론

1) 역사적 예수를 동성애자나 여성적 요소를 지닌 남성으로 간주

(1) 역사적 예수는 동성애자

퀴어신학자 몬테피오레(Montefiore), 제닝스(Jennings) 등은 예수가 동성애적 성향을 가지고 있었다고 본다.[64] 여성 퀴어신학자 이쉬우드(Isherwood)는 "퀴어링 그리스도"(Queering Christ)라고 말하기도 한다.[65]

패트릭 S. 쳉(Patrick S. Cheng)[66]도 퀴어 성 해방 승리의 상징인 "'퀴어 그리스도'(Queer Christ)를 선언한다. 퀴어링 그리스도, 퀴어 그리스도라는 새로운 명칭은 그리스도가 정통개혁신학이 말하는 바 성스러운 구세주가 아니라 기괴한 성(性) 해방자라는 뜻이다. 기괴한 해방자란 성 소수자들을 억누르는 동성애 혐오와 차별과 편견으로부터 해방시키는 존재라는 뜻이다.

퀴어신학자들은 요한복음의 다음 구절에 근거하여 예수가 제자 요한과 동성애 관계에 있었다고 주장한다.

---

64 그 대표적인 예로 H. W. Montefiore, "Jesus, the Revelation of God," in *Christ for Us Today*: Papers read at the Conference of *Modern Churchmen*, Somerville College, Oxford, July 1967, edited by Norman Pittenger (London: SCM Press, 1968), 109; Theodore Jennings, Jr., *The Man Jesus Loved: Homoerotic Narratives from the New Testament* (Cleveland: Pilgrim Press, 2003)을 보라.

65 Lisa Isherwood, "Queering Christ: Outrageous Acts and Theological Reflections," *Literature and Theology* 15/3 (2001): 249-61; Robert E. Goss, *Queering Christ: Beyond Jesus Acted Up* (Cleveland, OH: Pilgrim Press, 2002).

66 패트릭 쳉은 매사츄세츠주 케임브리지에 있는 에피스코팔신학교에서 역사신학과 조직신학 부교수로 봉직했고(2010-15), 2015년부터는 시카고신학교와 연관된 부교수(Affiliated Associate Professor of Theology)로 강의하고 있다. 그는 "퀴어신학" 용어도 사용하고 "레인보우신학"(rainbow theology) 용어도 사용하고 있다.

예수의 제자 중 하나 곧 그가 사랑하시는 자가 예수의 품에 의지하여 누웠는지라(요 13:23).

제닝스는 요한복음을 비밀의 마가복음 단편과 연계해 읽으면서 다음과 같이 해석하고 있다.

> 예수가 사랑했던 남자로서 구별되어 드러나는 사람이 있다는 것은 너무나도 충격적인 것이 된다. … 이 관계가 다시 한번 가장 큰 개연성이 있는 육체적이고 감정적인 친밀함의 관계로 제시될 수 있을 것이라는 견해에 이르게 된다.[67] 예수는 제자였거나 제자가 된 한 (젊은) 남자와 성애적(性愛的) 관계를 맺었던 사람으로 기억되었다.[68]

하지만 이러한 해석은 전혀 본문의 맥락에 맞지 않은 젠더주의적 왜곡이다. 예수가 사랑한 제자인 사도 요한은 역사적 예수가 태초부터 계신 하나님의 로고스였고 하나님 아들이요 하나님 자신이라고 그의 영원한 영적 원천을 증언한 성령으로 충만한 제자이다.

퀴어신학자들이 그를 스승과 동성애 관계에 있었다고 그리는 것은 다빈치 코드같이 젠더주의적 상상력으로 복음서를 왜곡하는 픽션 쓰기이며, 거룩한 기록과 스승과 제자 사이의 거룩한 관계를 외설화 시키는 것이다.

---

[67] 제닝스, 『예수가 사랑한 남자』, 104.
[68] 제닝스, 『예수가 사랑한 남자』, 412.

[정통개혁신학의 반론]

제자를 사랑하는 예수와 신실한 제자인 사제 관계를 왜곡하는 외설적 해석

공관복음과는 달리 요한복음에 연속적으로 나타나는 '그가 사랑하시는 자'(요 13:23; 19;26; 20:2; 21:7, 20) 표현은 이 책의 저자가 요한 자신이며, 자신이 예수의 총애를 받는 신실한 제자로서 예수에 대한 자신의 기록이 참되다는 것을 증언하기 위한 것이다.

> 오직 이것을 기록함은 너희로 예수께서 하나님의 아들 그리스도이심을 믿게 하려 함이요 또 너희로 믿고 그 이름을 힘입어 생명을 얻게 하려 함이니라(요 20:31).

특히 사도 요한은 요한복음과 세 서신에서 공관복음의 저자들이 보지 못한 역사적 예수의 선재성(요 1:1; 6:62; 8:58)과 로고스 되심(요 1:1, 14)을 증언하고 있다. 요한계시록에서는 역사적 예수가 "하나님의 어린 양"(요 1:29)이시며, "하나님의 아들"(계 5:9, 12,13)이며, "만왕의 왕"이요 "만주의 주'"이심(계 17:14; 19:16)을 증언하고 있다.

이러한 관점을 지닌 신실한 제자 요한이 그의 스승과 동성애 관계에 있었다고 해석하는 것은 성경을 외설화 시키는 것이다.

(2) 성육신한 예수의 몸을 생물학적으로 자웅 동체(암수한몸) 존재로 해석

퀴어신학은 성육신 사건에서 마리아가 남성과 성 관계를 하지 않았고 남자로부터 몸의 요소를 물려받지 않고 오직 여자로부터만 몸의 요소를 물려받았기 때문에 예수는 남성적 성적 특징과 여성적 성적 특징을 모두 지닌,

암수한몸인 자웅 동체(雌雄同體, hermaphroditism) 존재라고 설명한다.[69]

여성 퀴어신학자 엘리자베스 스튜어트(Elizabeth Stuart)는 성육신하신 아기 예수의 몸은 남성성과 여성성을 한 몸에 지녔다고 해석한다. 스튜어트는 그 근거로서 예수님은 '남성으로 탄생하셨으나 순전히 여성 몸의 요소들로만 구성되었음[70]'을 지적한다.

이 말은 마리아가 남성과 성 관계를 하지 않았기 때문에 남성 몸의 요소를 받을 기회가 없이 마리아로부터만 자양분을 공급받았다는 생물학적 사실에 근거하여 예수의 몸이 암수 동체였다고 판단한 것이다.

이처럼 예수는 통상적인 생물학적인 출생 방식에 비교해 볼 때 '낯설고 이상한' 방법으로 출생을 했기 때문에 "아기 예수는 생물학적으로 남성과 여성으로 구분되는 기존의 인간 존재 방식과는 다른 새로운 피조물"이다. 이 새로운 피조물은 "타락 이전의 세계를 재현하는 것이며, 죄로 파편화된 세계를 구속하는 것인 동시에 궁극적인 완성을 예상하는 것"이다. 스튜어트는 이런 의미에서 성육신하신 아기 예수의 몸은 "종말론적인 몸이다"라고 본다.[71]

저자의 견해에 의하면 동식물 가운데는 암수한몸인 개체가 있으나 역사적 예수가 인간으로서 자웅 동체라는 것은 젠더주의적 상상(想像)이지 정상적인 인간 몸에 관한 이해가 아니다. 역사적 예수는 자웅 동체가 아니라 남성이었다. 남자의 성을 가진 구체적인 인간이었다는 것이다.

스튜어트는 인간 육신을 입고 마구간에 태어나신 예수의 몸과 십자가에 죽으신 후 부활하신 예수의 몸(영의 몸)을 혼동하고 있다. 마구간에서 처녀

---

[69] 이상원, "퀴어신학에 대한 분석과 비판," 347.
[70] Stuart, "Sacramental Flesh," in *Queer Theology*, 65.
[71] Stuart, "Sacramental Flesh," in *Queer Theology*, 65. 66. 72, 73.

마리아의 아들로서 태어난 아기 예수의 몸은 종말론적인 몸이 아니라 평범한 인간 몸이었다. 마구간의 아기 예수 몸은 엄마의 보살핌이 시시각각으로 필요한 연약하고 다칠 수 있는 몸이었다. 아기 예수의 태어나심은 초자연적이며 기적적이지만 마술이 동원되지 않는 하나님의 인간 되심이었다.

> 말씀이 육신이 되어 우리 가운데 거하시매 우리가 그의 영광을 보니 아버지의 독생자의 영광이요 은혜와 진리가 충만하더라(요 1:14).

아기 예수의 몸은 한편으로 신적 본성에서는 하나님 아들의 영광이 거하는 몸이요 아버지의 독생자의 영광과 은혜와 진리가 거하는 몸이었다. 다른 한편으로 아기 예수는 인간 본성에서는 철저히 마리아의 아들이었고 연약한 아기였다. 마태는 어머니 마리아 품속에 있는 아기 예수에 관해 기록하고 있다.

> 집에 들어가 아기와 그의 어머니 마리아가 함께 있는 것을 보고 엎드려 아기께 경배하고(마 2:11a).

누가는 평범한 아이로서 건강하게 자라나며 지혜와 하나님의 은총이 그 위에 있는 아기 예수에 관해 기록하고 있다.

> 아기가 자라며 강하여지고 지혜가 충만하며 하나님의 은혜가 그의 위에 있더라(눅 2:40).

사도 요한은 아기 예수를 독생하신 하나님의 나타나심이라고 기록한다.

> 본래 하나님을 본 사람이 없으되 아버지 품 속에 있는 독생하신 하나님이 나타내셨느니라(요 1:18).

아기 예수의 몸은 아직 종말론적 몸이 아니다. 종말론적 몸은 십자가에서 고난 당하시고 죽으신 후 부활하심으로 얻게되실 것이다.

[정통개혁신학의 반론]

예수의 몸을 자웅 동체로 보는 것은 젠더주의적 해석

퀴어신학이 예수의 몸이 기존 인간 존재 방식과는 다른 새로운 피조물, 즉 남성과 여성을 모두 한 몸에 지닌 자웅 동체(암수한몸)로 보는 것은 성경의 증언과는 다른 관점이다. 예수가 우리와 다른 특별한 몸이라는 것은 성경에 배치되는 주장이다.

사도 요한은 '말씀이 육신이 되어'(요 1:14)라고 표현하면서 그가 우리와 다름이 없는 평범한 남성 몸을 지닌 것을 증언한다. 예수는 십자가에서 별세하기 전에 어머니 마리아에게 자신이 아들이라고 말씀하셨다.

> 여자여 보소서, 아들이니이다(요 19:26b).

초대교회 영지주의자들은 예수가 몸으로 오신 것을 부인했다. 예수는 육체를 지니지 않고 가상적 몸을 입고 영적으로 오셨다고 주장했다. 사도 요한은 예수가 육으로 온 것을 부인하는 영마다 적그리스도의 영이라고 했다.

이로써 너희가 하나님의 영을 알지니 곧 예수 그리스도께서 육체로 오신 것을 시인하는 영마다 하나님께 속한 것이요(요일 4:2).

예수는 우리와 동일한 육신을 가지셨으므로 한결같이 시험을 받았다. 히브리서 저자는 연약한 육신을 지닌 예수의 공감성(compassion)을 증언한다.

우리에게 있는 대제사장은 우리의 연약함을 동정하지 못하실 이가 아니요 모든 일에 우리와 똑같이 시험을 받으신 이로되 죄는 없으시니라(히 4:15).

(3) 성육신을 동성애 몸의 선함에 대한 선언으로 해석: 성육신 교리 왜곡

중국계 미국 성공회 신부(神父)요 퀴어신학자 쳉은 자기의 동성애성에서 예수 성육신의 선함이 천명된다고 본다.

나의 퀴어성은 말씀이 육신이 되셨다는 성육신 선함의 천명이다.[72]

이러한 쳉의 해석은 자신 동성애성의 선함을 성육신 사건에서 찾고자 하는데 이는 정통개혁신학의 해석과 전혀 다른 인간 몸 해석이다.

정통개혁신앙 전통은 인간의 몸을 전적으로 부패한 것으로 본다. 몸과 정신이 함께 전적으로 부패했다는 것이 하이델베르그 신앙고백(1563년)의 증언이다. 하이델베르그 요리문답 7항은 다음과 같다.

---

[72] Patrick S. Cheng, "A Three-Part Sinfonia: Queer Asian Reflections on the Trinity," *Journal of Race, Ethnicity, and Religion* 3/9 (January 2012): 21. (Available at: http://www.patrick-cheng.net/uploads/7/0/3/7/7037096/three_part_sinfonia.pdf).

문7) 인간의 부패한 성품이 어디서 왔습니까?
우리의 최초의 부모인 아담과 하와가 낙원에서 타락하고 불순종한 데에서 왔습니다. 그래서 우리의 본성이 해독(害毒)을 입어 우리 모두가 죄 가운데 잉태되고 출생합니다.[73]

하이델베르그 요리문답은 인류의 조상 아담과 하와의 타락으로 인하여 본성에 있어서 전적으로 부패한 성품을 타고 태어났다. 성(性) 정상인이라 할지라도 부패한 성품을 가지고 있으며 동성애 중독에 빠질 수 있다. 모든 성(性) 정상인도 그릇된 성(性) 환경에 노출되면 동성애 성(性) 중독의 습관에 빠져 들어갈 수 있다.

동성애 몸은 비정상적 성 관습에 탐닉된 중독된 몸인데 쳉이 이것을 '선한 몸'으로 간주하는 것은 성경적 몸 이해에 배치(背馳)된다. 구약의 이스라엘 왕이요 선지자인 다윗은 밧세바와 동침한 후 선지자 나단의 질책을 받았을 때 다음과 같이 참회했다.

> 무릇 나는 내 죄과를 아오니 내 죄가 항상 내 앞에 있나이다 내가 주께만 범죄하여 주의 목전에 악을 행하였사오니 주께서 말씀하실 때에 의로우시다 하고 주께서 심판하실 때에 순전하시다 하리이다 내가 죄악 중에서 출생하였음이여 어머니가 죄 중에서 나를 잉태하였나이다(시 51:3-5).

신약에서 사도 바울은 인간의 부패성과 인간 죄의 보편성을 증언한다.

---

[73] 하이델베르그 요리문답(1563), 『기독교 신앙고백』, 김영재 편저, (영음사, 2011), 485.

> 기록된 바 의인은 없나니 하나도 없으며 깨닫는 자도 없고 하나님을 찾는 자도 없고 다 치우쳐 함께 무익하게 되고 선을 행하는 자는 없나니 하나도 없도다(롬 3:10-12).

> 모든 사람이 죄를 범하였으매 하나님의 영광에 이르지 못하더니(롬 3:23).

동성애 행위는 사도 바울이 증거하는 바 창기와 교섭하는 것과 같이 자기 몸을 욕되게 하는 것이다.

> 누구든지 하나님의 성전을 더럽히면 하나님이 그 사람을 멸하시리라. 하나님의 성전은 거룩하니 너희도 그러하니라(고전 3:17).

사도 바울은 남색 하는 자는 음행하는 자와 같이 불의한 자요 이들은 하나님 나라에 들어갈 수 없다고 경고한다.

> 불의한 자가 하나님의 나라를 유업으로 받지 못할 줄을 알지 못하느냐 미혹을 받지 말라 음행하는 자나 우상 숭배하는 자나 간음하는 자나 탐색하는 자나 남색하는 자나 도적이나 탐욕을 부리는 자나 술 취하는 자나 모욕하는 자나 속여 빼앗는 자들은 하나님의 나라를 유업으로 받지 못하리라(고전 6:9-10).

남색 하는 자(ἀρσενοκοίται, *arsenokoitai*)란 동성애자(homosexual offenders)를 가르키며 이들은 하나님 나라에 들어갈 수 없다고 선언하고 있다.

[정통개혁신학의 반론]

그리스도의 성육신은 케노시스 사건으로써 동성애 퀴어성과 아무 관계없다

그리스도의 성육신은 로고스가 인간 성정(性情)을 지닌 존재가 되는 것으로 하나님이 인간의 몸으로 자기 비하(卑下)하시는 자기비움(kenosis)의 사건이다. 초대교회 그리스도 찬가는 다음과 같이 노래한다.

> 그는 근본 하나님의 본체시나 하나님과 동등됨을 취할 것으로 여기지 아니하시고 오히려 자기를 비워 종의 형체를 가지사 사람들과 같이 되셨고 또는 본체 사람의 모양으로 나타나사 자기를 낮추시고(빌 2:6-8a).

그리스도 예수 성육신의 사건은 은혜와 진리의 사건이지 퀴어사건이 될 수 없다.

> 말씀이 육신이 되어 우리 가운데 거하시매 우리가 그의 영광을 보니 아버지의 독생자의 영광이요 은혜와 진리가 충만하더라(요 1:14).

퀴어성이란 기괴하고 비뚤어진 것으로 정상과 규범에서 벗어난 것을 말하기 때문이다. 더욱이 동성애 퀴어성이란 동성 간의 성 관계를 말하는 것으로 창조 질서에 어긋나는 것이다. 성자 로고스가 인간의 몸을 입은 것은 동성애를 위한 것이 아니라 속죄의 제물이 되기 위해 오신 것이다.

> 그러므로 주께서 세상에 임하실 때에 이르시되 하나님이 제사와 예물을 원하지 아니하시고 오직 나를 위해 한 몸을 예비하셨도다(히 10:5).

염소와 송아지의 피로 하지 아니하고 오직 자기의 피로 영원한 속죄를 이루사 단번에 성소에 들어가셨느니라(히 9:12)

중세의 안셀무스가 그의 저서 『왜 하나님이 인간이 되셨나』(*Cur Deus Homo*)에서 논증한 바같이 하나님이 인간의 속죄를 위해 희생제물이 되시고자 인간 몸을 입으시고 세상에 들어오셨다는 것이다. 성육신은 공의의 하나님이 죄인을 구원하기 위한 '사랑의 모순'이라는 것이다. 오직 하나님이시며 사람이신 분만이 인간을 구원할 수 있다.[74]

퀴어신학은 하나님의 사랑을 강조하지만, 하나님의 정의와 거룩은 놓치고 있다. 1996년에 나온 독일 개신교 '텍스트 57'(EKD Texte 57)은 전체적으로 동성애를 인정하는 입장을 공식적으로 채택했다.[75]

EKD Texte 57은 성경 본문들이 동성애 행위를 죄라고 지적함을 인정한다. 그런데 예수 그리스도께서 가르치신 사랑의 이중 계명(하나님 사랑과 이웃사랑)과 은혜 원리에 따라 동성애를 인정하고 포용하라고 결론짓는다.

종교개혁의 깃발을 든 종교개혁자 루터의 후예인 독일 개신교가 동성애를 허용한다는 것을 너무나 안타까운 일이 아닐 수 없다. 그러나 독일에는 판넨베르크를 위시한 종교개혁의 전통을 계승하고자 하는 신학자들, 목회자들, 평신도들이 그 땅의 그루터기로서 종교개혁의 전통을 지키고 있는 사실을 보면서 위로를 받는다. 판넨베르크는 성경을 윤리적으로 적용하는

---

[74] Cur Deus Homo by Saint Anselm, https://en.wikisource.org/wiki/Cur_Deus_Homo; Gustaf Aulén, *Christus Victor: An Historical Study of the Three Main Types of the Idea of the Atonement*, (New York: Macmillan, 1969), 1931.
[75] EKD Texte 57, Mit Spannungen Leben: Eine Orientierugshilfe des Rates der evangelischen Kirche in Deutschland zum Thema 'Homosexualität und Kirche,' (Hannover:EKD, 1996), 13. 21.

데 그리스도 중심성을 인정하나 이웃 사랑이 하나님 사랑보다 우위에 있어서는 안 된다고 주장한다.[76]

판넨베르크가 지적하는 바와 같이 이웃 사랑은 인간 본위가 아니라 하나님 뜻에 따라야 한다.[77] 그러므로 하나님이 가증하다는 동성애 행위를 허용하는 것은 예수의 이중 사랑 계명의 취지를 놓치는 것이 된다.

(4) 정통개혁신학: 예수의 몸은 우리와 동일한 몸이다

바울은 그리스도 찬가(Christus Hymnus)를 인용하면서 예수가 우리와 같은 몸으로 인간이 되셨다고 증언한다.

> 오히려 자기를 비워 종의 형체를 가지사 사람들과 같이 되셨고(빌 2:7).

예수의 몸은 특별한 몸이 아니라 우리와 같은 연약한 몸이었다. 그는 우리와 동일한 몸으로 '모든 일에 우리와 똑같이 시험을 받으셨다'(히 4:15b). 예수께서 광야에서 40일간 금식했을 때 굶주려 돌을 변하여 떡이 되게 하라는 물질의 시험을 받았다. 성전 꼭대기에서 뛰어내리라는 명예의 시험을 받았다. 하나님을 버리고 세상의 열락을 누리라는 부귀영화의 시험을 받았다. 시험의 때 하나님은 예수를 멀리 하시고 먼 곳에 계시며, 예수는 사막 한 가운데 홀로 있었다.[78] 예수는 이 세 가지 시험을 이겨내셨다.

---

[76] Wolfhart Pannenberg, "Revelation and Homosexual Experience," in *Christianity Today* (Nov. 11, 1996), 35, 37.

[77] 우병훈. "동성애에 대한 독일 개신교 신학자들의 이해 차이: EKD Texte 57과 볼트하르트 판넨베르크를 비교하여," 「한국개혁신학」 62(2019), 10.

[78] Dietrich Bonhoeffer, *Versuchung*(1938), hrsg. von Eberhard Bethge, München: Kaiser (1953), 『창조, 타락, 유혹』, 문희석 역 (서울: 대한기독교서회, 1979), 156-158.

이 뜻을 따라 예수 그리스도의 몸을 단번에 드리심으로 말미암아 우리가 거룩함을 얻었노라(히 10:10).

'이 뜻을 따라'란 레위기 등 번제와 속죄제가 예표하는(히 10:7) 그의 아들 메시아의 속량으로 속죄를 이루시는 하나님의 뜻을 따름을 말한다. 예수의 몸은 퀑이 주장하는바 같이 동성애적 몸이 아니라 그의 연약한 몸이었다. 그러나 그의 신성으로 연약한 육신의 유혹에 굴복하지 않고 이겨 내셨다.

2) 십자가에서 죽으실 때 예수의 옆구리에서 나온 피와 물 여성의 성기 (性器)에서 나오는 액체요 젖이라는 해석은 외설적 해석

(1) 예수의 옆구리 상처는 자궁이라는 해석은 외설이다
여성 퀴어신학자 엘리자베스 스튜어트는 다음과 같이 말한다.

> 예수가 십자가에 달려 죽으실 때 그 몸은 성상화(iconicity) 속으로 빨려 들어가서 유동하는 대상 표시자'(floating signifier)가 되어 '모성적인 몸'(maternal body)을 표시한다.[79]

그러면 예수의 몸 어떤 부분이 무엇을 표시하는가?
예수의 옆구리가 창에 찔려서 상처가 나고 피와 물이 나왔는데(요 19:34), 스튜어트의 해석에 의하면 옆구리는 곧 여성의 자궁이고 이 상처에서 흘러

---

[79] Stuart, "Sacramental Flesh," 66.

나오는 액체는 곧 여성의 성기에서 흘러나오는 액체이며 젖이다.[80]

퀴어신학은 이처럼 남성성과 여성성을 자웅 동체(암수한몸)로 지니고 계신 예수는 십자가의 죽음에서는 여성으로 전환되는 것으로 본다. 이러한 예수 십자가 죽음의 해석은 젠더주의적 왜곡이다. 예수는 십자가에서 암수한몸에서 여성의 몸이 되신 것이 아니라 그의 죄없는 몸을 유월절 양으로 하나님께 속죄의 제물로서 드리신 것이다.

[정통개혁신학의 반론]

예수의 옆구리를 자궁으로 보는 것은 예수의 몸을 젠더주의적으로 해석하여 여성화시키는 것이다

예수의 흘리신 피를 여성의 자궁에서 나오는 피로 해석하는 것은 예수를 남성에서 여성으로 변형시키는 것이다. 성경 본문에는 젠더(gender) 모티브가 없는데 이를 주입해 예수의 피를 여성이 생리적으로 흘리는 피로 간주하는 것은 외설적이다. 요한복음의 본문은 다음과 같다.

그중 한 군인이 창으로 옆구리를 찌르니 곧 피와 물이 나오더라(요 19:34).

예수의 옆구리 피는 우리의 죄를 대속하기 위해 흘리는 하나님 아들의 거룩한 피다. 여기에는 자궁이나 젠더 모티브가 전혀 없다. 저자 요한은 예수께서 유월절 양이 도살되는 시간에 참된 유월절 양으로 죽으셨다는 사실을 본문에 기록하고 있다. 예수에게는 성경이 유월절 양에 관해서 규정하는 것

---

[80] Stuart, "Sacramental Flesh," 66.

(출 12:46; 민 9:12; 시 34:20)이 성취되었다.

예수는 유월절 양처럼 뼈가 꺾이지 않았다(요 19:33, 36). 창으로 옆구리를 찌르는 행위(요 19:34)는 예수의 죽음이 실제로 발생했다는 것을 확인하는 것이다. 그러나 믿음의 눈으로 보면 예수의 찔린 심장과 거기서 흘러나오는 피와 물은 우리에게 베풀어 주시는 구원 선물에 관한 상징이다.[81]

(2) 창에 찔린 상처에 입을 맞추는 행위를 구강 섹스로 신성 모독 해석

여성 퀴어신학자 에미 홀리우드(Amy Hollywood)는 예수의 옆구리에 창을 찌르는 행위를 다음과 같이 젠더주의적으로 해석한다. 창에 찔린 상처에 입을 맞추는 행위는 여성 성기의 외음부에 입을 맞추는 구강 섹스(oral sex)이며, 상처에서 나오는 피를 핥는 것은 구강 섹스에서 여성의 성기에서 나오는 액체를 받아 마시는 행위다.

따라서, 수녀들이 그리스도상의 옆구리에 난 상처에 입을 맞추는 것은 여성 동성애(lesbianism) 행위다.[82] 여기서 퀴어신학자들의 해석과 언어는 온통 성기와 섹스에 집중하고 있으며, 인간 죄를 대속하기 위해 속량의 대가인 생명(몸과 피)을 드리신 예수의 십자가 대속의 행위를 외설화 시키고 있다.

[정통개혁신학의 반론]

예수의 상처에 입맞춤을 구강 섹스로 해석하는 것은 외설의 극치다

정통개혁신학에 의하면 예수의 피 흘리시는 상처에 입맞춤은 성찬식 때

---

[81] 요 19:31-17, 『해설 관주 성경전서』, (독일성서공회판, 1997), 269.
[82] Hollywood, "Queering the Beguines: Mechthild of Magdeburg, Hadewijch of Anvers," 163.

떡과 포도주로 마시며 행하는 상징적 행위이다. 이러한 성찬식의 상징적 행위 속에서 예수는 영적으로 임재한다. 영적 임재의 사건을 젠더주의적으로 왜곡하는 것은 신성모독이다. 사도 요한은 요한일서에서 예수께서 십자가에서 흘리신 물과 피를 성례전적으로 영적으로 해석하고 있다.

> 이는 물과 피로 임하신 이시니 곧 예수 그리스도시라. 물로만 아니요 물과 피로 임하셨고 증언하는 이는 성령이시니 성령은 진리니라 증언하는 이가 셋이니 성령과 물과 피라, 또한 이 셋은 합하여 하나이니라(요일 5:6-8).

물과 피는 예수의 세례와 십자가 죽음을 상징한다. 참된 지식을 조명하는 성령은 세례와 십자가 죽음과 더불어 하나님 아들이 예수 안에서 참으로 인간이 되시고, 십자가에서 세상의 구원을 위해 죽으셨다는 구속의 사건을 증언한다.[83]

이 셋의 증언은 궁극적으로 하나님 자신이 자기 아들을 보내심에 관한 증언이다(요 5:31-38; 15:26-27).

성령은 물이 의미하는 세례와 피가 의미하는 생명의 대속인 십자가의 대속인 외적 의미(역사적 외면적으로 일어난 대속 사건)에 대해 선포되는 말씀(설교)을 통해 내적 의미(내면적으로 믿음을 통해 나의 영에 실존적으로 일어나는 구속 사건)를 드러내신다. 물(세례)과 피(십자가의 대속), 그리고 성령(우리에게 적용)은 하나님이 성례전과 설교를 통해 행하시는 하나의 증언이 되도록 하신다.

---

[83] 요일 5:5-13, 『해설 관주 성경전서』, (독일성서공회판, 1997), 573.

3) 부활한 예수의 몸은 '다젠더적'이라는 해석도 젠더주의적 왜곡

(1) 퀴어신학은 부활한 예수의 몸을 남성성과 여성성의 자리바꿈이 가능한 몸으로 왜곡

여성 퀴어신학자 스튜어트에 따르면 예수의 몸은 부활을 통해 '다젠더적인 몸'(multi-gendered body)이 된다.[84] 그리스도의 다젠더적인 몸 안에 있는 성도들도 '투과적이고, 초신체적이며, 그리고 자리바꿈이 가능한'(permeable, transcorporeal, and transpositional) 몸[85]이 된다.

특히 스튜어트가 말하는 '자리바꿈이 가능한'(transpositional)이라는 표현은 남성성과 여성성이 뒤바뀐다는 뜻으로서 동성애를 정당화하는 표현이다.

제라드 와드는 이처럼 예수의 몸은 이성애를 드러내기도 하고 동성애를 드러내기도 하는 등, 성의 구별을 넘어섰는데, 이런 의미에서 '투과적'(permeable)이며, 예수의 성 정체성은 어떤 사람과 관계하는가에 따라서 바뀔 수 있다고 해석한다.[86]

이것이 부활한 예수 몸의 젠더주의적 해석이다. 젠더는 사회적 성(social sex)으로서 각자의 의지와 결정에 따라서 자기의 성을 자리바꿈할 수 있다는 것이다. 남성이 여성이 되고, 여성이 남성이 되며, 그리고 양성이 되고, 트랜스 젠더가 될 수 있다는 것이다.

그런 의미에서 '투과(透過)적이고, 초신체적이며, 그리고 자리바꿈이 가능하다'라는 것이다. 여기서 퀴어신학은 정통개혁신학이 받아들이는 생물학적 성과 성의 불가변성, 자리바꿈 불가(不可)성을 부정하고 있다. 모든

---

[84] Stuart, "Sacramental Flesh," 66.
[85] Stuart, ""Sacramental Flesh,""72, 73.
[86] Ward, "There is no sexual difference," 84.

인간은 생물학적 성으로 태어나고 이 성은 가변적이 아니어서 의학적으로 남성이 여성이 되거나 여성이 남성이 될 수 없는 것이다.

[정통개혁신학의 반론]

부활한 예수의 몸은 남성과 여성이라는 인간의 몸을 초월한 몸

개혁정통개혁신학에 의하면 부활하신 예수의 몸은 더 이상 남성과 여성에 갇힌 몸이 아니다. 그의 몸은 신령한 몸이다. 그의 신령한 몸은 죽지 아니하는 몸이다.

> 이 썩을 것이 반드시 썩지 아니할 것을 입겠고 이 죽을 것이 죽지 아니함을 입으리로다(고전 15:53).

부활하신 예수의 몸은 시간과 공간의 제약을 받지 아니하시는 몸이다. 요한복음은 시공간의 제한에서 벗어나 자유스럽게 오가시는 예수를 증언하고 있다.

> 여드레를 지나서 제자들이 다시 집 안에 있을 때에 도마도 함께 있고 문들이 닫혔는데 예수께서 오사 가운데 서서 이르시되 너희에게 평강이 있을지어다 하시고(요 20:26).

엠마오 제자들은 예수와 동행하고 대화했으나 예수의 모습을 알아보지 못했다.

> 그들이 서로 이야기하며 문의할 때에 예수께서 가까이 이르러 그들과 동행하시나 그들의 눈이 가리어져서 그인 줄 알아보지 못하거늘(눅 24:15-16).

엠마오 제자들은 예수와 함께 길을 가서 식사하고 떡을 떼어 주실 때 비로소 눈이 밝아져 예수를 알아보았다.

> 그들과 함께 음식 잡수실 때에 떡을 가지사 축사하시고 떼어 그들에게 주시니, 그들의 눈이 밝아져 그인 줄 알아 보더니 예수는 그들에게 보이지 아니하시는지라(눅 24:30-31).

부활한 예수의 몸은 성의 바꿈을 하실 필요가 없는 상태다.

> 부활 때에는 장가도 아니 가고 시집도 아니 가고 하늘에 있는 천사들과 같으니라(마 22:30).

부활한 예수의 몸은 젠더(gender)에 제약된 몸이 아니라 시간과 공간을 초월한 신령한 몸이나 음식을 먹을 수 있는 일반적인 몸을 지닌 분으로 이해되어 진다.

(2) 퀴어신학은 부활한 예수를 붙잡고 대화한 막달라 마리아와 행위를 이성애적 사건으로 왜곡

그래햄 와드(Graham Ward)는 요한복음 20:17에서 막달라 마리아가 무덤에서 부활하신 예수님을 만나 대화하고 예수님을 붙들려고 시도한 행동에 관해 막달라 마리아가 남성의 입장에 서신 예수님과 이성애적인 사랑을 주

고받은 사건으로 해석한다.[87]

> 예수께서 이르시되 나를 붙들지 말라 내가 아직 아버지께로 올라가지 아니하였노라 너는 내 형제들에게 가서 이르되 내가 내 아버지 곧 너희 아버지 내 하나님 곧 너희 하나님께로 올라간다 하라 하시니(요 20:17).

이는 예수 부활을 육체에 따라서 해석하는 것으로 전혀 성경적인 해석에 부합하지 않는다. 사도 바울은 말한다.

> 그러므로 우리가 이제부터는 어떤 사람도 육신을 따라 알지 아니하노라 비록 우리가 그리스도도 육신을 따라 알았으나 이제부터는 그같이 알지 아니하노라(고후 5:16).

와드가 부활한 예수와 마리아의 관계를 이성애적으로 해석하는 것은 예수를 육신에 따라서 해석하는 것이다. 바울도 역사적 예수를 그의 인간적 모습에서 알았으나 다메섹에서 부활하신 예수의 모습을 인격적으로 만난 후 그는 전혀 새로운 예수, 하나님의 아들인 그의 신령한 모습을 발견했다.

> 만물을 그에게 복종하게 하실 때에는 아들 자신도 그 때에 만물을 자기에게 복종하게 하신 이에게 복종하게 되리니 이는 하나님이 만유의 주로서 만유 안에 계시려 하심이라(고전 15:28).

---

[87] Ward, "There is no sexual difference," ="78-79.

바울이 발견한 예수 그리스도는 하나님의 아들이시오 만물을 그에게 복종하게 하실 자이며, 하나님이 '만유의 주'로서 만유 안에 계시고 만유를 통치하시는 분이라는 것이다.

[정통개혁신학의 반론]

와드의 해석은 초자연적 능력의 부활 사건을 남녀 애정 사건으로 평가절하시키는 소설적 공상

부활한 예수를 만나 감격한 막달라 마리아가 예수를 붙잡고 대화하는 이야기에 대한 와드의 해석은 다빈치 코드의 연장 선상으로 소설적으로 상상된 예수와 마리아 사이의 연인 관계를 예수 부활 사건에 주입하는 젠더주의적 해석이다.

본문에서 부활하신 예수는 이미 죽을 육신의 상태에서 벗어난 썩지 않는 (고전 15:51, 53, 54) 영적 몸을 지니신 분으로서 마리아의 신체적 접근을 허용하지 않으셨다. 어떠한 신체적 접촉이 일어나지 않았다.

그리고 예수는 이제 자신이 아버지 하나님께로 올라가신다고 말씀하신다. 부활한 예수는 이제 시간과 공간의 제약성과 몸의 한계성을 벗어난 존재가 되신 것을 보여 준다. 부활하신 예수는 죄와 사망의 권세를 깨뜨리시고 메시아적 통치자의 신분으로 등극하신 것이다.

(3) 부활한 예수 옆구리 상처에 손을 넣는 도마의 행위를 동성애적 사건으로 왜곡

와드는 요한복음 20:27에서 도마가 예수님의 옆구리에 난 창에 찔린 상처에 손을 넣는 사건은 여성의 입장에 서서 도마와 더불어 동성애적인 사

랑을 주고받은 사건으로 해석한다.[88]

> 도마에게 이르시되 네 손가락을 이리 내밀어 내 손을 보고 네 손을 내밀어 내 옆구리에 넣어 보라. 그리하여 믿음 없는 자가 되지 말고 믿는 자가 되라 (요 20:27).

젠더주의자들은 제자들에게 가장 충격적으로 다가온 예수 부활 사건까지도 젠더주의적으로 왜곡해 버린다. 이 도마 이야기는 동성애 사랑을 주고받은 젠더주의 사건이 아니라 예수 제자 도마가 어떻게 실증주의자(實證主義者)에서 부활 사건의 증언자가 되었는지를 알려 준다.

[정통개혁신학의 반론]

도마의 신앙고백을 도외시한 젠더주의적 왜곡

와드의 해석은 전혀 본문과 거리가 먼 젠더주의적 왜곡이다. 실증주의자 도마는 부활하신 예수를 만나고 '나의 주님'(ὁ Κύριός μου, my Lord), '나의 하나님'(ὁ θεος μου, my God)이라고 고백했다. 사도 요한은 다음 같이 실증주의자로서 예수 부활 사건을 믿지 아니한 제자 도마에게 일어난 신앙의 사건을 다음과 같이 증언한다.

> 도마가 대답하여 이르되 나의 주님이시요 나의 하나님이시니이다 예수께서 이르시되 너는 나를 본 고로 믿느냐 보지 못하고 믿는 자들은 복되도다 하

---

[88] Ward, "There is no sexual difference," 80-84.

시니라(요 20:28-29).

이는 동성애적 만남이 아니라 부활하신 예수를 만나고 그가 역사적 예수를 단지 종교적 스승 아닌 '하나님'(θεος, God), '주'(主, ὁ Κύριός)로 신앙고백한 새로운 종교 체험이었다.

(4) 예수 부활을 퀴어 성 해방의 소망으로 왜곡

중국계 미국 성공회 신부(神父)요 퀴어신학자 쳉은 예수의 부활이란 퀴어 성 해방의 승리를 나타내는 것으로 해석한다.

> 부활절이란 퀴어 성 해방(queer sexual liberation)의 희망이 된다. 성 해방을 위한 퀴어 투쟁은 승리할 것이다. 이것은 부활절의 희망이다. … 부활절에 하나님은 예수를 우리와 연대한 퀴어(queer)로 만드셨다. 다른 말로 하면 예수는 '벽장에서 나와서'(came out of the closet) '퀴어 그리스도'('the queer Christ')가 되셨다.[89]

쳉의 언급에서 부활하신 그리스도는 퀴어 해방자요 짓눌린 자들에게 퀴어 투쟁과 해방의 용기를 주는 "퀴어 그리스도"로 왜곡되고 있다. 그러나 이러한 해석은 복음서의 기록과는 배치된다. 역사적 예수는 세리와 창기들의 친구였으나 저들의 그릇된 생활에 빠진 분이 아니었다.

예수는 저들의 죄악된 생활과 중독된 습관에 대한 연민을 가진 공감자요 위로자였다. 예수는 저들로 하여금 저들을 그릇된 탐욕과 욕망과 중독의

---

[89] Patrick S. Cheng, *From Sin to Amazing Grace: Discovering the Queer Christ* (New York, NY: Seabury Books, 2012),

굴레에서 벗어나게 한 해방자였다. 예수는 간음하다 현장에서 발각되어 투석형(投石刑)의 위기에 직면한 여인을 구원해 주시면서 다시는 죄를 짓지말라고 가르치셨다.

나도 너를 정죄하지 아니하노니 가서 다시는 죄를 범치 말라 하시니라 (요8:11).

[정통개혁신학의 반론]

쳉의 해석은 예수의 부활 사건을 단지 성 해방 사건으로 젠더주의적으로 왜곡

쳉은 예수 부활을 억눌린 퀴어인들의 해방을 위한 역동적 사건으로 해석한다. 그럼으로써 그의 젠더주의적 해석은 역사적 예수의 부활을 여태까지 민중신학자들과 해방신학자들이 주장해 온 정치사회적 해방자라는 틀에서 벗어내지 못하고 있다.

그는 성 소수자가 퀴어인들로서 항상 사회 속에서 소수자로 억압과 혐오를 받아왔다고 본다. 쳉을 비롯한 퀴어신학자들은 부활한 예수를 이러한 사회적으로 억눌린 퀴어인들을 해방시키는 '퀴어 그리스도'라고 왜곡하고 있다.

이러한 퀴어주의적 해석에서 쳉 등 퀴어신학자들은 예수 부활 사건이 지닌 진정한 사회적 영적 해방 사건을 놓치고 있다. 정통개혁신학에 의하면 예수 부활 사건은 하나님으로부터 소외되어 죄와 사망과 허무에 종속된 노예 상태에서 인간과 세상의 해방과 대속 사건이다.

피조물이 고대하는 바는 하나님의 아들들이 나타나는 것이니 피조물이 허무한 데 굴복하는 것은 자기 뜻이 아니요 오직 굴복하게 하시는 이로 말미암음이라 그 바라는 것은 피조물도 썩어짐의 종 노릇 한 데서 해방되어 하나님의 자녀들의 영광의 자유에 이르는 것이니라(롬 8:19-21).

예수 그리스도께서 죄의 사슬과 사망 권세를 깨뜨리시고 역사와 우주의 진정한 해방자가 되셨다는 것이다. 그러므로 그리스도는 동성애 중독자들을 중독의 사슬에서 해방하셨다는 것이다.

쳉과 퀴어신학자들은 퀴어인들의 해방 사건을 언급하면서 역사적으로 가장 중요한 비밀의 사건을 놓쳤다. 이 비밀의 사건이란 인류가 동성애 중독을 비롯한 인간성을 억압하는 죄와 불의의 중독(中毒) 사슬로부터 해방된 사건이다. 사도 바울은 골로새서에서 이 중요한 비밀의 사건을 다음과 같이 증언하고 있다.

이 비밀은 만세와 만대로부터 감추어졌던 것인데 이제는 그의 성도들에게 나타났고 하나님이 그들로 하여금 이 비밀의 영광이 이방인 가운데 얼마나 풍성한지를 알게 하려 하심이라 이 비밀은 너희 안에 계신 그리스도시니 곧 영광의 소망이니라(골 1:26-27).

만세와 만대로부터 감추어졌던 하나님의 비밀, 특히 이방인 가운데 풍성하게 나타난 비밀의 영광이란 예수 그리스도이다. 여기서 하나님의 구속이란 '타락전 경륜'(supralapsarian dispensation)을 가리키고 있다.

역사와 우주를 창조하신 하나님의 경륜이란 유한한 존재인 피조물의 자유의지가 초래할 수밖에 없는 타락, 하나님에 대한 반역을 아시고 우주와 역사의 구속을 위해 삼위일체 하나님의 제2위격이신 성자 하나님이 역사와 우주의 구속을 위해 인간의 모습으로 오셨다.

죄의 중독에서 구속하시는 비밀이 바로 만세와 만대로부터 감추어진 하나님의 비밀이라는 것이다. 퀴어신학자들은 예수의 부활이 사회적 죄와 억압된 제도와 왜곡된 성과 동성애 중독으로 비인간화 된 성 소수자들의 해방 사건임을 간과하고 있다. 그러므로 예수의 부활 사건은 동성애로부터의 해방, 즉 탈동성애의 기원이라고 해석하는 것이 옳다.

사도 바울은 다음과 같이 죄로부터 자유를 주시는 하나님의 말씀과 성령의 자유에 관해 증언하고 있다.

> 그러므로 이제 그리스도 예수 안에 있는 자에게는 결코 정죄함이 없나니 이는 그리스도 예수 안에 있는 생명의 성령의 법이 죄와 사망의 법에서 너를 해방하였음이라(롬 8:1-2).

예수 그리스도의 복음의 말씀과 성령의 능력은 동성애 중독을 깨뜨리고 퀴어인들을 죄와 사망의 법에서 해방시키는 유일한 치유의 길이다.

제2장

퀴어신학의 교회론, 구원론, 종말론

1. 퀴어신학의 교회론: 교회란 동성애 공동체: 사도적 거룩한 보편적 교회 부인

1) 교회는 죄인들의 공동체라는 것만 강조: 동성애자 회개 부인

퀴어신학은 하나님이 정결하지 않은 짐승들을 잡아 먹으라고 명하신 베드로의 환상(행 10:15, '또 두 번째 소리가 있으되 하나님께서 깨끗하게 하신 것을 네가 속되다 하지 말라 하더라')이란 모든 인류가 차별 없이 하나님의 구원과 강복(降福)의 대상임을 천명하신 것이라고 해석한다.

그리하여 퀴어신학에 의하면 교회는 예수께서 하신 것처럼 죄인들과 함께 먹고 마시는 공동체다. 그러니 교회는 죄인들을 구금하거나 핍박하고 증오해서는 안 되며, 동성 부부를 거부하거나 차별하고 혐오해서는 안 되며 이들을 저주해서도 안 된다고 주장한다.[1]

---

1 Susannah Cornwall, "Queer Theology and Sexchatology," (http://www.3ammagazine.com/3am/queer-theology-and-sexchatology).

퀴어신학은 동성애가 전혀 죄가 아니라고 여기기 때문에 교회는 동성애자들과 싸울 필요가 없으며, 오히려 동성애 행위를 성례전적으로 인정해 줄 수 있어야 한다고 주장한다. 이제 중요한 것은 "성적으로 다른 지향을 가진 사람들을 거부하고 해치던 공동체가 어떻게 그들을 다 포용할 수 있게 되는가?"라고 주장한다. 그들을 포용하는 것이 진정으로 '치유하는 공동체'(communities of healing)가 된다고 주장한다.[2]

[정통개혁신학의 반론]

퀴어신학은 죄 용서를 받은 죄인들의 공동체라는 교회의 본질을 거부

정통개혁신학에 의하면 베드로의 환상(행 10:1-16)은 유대인과 이방인의 구별이 없어졌다는 것을 뜻한다. 유대인도 회개하지 않으면 이방인이요 멸망 받으며, 이방인도 회개하면 하나님의 백성이 되고 구원받는다는 것이다. 베드로는 환상을 본 후에 무차별적으로 아무 이방인에게 세례를 베푼 것이 아니라 하나님을 경외하며 구제를 널리 베푼 고넬료와 그의 가족들에게 세례를 주었다.

퀴어신학은 죄인들의 공동체라는 것만을 강조하고 교회가 죄에서 돌아선 용서받은 죄인들의 공동체라는 사실을 간과한다. 이는 퀴어신학이 교회의 성결성과 거룩성을 놓치기 때문이다.

정통개혁신학에 의하면 '예수 그리스도의 교회'는 끊임없이 동성애를 비롯한 그 모든 죄와 싸워 나가는 교회(church militant)임을 고백한다. '예수 그리스도의 교회'는 이 땅에서는 최종 승리한 교회(church triumph)가 아직은

---

2 Cornwall, "Queer Theology and Sexchatology."

아니어서, 부족하고 문제가 많지만 이미 그리스도의 십자가와 부활로 쟁취한 결정적 승리를 기반으로 하여 최후 승리까지 죄와 싸워나가는 교회다.

2) 퀴어신학은 교회 공동체를 동성애 공동체로 왜곡

퀴어신학은 교회를 동성애 공동체로 본다. 퀴어신학자들은 사실 성적 지향이 다른 사람들을 배제하는 교회는 교회라는 이름을 듣기에 합당치 않다고까지 주장한다.[3] 그래서 교회는 사람들의 성적 지향(性的指向, Sexual orientation)이 어떠하든지 그들이 예수를 믿는다고 고백하면 세례를 주어야 한다. 그리고 세례를 받은 사람들은 그가 어떤 성 정체성을 가졌든지 그것은 전혀 문제가 안 된다고 한다. 이제 세례로 그가 선천적으로 타고 난 성이 상대화가 된다고 주장한다.[4]

퀴어신학자들은 교회가 사도적이고, 거룩하며, 보편적인 영성 공동체라는 사실을 부인하고 있다. 이러한 퀴어신학의 교회 공동체 개념은 교회 안에 각종 성적 지향이 다른 성 소수자(LGBTQ)들을 수용하고 회개와 거룩한 삶으로 결단 없이 그대로 살게하는 동성애 퀴어 공동체로서 더 이상 신약의 거룩한 공동체가 아니다. 사도 바울은 고린도교회 동성애자들에게 천국에 들어가지 못한다고 경고했다.

---

[3] Söderblom, "Re-thinking and Re-doing Gender in Churches and Theology," (https://www.euroforumlgbtchristians.eu/other-activities/36-english/resource-material/reading-and-studying/lectures/125-re-thinking-and-re-doing-gender-in-churches-and-theology).

[4] Kathy Rudy, *Sex and the Church: Gender, Homosexuality, and the Transformation of Christian Ethics* (Boston: Beacon Press, 1997); Elizabeth Stuart, "Sexuality: The View from the Font (the Body and the Ecclesial Self)," *Theology and Sexuality*, 11 (1999): 7-18.

불의한 자가 하나님의 나라를 유업으로 받지 못할 줄을 알지 못하느냐 미혹을 받지 말라 음행하는 자나 우상 숭배하는 자나 간음하는 자나 탐색하는 자나 남색하는 자나 도적이나 탐욕을 부리는 자나 술 취하는 자나 모욕하는 자나 속여 빼앗는 자들은 하나님의 나라를 유업으로 받지 못하리라 (고전 6:9-10).

여기서 '남색하는 자'(ἀρσενοκοίται, 아르세노코이타이)는 동성애자들을 가리킨다. 이 용어는 남성 동성애에서 능동적인 역할을 하는 자를 뜻한다.[5] 동성애에서 수동적인 여자 역할 하는 남자는 '말라코이'(μαλακοί)라고 부른다.[6]

[정통개혁신학의 반론]

동성애 허용 공동체는 예수 그리스도의 거룩한 보편적 공동체가 아니다

정통개혁신학에 의하면 사도 바울은 신약교회인 고린도교회 안에 동성애자들이 있는 것을 보고 이들을 용납하지 않았다. 그는 '남색하는 자'(homosexual offenders)를 음란하는 자, 우상 숭배 하는 자, 간음하는 자, 술취하는 자, 후욕하는 자, 토색하는 자처럼 하나님 나라를 유업으로 받지 못한다(고전 6:9-10)고 동성애 행위를 거부했다.

교회는 이러한 자들이 오는 것을 거부해서는 안 되고, 품어주어야 하며, 그리고 회개하고 거룩한 삶을 살도록 인도해야 한다. 그러므로 사도 바울

---

5 이상원, "동성애 혁명의 소용돌이 안에 있는 한국교회," 용인기독교총연합회, 2017년 12월 18일(조찬기도회 설교), 10.
6 신현우, "제 3장 동성애의 원인과 해결: 성경과 과학의 진단과 처방," in 김영한 외, 『동성애, 21세기 문화충돌』(용인: 킹덤북스, 2017), 109.

은 교회의 거룩성을 말하고 있다.

> 너희 중에 이와 같은 자들이 있더니 주 예수 그리스도의 이름과 우리 하나님의 성령 안에서 씻음과 거룩함과 의롭다 하심을 받았느니라(고전 6:11).

세리나 창기들이 예수의 친구가 되었지만, 예수는 이들과 동화된 것이 아니다. 오히려 정반대로 이들은 예수를 만나서 그들의 방탕하고 문란한 불법의 삶에서 돌이켜 새 사람이 되었다.

고린도교회 안에는 이전에 남색하는 자, 음란하는 자, 우상 숭배 하는 자, 간음하는 자, 술취하는 자, 후욕하는 자, 토색하는 자들이 있었지만, 복음을 듣고 말씀과 성령의 능력으로 변화되어 새 삶을 살았다.

그러므로 사도 바울은 이들을 증언하고 있다.

> 예수 그리스도의 이름과 우리 하나님의 성령 안에서 씻음과 거룩함과 의롭다 하심을 받았다(고전 6:11b)

동성애자들은 교회 공동체 안에 들어오는 것이 허용된다. 하지만 동성애 행위 자체는 성도의 거룩한 행실과 성결(聖潔)의 삶에 배치된다는 사실을 알려야 하고 이러한 잘못된 성 관습에서 탈피하도록 도와주어야 한다.

정통개혁신학에 의하면 교회의 본질 가운데 하나가 '거룩성'(holiness)이다. 교회는 죄인들이 모이는 죄인의 공동체이다. 그러나 교회로 부름받은 죄인들은 부르신 그리스도와 하나님을 닮아 점차 죄성에서 벗어난다. 그리스도를 영접한 동성애자들은 반드시 동성애 중독에서 벗어난다.

고린도교회는 신자들 중 이전에 동성애자들, 간음하는 자들이 있었으나 신자가 된 후 복음의 능력으로 변화를 받은 거룩한 공동체였다. 하나님이 거룩하심같이 교회의 모든 성도들은 거룩해야 한다. 사도 베드로는 그의 서신에서 성도들의 성결을 권면하고 있다.

> 오직 너희를 부르신 거룩한 이처럼 너희도 모든 행실에 거룩한 자가 되라 기록되었으되 내가 거룩하니 너희도 거룩할지어다 하셨느니라(벧전 1:15-16).

하나님은 이스라엘을 이집트에서 인도해 내시고 그의 율법을 주시며 그들의 거룩성을 요구하셨다.

> 나는 너희의 하나님이 되려고 너희를 애굽 땅에서 인도하여 낸 여호와라 내가 거룩하니 너희도 거룩할지어다(레 11:45).

예수는 산상설교에서 율법의 지극히 작은 계명까지 지키고 악한 자를 대적하지 말고 원수를 사랑하라고 하시면서 하나님의 온전하심같이 너희도 온전하라고 가르치셨다.

> 그러므로 하늘에 계신 너희 아버지의 온전하심과 같이 너희도 온전하라(마 5:48).

예수께서 가르치신 성도의 온전하심이란 성결의 차원을 넘어서는 율법을 완성하는 지고한 삶의 차원이다.
1996년 11월 미국의 저널 「크리스처니티투데이」(*Christianity Today*)와의 인터뷰에서 독일의 신학자 판넨베르크(Pannenberg)도 동성애에 관해 성경적 입장을 취하면서 동성 결혼을 인정하는 교회는 더 이상 거룩한 보편적 사도적 교회가 아니라고 천명했다.

"성경은 동성애 행위를 명백히 거부해야 할 것으로 평가하고 있다."

동성애 결합을 결혼과 대등한 것으로 인정하는 교회는 "더 이상 하나의, 거룩한, 보편적, 사도적 교회가 아니다."[7]

교회는 성경의 가르침에 근거해야 하는데 성경의 가르침을 따르지 않는 교회는 더 이상 '예수 그리스도의 교회'일 수 없다.[8] 동성애자들도 교회에 나아올 수 있다. 교회는 죄인들의 공동체이기 때문이다.

그러나 교회는 이들에게 동성애가 성 중독이라는 사실을 알려 주며 탈동성애의 길을 가르쳐주어야 한다. 그리고 당사자들이 자유스럽게 탈중독 상담을 받도록 도와주어야 한다. 만일 교회가 이들이 동성애 중독성에 그대로 머물기를 허락한다면, 그것은 교회의 세속화를 말하며 교회의 거룩성에 배치된다. 동성애를 허용하는 교회는 죄인의 공동체에 머무는 세상 동성애 공동체이지 예수 그리스도의 성도들의 공동체가 아니다.

3) 퀴어신학자들은 성경에 많은 동성애자가 있다는 황당한 해석을 한다

퀴어신학자 테오도르 W. 제닝스(Theodore W. Jennings, Jr)에 의하면 룻과 나오미는 동성애 관계였다.[9] 그는 '룻과 나오미'의 이야기는 서구 문학에

---

[7] Wolfhart Pannenberg, Interview: "Revelation and Homosexual Experience," in *Christianity Today,* November, 11. 1996, 35, 37.
[8] 김영한, "동성애 행위에 대한 영성신학적 해석: 동성애는 창조 본연의 가정 질서를 거슬리는 죄악," in 김영한 외, 『동성애와 21세기 문화충돌』, 2015, 267-300.
[9] 구약의 동성애 관계에 대한 그의 긴 논의로는 Theodore W. Jennings, Jr., *Jacob's Wound: Homoerotic Narrative in the Literature of Ancient Israel* (New York: Continuum, 2005)을 보라. 또한, John Boswell, *Same-Sex Unions in Premodern Europe* (Oxford and New York: Villard Books, 1994), 108-61도 보라.

최초로 등장하는 레즈비언 로맨스라고 주장한다. 다윗, 요나단, 사울은 동성애 삼각 관계였고, 다니엘과 환관장도 동성애 관계였다고 한다.

제닝스는 예수께서 치유해 주신 백부장의 하인도 그의 주인 백부장과 동성애 관계였다고 해석한다.[10] 예수께서 제자들의 발을 씻겨주신 것은 여자 역할을 하신 것이다. 예수는 그와 친밀했던 제자 요한과는 애인 관계였다고 본다. 이러한 제닝스의 성경 해석은 성경 본문에 대한 젠더주의적 왜곡이다.

[정통개혁신학의 반론]

퀴어신학은 동성애와 전혀 관계없는 성경의 인물들을 동성애자들로 왜곡한다

정통개혁신학적 성경 읽기는 젠더주의 성경 읽기에 다음과 같이 반대 질문을 한다.

룻과 나오미가 동성애 관계였다면 나오미는 룻을 왜 보아스에게 재혼하도록 했을까?

사울, 요나단, 다윗이 삼각 관계였다면 사울이 요나단이 아닌 다윗을 왜 죽이려 했겠는가?

사울이 다윗을 죽이려 한 유일한 이유는 왕권을 유지하려는 권력욕 때문이었다. 사무엘상 저자는 이를 다음과 같이 기록하고 있다.

> 사울이 그 말에 불쾌하여 심히 노하여 이르되 다윗에게는 만만을 돌리고 내게는 천천만 돌리니 그가 더 얻을 것이 나라 말고 무엇이냐 하고 그 날

---

[10] Theodore W. Jennings, Jr. and Tat-Siong Benny Liew, "Mistaken Identities but Model Faith: Rereading the Centurion, the Chap, and the Christ in Matthew 8:5-13," *Journal of Biblical Literature* 123/3 (Autumn, 2004), 467-94을 보라. 또한, Theodore Jennings, Jr., *The Man Jesus Loved: Homoerotic Narratives from the New Testament* (Cleveland: Pilgrim Press)

후로 사울이 다윗을 주목하였더라(삼상 18:8-9).

사울 왕이 블레셋 군대를 격퇴(擊退)하고 돌아올 때 여인들이 이들을 환영하는데 그 공을 '다윗에게는 만만을 돌리고 내게는 천천만 돌리는' 것을 본다. 사울 왕은 백성들의 민심이 자기보다 다윗에게 쏠리니 "그가 더 얻을 것이 나라말고 무엇이냐"라고 시기려 다윗을 자기 권력의 위협자로 여기고 그를 죽이려고 했다. 이러한 성경 본문 내용은 퀴어신학이 본문 일기에 투사(投射)하는 동성애 삼각 관계와는 아무 관계가 없다.

2. 퀴어신학의 구원론: 성경과는 거리가 먼 이단적 구원론

1) 퀴어신학은 동성애자들도 하나님이 받으신다고 왜곡한다

퀴어신학은 그릇된 구원론을 주장한다. 동성애자들도 하나님의 강복(降福, 복 주심)의 대상이라는 것이다. 하나님은 아브라함에게 복을 약속했다.

> 아브라함은 강대한 나라가 되고 천하 만민은 그로 말미암아 복을 받게 될 것이 아니냐(창 18:18)

퀴어신학은 위의 구절에 있는 '천하 만민'에는 동성애자들도 포함된다고 주장한다. 그러나 이미 언급된 바와 같이 유대교 전통에서는 동성애자들은 하나님의 강복(降福)의 대상에서 제외되고 있다. 레위기에서는 동성애자들을 죽이라고 규정하고 있다.

누구든지 여인과 동침하듯 남자와 동침하면 둘 다 가증한 일을 행함인즉 반드시 죽일지니 자기의 피가 자기에게로 돌아가리라(레 20:13).

사해사본에서도 '동성애를 금지하는 규정'이 명백하게 나타난다. 즉, 동일한 것으로 보이는 두 개의 쿰란 문서에는 "여자와 동침하듯 그렇게 남자와 동침하는 사람은 하나님께서 멸망시키기로 결정하셨다"[11]라고 기록되어 있다.

동성애는 아내와 성교 시 규정을 지키지 않는 행위, 근친상간 등 '혐오스러운 것'보다 훨씬 더 강하게 금지되었다. 아브라함의 후손인 유대인들 사회에서 동성애자들이 사형에 처하게 된 상황에서 퀴어신학이 이들이 유대사회에서 복을 받게 된다고 말하는 것은 전혀 유대 사회의 풍습과 통념에 상응하는 표명이 아니다.

[정통개혁신학의 반론]

<mark>하나님의 언약과 약속은 그의 계명과 말씀을 지키고 믿는 자에게만 해당한다</mark>
정통개혁신학에 의하면 다윗은 다음과 같이 노래하고 있다.

여호와의 인자하심은 자기를 경외하는 자에게 영원부터 영원까지 이르며 그의 의는 자손의 자손에게 이르리니 곧 그의 언약을 지키고 그의 법도를 기억하여 행하는 자에게로다(시 103:17-18).

동성애자들은 언약과 구원에서 배제된다고 성경은 가르친다.

---

[11] 4Q270=6Q15

네가 만일 네 하나님 여호와의 말씀을 순종하지 아니하여 내가 오늘 네게 명령하는 그의 모든 명령과 규례를 지켜 행하지 아니하면 이 모든 저주가 네게 임하며 네게 이를 것이니(신 28:15).

사도 요한은 그의 계시록에서 "하나님이 행한대로 갚아 주리라"고 말씀하신다.

불의를 행하는 자는 그대로 불의를 행하고 더러운 자는 그대로 더럽고 의로운 자는 그대로 의를 행하고 거룩한 자는 그대로 거룩하게 하라 보라 내가 속히 오리니 내가 줄 상이 내게 있어 각 사람에게 그가 행한 대로 갚아 주리라(계 22:11-12).

성경에 의하면 종말의 날은 의인들에게는 구원의 날이지만 불의한 자들에게는 심판의 날이다. 동성애자들은 각 사람에게 행한 대로 갚아주시는 공의로운 심판자인 주님 앞에 서야 한다는 사실을 명심해야 한다.

사도 요한은 증언한다.

무엇이든지 속된 것이나 가증한 일 또는 거짓말하는 자는 결코 그리로 들어가지 못하되 오직 어린 양의 생명책에 기록된 자들만 들어가리라(계 21:27).

이 구절에서 '가증한 일'에는 동성애 행위를 내포한다. 레위기 18:22과 20:13에 동성애를 '가증한 일'(תועבה, 토에바, detestable)이라고 규정하고 있기 때문이다.

2) 퀴어신학은 예수의 십자가 공로로 인한 구원이라는 대속 교리가 필요 없다고 본다

퀴어신학은 "동성애가 죄가 아니다"라고 하며 그에게서 벗어날 필요가 없다고 주장한다. 그러니 예수님의 십자가나 성령의 능력이 동성애로부터 동성애자들을 자유롭게 할 필요가 없다고 가르친다.

퀴어신학자 다니엘 A. 헬미니악(Daniel A. Helminiak)은 "동성애 습성으로 태어난 사람들은 끝까지 그런 식으로 자신들의 사랑을 표현해야 한다"고 주장한다.[12] 퀴어신학은 "구원 받는 것이란 동성애를 포용하며 조장하는 삶이 된다"[13]라고 주장한다.

[정통개혁신학의 반론]

퀴어신학은 동성애를 죄로 인정하지 않으니 그리스도의 대속 사역을 부인한다

정통개혁신학에 의하면 동성애를 그리스도인의 성(性) 정체성으로 인정하며 그리스도의 대속 사역이 필요없다고 보는 퀴어신학의 주장은 그리스도의 대속 사역의 본질을 훼손한다. 정통개혁신학은 주님의 구속 사역에 근거해서 동성애 중독을 비롯한 죄의 권세로부터도 해방될 수 있음을 주장한다. 사도 바울은 고린도교회를 향해 말한다.

---

[12] Daniel A. Helminiak, *What the Bible Really Says about Homosexuality?* Millennium Edition, 2000; 김강일 역 『성서가 말하는 동성애-신이 허락하고 인간이 금지한 사랑』 (해울, 2003). 이승구, "퀴어신학의 주장과 그 문제점들," 36.

[13] Daniel A. Helminiak, *What the Bible Really Says about Homosexuality?*; 김강일 역 『성서가 말하는 동성애-신이 허락하고 인간이 금지한 사랑』. 이승구, "퀴어신학의 주장과 그 문제점들," 43.

너희 중에 이와 같은 자들이 있더니 주 예수 그리스도의 이름과 우리 하나님의 성령 안에서 씻음과 거룩함과 의롭다 하심을 받았느니라(고전 6:11).

여기서 "이와 같은 자들"이란 '음행하는 자'나 '우상 숭배하는 자'나 '간음하는 자'(고전 6:10), '도적이나 탐욕을 부리는 자나 술 취하는 자나 모욕하는 자나 속여 빼앗는 자들'(고전 6:10) 그리고 '탐색하는 자'(말라코이, malakoi, 동성애 성 관계에서 여자 역할 하는 자)나 '남색하는 자'(아르세노코이타이, arsenokoitai, 동성애 성 관계에서 남자 역할하는 자)들을 말한다.

이들은 고린도교회 안에서 이들의 잘못된 죄의 관습에 살도록 그대로 허용된 것이 아니라 복음을 받아들임으로 하나님의 성령 안에서 씻음과 거룩함과 의롭다 하심을 받음으로 이들의 잘못된 성 중독에서 벗어났다고 바울은 증언하고 있다.

3. 퀴어신학의 종말론: 성 관계가 조화롭게 정의롭게 되는 성(性) 종말론

퀴어신학은 그리스도인의 소망과 믿음이 있는지 자체가 의심스러울 정도로 구원의 종국 문제에 별 관심을 나타내지 않는다. 여성 퀴어신학자 수잔나 콘월(Suzanna cornwall)은 위르겐 몰트만(Jürgen Moltmann)의 종말론에 지지를 표명하며 다음과 같이 표명한다.

[결국] 이 세상이 다는 아니라는 데에 희망이 있다. 새로움, 변혁은 실제 가능성이다(There's a hope that this world is not all there is. Newness, transformation is a real possibility).¹⁴

콘월은 성 문제와 종말론을 연결해서 '성 종말론'(sexchatology)이라는 용어를 만들어 사용한다.¹⁵ 그녀는 성 종말론을 다음과 같이 해석한다.

> 우리가 성이나 성별 등의 문제를 이해하는 방식, 그리고 우리가 성적 관계에서 활동하는 방식은 소외보다는 화합(harmony rather than alienation) 때문에 특징지어지는 더 정의로운 미래의 가능성을 고려하고 그것에 의해 채색되어야만 한다.¹⁶

콘월은 성 종말론에서 동성애자들이 성 소수자로 소외받는 세상이 아니라 성 다수자와 화합되는 세상을 말한다. 이것이 성(性) 정의이라고 말한다.

[정통개혁신학의 반론]

퀴어 종말론은 음행이나 동성애 심판 없는 성 해방 왕국론으로 성경적 종말론을 왜곡한다

퀴어 종말론이 말하는 성적 관계에서 소외와 갈등 없는 정의로운 사회는 정통개혁신학이 말하는 예수의 재림과 함께 다가오는 불경건한 자들과 악인들을 심판하는 초자연적 하나님 나라가 아니다. 퀴어 종말론에는 불경건한 자와 배교한 자들에 대한 심판과 성도와 의로운 자의 구원에 대한 언급이 없다. 이

---

14 Cornwall, "Queer Theology and Sexchatology."를 보라.
15 Susannah Cornwall, *Theology and Sexuality* (London: SCM Press, 2013); Cornwall, "Queer Theology and Sexchatology."
16 Susannah Cornwall, "Queer Theology and Sexchatology."를 보라.

에 반해, 사도 요한은 종말론적 구원과 심판에 관해 다음과 같이 증언한다.

> 자기 두루마기를 빠는 자들은 복이 있으니 이는 그들이 생명나무에 나아가며 문들을 통해 성에 들어갈 권세를 받으려 함이로다 개들과 점술가들과 음행하는 자들과 살인자들과 우상 숭배자들과 및 거짓말을 좋아하며 지어내는 자는 다 성 밖에 있으리라(계 22:14-15).

종말 심판에서 '음행하는 자들'은 '살인자들과 우상 숭배자들과 및 거짓말을 좋아하며 지어내는 자'와 함께 거룩한 성 예루살렘에 들어가지 못하고 성 밖에 있게 될 것이다.

'자기 두루마기를 빠는 자들'은 생명 나무에 나아가며 예루살렘 성에 들어갈 권세를 얻는다. '자기 두루마기를 빠는 자들'은 행실이 깨끗한 자들을 말한다. 이들은 그리스도의 보혈로 죄와 허물의 씻음을 받은 자요 그 행실이 깨끗한 성화 된 자들이다. 이들은 그리스도의 계명을 지킨 자들이다. 성도들은 새로운 마음으로 율법을 지키는 자들이다. 예수는 제자들에게 계명을 지키라고 말씀하신다.

> 너희가 나를 사랑하면 나의 계명을 지키리라(요 14:15).

예수는 지극히 작은 계명도 지켜야 할 것을 가르치신다.

> 진실로 너희에게 이르노니 천지가 없어지기 전에는 율법의 일점 일획도 결코 없어지지 아니하고 다 이루리라 그러므로 누구든지 이 계명 중의 지극히 작은 것 하나라도 버리고 또 그같이 사람을 가르치는 자는 천국에서 지

극히 작다 일컬음을 받을 것이요 누구든지 이를 행하며 가르치는 자는 천국에서 크다 일컬음을 받으리라(마 5:18-19).

율법은 그리스도 구속과 함께 폐기된 것이 아니라 새로운 마음으로 즐거움과 자발성으로 준행된다. 정통개혁신학에서는 예수님께서 재림하여 이 세상에서 이루시는 왕국은 옛 하늘과 옛 땅이 지나가고 새 하늘과 새 땅이 이루어진다.

또 내가 새 하늘과 새 땅을 보니 처음 하늘과 처음 땅이 없어졌고 바다도 다시 있지 않더라 또 내가 보매 거룩한 성 새 예루살렘이 하나님께로부터 하늘에서 내려오니 그 준비한 것이 신부가 남편을 위해 단장한 것 같더라(계 21:1-2).

이러한 새로운 왕국에 동성애자들 등 음행하는 자들은 배제됨을 경고하고 있다.

그러나 두려워하는 자들과 믿지 아니하는 자들과 흉악한 자들과 살인자들과 음행하는 자들과 점술가들과 우상 숭배자들과 거짓말하는 모든 자들은 불과 유황으로 타는 못에 던져지리니 이것이 둘째 사망이라(계 21:8).

'음행하는 자들'에는 '탐색하는 자'(말라코이, *malakoi*, 동성애 성 관계에서 여자 역할 하는 자)나 '남색하는 자'(아르세노코이타이, *arsenokoitai*, 동성애 성 관계에서 남자 역할 하는 자), 즉 동성애자들이 포함된다. 이들은 '불과 유황으로 타는 못에 던져'지는데 이것은 '둘째 사망'이다

제3장

퀴어신학의 세례론, 성찬론, 묵상론, 성 윤리

1. 퀴어신학의 세례론: 세례를 동성애 공동체 연대성에 들어가는 의식, 수세자의 성(性) 정체성을 동성애 정체성으로 변화시키는 의식으로 왜곡

여성 퀴어신학자 엘리자베스 스튜어트(Elizabeth Stuart)에 따르면 세례는 '수세자의 정체성을 변화시키는 예식'이다. 세례를 통해 '평범한 정체성이 배제되고 그리스도 몸의 지체로서의 정체성을 입는다.'[1]

로완 윌리엄스(Rowan Williams)는 강조한다.

> 세례는 수세자에게 자신이 현재 속해 있다고 생각하는 범주에 들어가지 말고 그가 전혀 선택해 본 일이 없는 연대성에 근거한 새로운 범주에 속한 것을 요구한다.[2]

---

1 Elizabeth Stuart, "Sacramental Flesh," in *Queer Theology* (CTSA Proceedings, 2012), 66.
2 Rowan Williams, *On Christian Theology* (Oxford: Blackwell, 2000), 209.

세례는 동성애 공동체 연대성에 들어가는 의식이다. 스튜어트에 의하면 세례는 자아와 죄뿐만 아니라 '특정한 형태의 정체성이 궁극적'이라는 생각까지도 버릴 것을 요구한다.[3]

'수세자는 이전과는 다른 세계에 소속된다.' 세례를 받는다는 것은 새로운 왕국 안에 '잡혀 들어가는 것'이다. 이 새로운 왕국 안에서는 인간 문화가 부여한 모든 정체성들이 '종말론적인 지위 버림'(eschatological erasure)을 당한다.[4] 이성애적 문화의 정체성을 지우고 동성애적 문화의 정체성으로 옮겨가는 것으로 왜곡된다.

[정통개혁신학의 반론]

세례는 성 정체성의 변화가 아니라 영적 변화(성 정체성 회복)의 사건이다

정통개혁신학에 의하면 세례란 죄 가운데 삶, 육신적인 자아 중심의 삶에서 하나님 중심의 삶으로 변화되는 사건이다. 퀴어신학이 세례를 동성애 정체성의 확인으로 해석하는 것은 성례를 육체적으로 왜곡하는 것이다.

사도 바울은 그리스도를 육체대로 이해하지 않고 신령하게 이해해야 한다고 가르치고 있다.

> 그러므로 우리가 이제부터는 어떤 사람도 육신을 따라 알지 아니하노라 비록 우리가 그리스도도 육신을 따라 알았으나 이제부터는 그같이 알지 아니하노라(고후 5:16).

3　Stuart, "Sacramental Flesh," in *Queer Theology*, 67.
4　Stuart, "Sacramental Flesh," in *Queer Theology*, 68.

육신대로 아는 것은 세속적 안목과 자기의 욕심에 따라 역사적 예수를 아는 것이다. 퀴어신학이 예수를 동성애자로 보고 동성애자의 친구로 보는 것은 역사적 예수를 왜곡하는 것이며, 예수를 육신적으로 아는 것이다. 4복음서 어느 곳에서도 그런 육신적인 예수의 모습은 없다. 그런 예수상은 젠더주의적으로 역사적 예수를 왜곡하는 것이다.

바울은 역사적 예수를 진정으로 아는 것은 성령 안에서 그의 신성에 따라 아는 것으로 보았다. 성령으로 그리스도를 아는 것은 그의 영원하신 로고스이심과 부활하신 그의 신성에 따라 그를 구주요 하나님으로 아는 것을 말한다. 사도 바울은 육신의 정욕대로 살면 죽게 되나 성령으로 몸의 행실을 죽이면 산다고 말한다.

> 너희가 육신대로 살면 반드시 죽을 것이로되 영으로써 몸의 행실을 죽이면 살리니(롬 8:13).

성 소수자는 성 중독 해방자 예수 그리스도를 인격적으로 만나는 것이 중요하다. 이러한 인격적 만남으로써 성 소수자는 하나님 말씀과 성령의 능력을 힘입어 소외된 성 관습(동성애 중독)에서 벗어나 본래의 성 정체성(이성애적 정체성)으로 회복되는 것이다.

사도 바울은 예수 그리스도 안에서 일어나는 놀라운 새로운 창조의 사건을 다음과 같이 증언한다.

> 그런즉 누구든지 그리스도 안에 있으면 새로운 피조물이라 이전 것은 지나갔으니 보라 새것이 되었도다(고후 5:17).

2. 퀴어신학의 성찬론: 성찬을 젠더주의적(성 정체성 확인)으로 왜곡

1) 퀴어신학은 성찬 시 예수 몸은 젠더 중립적인 몸이라고 왜곡

여성 퀴어신학자 엘리자베스 스튜어트(Elizabeth Stuart)는 성찬 시에 예수의 몸은 '젠더 중립적인 형태의 빵(gender neutral form of bread)으로 변형되고 확장된다'[5]라고 말한다. 예수의 몸은 '변형이 가능한 몸'이라고 보기 때문이다. 성찬식에서 신자들의 몸도 그리스도의 몸과 같이 전환 가능한 몸이 된다. 스튜어트에 의해 좀 더 구체적으로 말하면 다음과 같다.

> 성찬 시에 교회는 그리스도의 신부이자 그리스도의 몸으로 스스로를 재구성한다. 부활한 그리스도의 몸은 다젠더적이므로 젠더를 넘어서 있다.[6]

스튜어트에 의하면 성찬(聖餐) 시에 교회의 구성원들인 신자들의 몸도 그리스도의 몸과 같이 '불안정성(instability), 유동성(fluidity), 전환가능성'(transposable)을 가진 몸이 된다.[7]

여기서 퀴어신학은 생물학적 성을 부인하고 사회적 성을 말하며, 이 사회적 성이란 고정된 것이 아니라 유동적이고 전환가능하다고 본다. 성애란 이성애로 고정된 것이 아니라 레즈비언 동성애(lesbian), 게이 동성애(gay), 양성애(bisexual), 트랜스젠더(transgender), 간성(間性, intersexual), 무성(asexual) 등 다양한 사회적 성으로 유동적이고 전환 가능하다고 보는 것이다.

---

5   Stuart, "Sacramental Flesh," in *Queer Theology*, 66.
6   Stuart, "Sacramental Flesh," in *Queer Theology*, 71.
7   Stuart, "Sacramental Flesh," in *Queer Theology*, 72.

스튜어트는 '퀴어 몸은 성례전적 몸'이며, '성례전적 몸은 퀴어 몸'이라고 말한다. '퀴어 몸은 퀴어 수행자로 하여금 기독교 종말론적 지평을 촉진하는(nudging) 성례전적 몸이며, 성례전적 몸은 기독교인들로 하여금 그리스도 안에서 남성성(maleness), 여성성(femaleness) 게이(gay), 이성애자(straight) 등이 오로지 세례의 옷이 머무는 은혜의 보좌 앞에서 해소되는 범주인 실현으로 촉진하는 성 소수자 몸이다.'[8]

　여기서 스튜어트는 전통적 교회의 성례전을 젠더주의로 왜곡하고 있다. 전통적 교회의 성례전이란 그리스도의 살과 피를 기념하는 떡과 포도주를 먹고 마시며 그를 기념하면서 그의 영적 인재를 체험하는 신앙적 의식이다.

　이 의식에서 예수 그리스도는 모든 믿는 자에게 떡과 포도주 가운데 임재하신다. 그러한 성례전적 몸은 성 소수자 몸이 아니다. 성 소수자 몸이란 레즈비언, 게이, 트랜스젠더, 간성, 무성 등 다양한 성애의 몸을 뜻하는 젠더주의가 상상한 젠더 몸이다.

[정통개혁신학의 반론]

성찬의 예수 몸은 젠더 중립이 아니라 영적으로 임재하시는 부활의 몸

　정통개혁신학에 의하면 성찬식의 떡은 예수께서 십자가에서 희생하신 몸을 상징하는 것이다. 성찬에 기념하는 예수님의 몸은 젠더 중립적인 형태의 빵이 아니라 성령 안에서 떡과 포도주에 영적으로 임재 한다. 부활하신 예수의 몸은 이미 육신의 몸이 아닌 신령한 몸이기 때문에 젠더와는 아

8　Stuart, "Sacramental Flesh," in *Queer Theology*, 75.

무 관계없다.

그러므로 젠더 중립적이 아니라 신령한 몸이다. 떡과 포도주를 통해 임재하는 예수의 몸과 피는 영적 임재이기 때문에 젠더와는 아무 관계가 없다. '젠더 중립적'이란 표현은 남성과 여성 어느 것도 아닌 새로운 젠더를 연상시킨다. 그러나 성찬에 임재하시는 예수의 몸은 신령한 몸으로서 젠더적인 몸과는 아무 상관없다.

사도 바울은 증언한다. 떡은 "너희를 위한 내 몸"(고전 11:23)이며, 잔은 "내 피로 세운 새 언약"(고전 11:24)이다. 우리를 위해 주어진 예수의 몸은 단지 육신의 몸에 그치지 않고 성례전적 의미가 있다. 예수의 몸은 대속의 제물이며 피로 세운 새 언약이다. 그러므로 바울은 그리스도를 육체대로 알지 않는다고 고백했다.

> 비록 우리가 그리스도도 육신을 따라 알았으나 이제부터는 그같이 알지 아니하노라(고후 5:6b).

여기서 퀴어신학자 스튜어드는 성례전적 몸인 그리스도의 몸이 남성과 여성을 넘어선 젠더 중립적이라고 말하나 부활한 몸으로서 그리스도의 몸은 떡이란 상징으로서 수찬자에게 다가온다. 그러나 성례전적 몸으로서 다가오는 그리스도의 몸은 젠더 중립적 몸이 아닌 부활한 몸으로서 더 이상 생물학적이거나 젠더, 즉 사회적으로 구성된 몸이 아니다. 그리스도의 몸은 신령한 몸이지 젠더 중립적인 몸이 아니다. 성례전에서 다가오는 예수의 살과 피는 젠더주의가 말하는 몸과는 아무 관련없다.

2) 성찬은 성 정체성(동성애)을 확인하는 의식으로 왜곡

그래험 와드(Graham Ward)는 이렇게 말한다.

> 그리스도의 몸은 경계선을 넘을 수 있다. 떡이 된 예수의 몸은 더 이상 단순히, 그리고 생물학적으로 남성의 몸이 아니다.[9]

스튜어트에 의하면 '성찬에서 세례받는 자는 종말론적인 삶을 알게 되고 예기한다. 성찬에서 세워진 젠더와 성 정체성은 '궁극적인 것이 아닌 것'(non-ultimate), 즉 일상적인 것으로 주어진다.[10]

와드는 성찬이 말하는 종말론적 삶에서 성 정체성을 확인하는 삶이란 동성애적인 삶을 산다는 것이라고 해석한다. 종말론적 삶이 동성애적 삶이라는 퀴어신학의 언급은 전혀 성경이 말하는 종말론적 삶과는 거리가 멀다. 예수는 종말 때에 이 세상의 성적 활동이 없고 하늘의 천사처럼 영적 존재가 된다고 가르친다.

> 예수께서 이르시되 이 세상의 자녀들은 장가도 가고 시집도 가되 저 세상과 및 죽은 자 가운데서 부활함을 얻기에 합당이 여김을 받은 자들은 장가가고 시집가는 일이 없으며 그들은 다시 죽을 수도 없나니 이는 천사와 동등이요 부활의 자녀로서 하나님의 자녀임이라(눅 20:34-36).

---

9 Graham Ward, "Bodies: The Displaced Body of Jesus Christ," in *Radical Orthodoxy: A New Theology*, ed. by John Milbank, and others (London: Routledge, 1999), 168.
10 Stuart, "Sacramental Flesh," in *Queer Theology*, 71.

하나님 나라에서 비로소 생물학적 성적 삶은 부활한 몸 안에 지양된다. 하나님 나라는 젠더가 실현되는 나라가 아니라 오히려 젠더가 없어지는 나라다. 하나님 나라는 성 정체성을 확인하는 나라가 아니라 성 정체성이 없어지고 하늘의 천사와 같이 되는 부활의 몸을 가지게 되는 나라다.

[정통개혁신학의 반론]

성찬은 성 정체성의 확립이 아니라 영적으로 임재하는 예수와 만나는 사건이다

정통개혁신학에 의하면 성찬은 성별과 성 정체성을 확인하는 비궁극적인, 일상적인 삶이 아니라 오늘도 영으로 임재하시는 예수 그리스도를 먹고 마시는 그리스도와 신비적 연합 의식(儀式)이다.

성찬이란 그리스도의 희생의 몸과 피를 상징하는 떡과 포도주를 먹고 마시고 그와 영직으로 하나 되어 그리스도와 연합하는 신비한 의식이다. 이러한 성찬에서 그리스도인들은 다가오는 종말론적 삶을 예기한다. 이 종말론적 삶에서 그리스도인들은 그리스도와 신비적 연합의 완성(얼굴과 얼굴로 대변하는 것)을 영광의 삶으로 체험한다.

> 우리가 다 수건을 벗은 얼굴로 거울을 보는 것같이 주의 영광을 보매 그와 같은 형상으로 변화하여 영광에서 영광에 이르니 곧 주의 영으로 말미암음이니라(고후 3:18).

그러므로 성찬이란 퀴어신학이 말하는 성 정체성 체험과는 아무 관계가 없다. 성찬이란 신자의 그리스도와 신비적 연합이라는 영적 정체성 체험이다. 나의 영이 그리스도와 연합되는 신비로운 영적 만남의 사건이다. 여기에는 성 정체성 체험이 들어갈 아무 계기가 없다.

3. 퀴어신학의 묵상론: 묵상을 동성애적 성적 오르가즘으로 외설화

1) 퀴어신학은 묵상에서 '그리스도와 연합'을 성 관계시 오르가즘과 동일시한다

로마 가톨릭 예수회 신부였다가 비교종교학자가 된 미국 퀴어신학자 로버트 고스(Robert Goss)[11]는 묵상을 통한 하나님과의 범신론적인 연합의 체험을 성 관계에서 겪는 오르가즘(orgasm)과 동일시한다.

> 묵상의 의식에 들어서면 인간과 하나님 사이의 경계선이 허물어지면서 그리스도의 몸이 친밀한 접촉, 맛봄, 냄새, 유희 안에서 경험된다.

고스는 묵상에서 체험되는 인간과 하나님 사이의 경계선이 허물어짐, 접촉, 맛봄, 냄새, 유희 경험을 동성애적 성적 체험으로 묘사하고 있다.

> 오르가즘의 행복은 친밀하고 장엄하며 개념으로는 표현 불가능한 그리스도에 대한 묵상의 많은 요소를 포함하고 있다. 몸과 마음이 묵상을 통해 함께

---

[11] 로버트 고스는 가톨릭 신부였으나 가톨릭에서 교단을 바꾸어 1995년에 미국에서 가장 큰 성 소수자(LGBTQ) 교단이라고 할 수 있는 '메트로폴리탄커뮤니티교회'(the Metropolitan Community Church)의 목사가 되어, 세인트 루이스의 회중을 섬기기도 했고, 지금은 북할리우드의 '메트로폴리탄커뮤니티교회'(Metropolitan Community Church in the Valley, North Hollywood, CA) 회중을 섬기고 있다.

사랑에 참여할 때 성적이면서도 영적인 잠재성은 평범한 오르가즘의 문턱을 넘어서서 두 사랑의 파트너들을 새로운 실재의 차원으로 옮겨 놓는다.[12]

여기서 고스는 성경이 말하는 영적 차원에서 이루어지는 하나님과의 신앙적 연합을 신체적인 차원에서 성적으로 느끼는 오르가즘의 희열로 왜곡시키고 있다. 고스는 하나님 나라의 거룩한 즐거움을 신체성의 쾌락과 혼동하고 있다. 여성 퀴어신학자 수산나 콘웰은 주장한다.

성적인 사랑, 에로틱한 사랑이 결국 우리를 넘어서 타인을 참으로 끌어안는 것이 되며, 에로티시즘에서도 하나님을 만날 수 있다.[13]

여기서 기독교적 하나님 체험은 동성애적 에로시티즘의 성적 사랑으로 왜곡되고 있다.

[정통개혁신학의 반론]

퀴어신학은 순수한 영적 체험인 묵상을 성적 절정 경험인 오르가즘에 비유함으로써 외설화시킨다

정통개혁신학에 의하면 묵상은 그리스도와의 영적 교통으로 성적 오르가즘 체험이 아니다. 묵상 속에서 예수는 더 이상 신체적 예수가 아니라 부

---

[12] Robert Goss, *Queering Christ: Beyond Jesus Acted Up* (Cleveland: Pilgrim Press, 2002), 22.
[13] Susannah Cornwall, "Queer Theology and Sexchatology"; Carter Heyward, *Touching Our Strength: The Erotic As Power and the Love of God* (SanFrancisco: HarperCollins Publishers, 1989).

활하신 영광스러운 몸을 지니신 분이시다.

기독교인들 박해자 사울은 다메섹 도상에서 빛으로 나타난 예수(행 9:3) 앞에서, 밧모섬의 요한은 그에게 어린 양으로 나타난 예수(계 5:6-14) 앞에서 압도당했다. 구약에서 보면 고레스 왕 3년에 다니엘은 마지막 때에 대한 계시를 환상으로 받을 때 자신의 영적 상태를 다음과 같이 기록한다.

> 그러므로 나만 홀로 있어서 이 큰 환상을 볼 때에 내 몸에 힘이 빠졌고 나의 아름다운 빛이 변하여 썩은 듯하였고 나의 힘이 다 없어졌으나 내가 그의 음성을 들었는데 그의 음성을 들을 때에 내가 얼굴을 땅에 대고 깊이 잠들었느니라(단 10:8-9).

다니엘은 계시 체험 시, 몸 상태의 철저한 무기력화를 피력하고 있다. 다니엘의 몸에 힘이 빠졌고, 그의 아름다운 빛이 변하여 썩은 듯하였으며, 또한 그의 힘이 다 없어졌고, 그는 천사의 음성을 들었을 때 얼굴을 땅에 대고 깊이 잠들었다고 말한다. 이는 루돌프 오토(Rudolf Otto)가 종교학적으로 말하는 초자연적 누미노제(Numinose)의 체험이다. 이는 경악적인 신비(mysterium tremendum)의 체험으로서 영적 황홀경의 상태에서 몸이 전적으로 무기력하게 되는 상태이다.

이에 반해, 퀴어신학자들이 신체적으로 느끼는 오르가즘이라는 성적 황홀경은 신체적인 접촉에서 일어나는 것으로 누미노제의 체험과는 전혀 다르다. 퀴어신학은 기독교적 묵상을 성적 절정인 오르가즘으로 왜곡하고 있다.

정통개혁신학에 의하면 묵상은 하나님을 향한 영적인 접근이며, 이는 어떤 성적인 희열과 아무 상관이 없다. 기독교적 묵상에는 오로지 성령 안에서의 하나님과의 연합이 있으며 영적 신비로운 경험이 있을 뿐이다. 나와 세상은 간 곳 없고 오로지 구속한 주만 보이는 체험이다. 사도 바울은 그리스도와의 신비로운 영적 연합을 말한다.

> 만일 우리가 그의 죽으심과 같은 모양으로 연합한 자가 되었으면, 또한 그의 부활과 같은 모양으로 연합한 자도 되리라(롬 6:5).

> 이는 내게 사는 것이 그리스도니 죽는 것도 유익함이라(빌 1:21).

하나님과의 연합에 성적인 요소는 전혀 없다. 사도 바울은 그리스도인은 예전엔 몸을 욕심과 불의에 드렸으나 이제는 몸을 하나님의 의로 거룩함에 드린다고 증언한다.

> 그러므로 너희는 죄가 너희 죽을 몸을 지배하지 못하게 하여 몸의 사욕에 순종하지 말고, 또한 너희 지체를 불의의 무기로 죄에게 내주지 말고 오직 너희 자신을 죽은 자 가운데서 다시 살아난 자 같이 하나님께 드리며 너희 지체를 의의 무기로 하나님께 드리라(롬 6:12-13).

퀴어신학이 성적 절정인 오르가즘을 '그리스도와 연합'(*unio cum Christo*)으로 묘사하는 것은 그리스도와의 신비적 체험을 외설화하는 것이다. 사도 바울은 그리스도를 더 이상 육체대로 아는 것이 아니라 성령의 가르침으로 안다고 했다.

> 그러므로 우리가 이제부터는 어떤 사람도 육신을 따라 알지 아니하노라 비록 우리가 그리스도도 육신을 따라 알았으나 이제부터는 그같이 알지 아니

하노라 그런즉 누구든지 그리스도 안에 있으면 새로운 피조물이라 이전 것은 지나갔으니 보라 새 것이 되었도(고후 5:16-17).

그리스도인은 다른 그리스도인을 육체대로 알지 않고, 성령 안에서 거룩한 성별 된 하나님의 사람으로 안다. 그는 예전에서는 동성애자(게이나 레즈비언)였으나 그리스도 안에 있으면 새로운 피조물이 된다. 동성애 중독에 빠진 옛사람은 죽고 새로운 존재(성적 성향에서 새로워진 사람, 이성애자)가 된다.

하나님은 영이시기 때문에 그리스도인은 신체나 성으로 하나님을 체험하지 않고 성령 안에서 기도와 묵상 속에서 영으로 하나님을 체험한다. 그리스도인은 오로지 영과 진리로 하나님을 경배하고 하나님과 연합한다. 예수님은 사마리아 여인에게 말씀하셨다.

하나님은 영이시니 예배하는 자가 영과 진리로 예배할지니라(요 4:24).

2) 묵상 속의 하나님 체험이란 성적 체험과는 전혀 다른 영적 체험: 그리스도인의 즐거움이란 신체적인 쾌락이 아닌 말씀 묵상이 동반하는 신령한 즐거움

성경에 의하면 기도와 함께 이루어지는 묵상 속의 하나님 체험이란 성적 체험과는 전혀 다른 영적 체험이다. 하나님 체험은 기도 묵상 속에서 하나님 말씀을 음미하는 가운데서 주어진다. 구약의 시편 저자는 하나님 체험이란 동성애적 신체적 쾌락이 아니라 영적 즐거움과 희락이라는 사실을 노래하고 있다.

땅에 있는 성도들은 존귀한 자들이니 나의 모든 즐거움이 그들에게 있도다 (시 16:3).

이러므로 나의 마음이 기쁘고 나의 영도 즐거워하며 내 육체도 안전히 살리니(시 16:9).

주께서 생명의 길을 내게 보이시리니 주의 앞에는 충만한 기쁨이 있고 주의 오른쪽에는 영원한 즐거움이 있나이다(시 16:11).

사도 바울은 하나님 나라는 신체적으로 즐기는 쾌락 추구가 아니라 성령 안에서 영혼이 누리는 정의와 평강과 희락이라고 증언하고 있다.

하나님의 나라는 먹는 것과 마시는 것이 아니요 오직 성령 안에 있는 의와 평강과 희락이라(롬 14:17).

사도 바울은 데살로니가교회 성도를 향해 그리스도인의 기쁨을 권면하고 있다.

항상 기뻐하라 쉬지 말고 기도하라 범사에 감사하라 이것이 그리스도 예수 안에서 너희를 향하신 하나님의 뜻이니라(살전 5:16-18).

그리스도인들에게는 피상적인 감각적 쾌락이 아니라 영혼과 마음이 몸의 안식과 평안 가운데 누리는 감사와 기쁨이 있다. 이것은 동성애적 쾌락이 주는 저속한 피부적 쾌락이 아니라 영과 마음이 몸과 조화되는 가운데 누리는 영적 안식이요 평안이요 기쁨이다. 이러한 영적 희락과 달콤함은 구약 시편 119편 저자가 노래한 하나님의 율례에 대한 칭송 노래에서 찾아볼 수 있다.

> 내가 주의 법을 어찌 그리 사랑하는지요 내가 그것을 종일 작은 소리로 읊조리나이다(시 119:97).

> 주의 말씀의 맛이 내게 어찌 그리 단지요 내 입에 꿀보다 더 다니이다(시 119:103).

> 주의 증거들로 내가 영원히 나의 기업을 삼았사오니 이는 내 마음의 즐거움이 됨이니이다(시 119:111).

> 주의 의로운 규례들로 말미암아 내가 하루 일곱 번씩 주를 찬양하나이다 주의 법을 사랑하는 자에게는 큰 평안이 있으니 그들에게 장애물이 없으리이다(시 119:164-165).

구약이나 신약에서 하나님의 계명은 하나님의 법이 그 마음속에 있는 자들에게는 더 이상 그들을 속박하는 올무나 쇠사슬이 아니라 그들의 마음을 인도하고 하나님의 뜻을 분별하는 교훈이고, 즐거움이며, 등불이자, 꿀 송이다. 이런 영적 쾌락은 신체 기관이나 피부의 접촉과 마찰에서 오는 피상적이고 저급한 쾌락과는 비교할 수 없는 영혼과 인격과 몸을 성화시키는 고상한 즐거움이다. 이러한 고상한 영적 즐거움과 쾌락은 기도와 함께 진행되는 묵상 속에서 이루어진다.

4. 퀴어신학의 성 윤리: 동성애, 매춘 등, 성 해방 주장하는 성 자유방임주의 헬미니악, 제닝스 등, 퀴어신학자들은 성경이 자유로운 성과 매춘을 개방했다고 가르친다

헬미니악은 '여자와 동침하는 것같이 남자와 동침하지 말라'는 레위기 18:22의 금령(禁令)도 항문 성교만을 금할 뿐 다른 동성 간의 성적인 행위는 허용하는 것이라고 주장한다.[14]

헬미니악은 성경에 합치하지 않는 다음 주장을 한다.

"삼손과 데릴라, 다윗과 밧세바에서 보듯이 성경은 성에 대해 개방적이다."

헤미니악은 다윗과 요나단(삼상 18:1; 20:20; 삼하 1:26)의 애정 관계를 위시하여, 다윗과 사울(삼상 16:21)의 관계 역시 연인 관계로 묘사하며, 요나단, 다윗, 사울이 삼각 관계에 있다고 본다. 룻과 나오미(룻 4:16)의 관계를 문학 작품에서 최초로 등장한 레즈비언 로맨스로 추정하며, 다니엘과 환관장 사이도 동성애 관계였을 가능성을 언급한다. 예수께 병든 하인을 고쳐 달라고 간청했던 백부장과 하인(마 8:5-13)의 관계 역시 동성애 관계라고 주장한다.

제닝스는 예수님이 남자를 사랑하는 사람이었다고 주장하며 신약에는 동성애적(homoerotic) 본문이 많이 있다고 한다.

> 만일 예수와 그의 사랑하는 제자가 연인이라고 가정한다면, 막달라 마리아가 예수와 육체적인 친밀함으로 특징지어지는 특별한 가까운 관계를 맺었

---

[14] Daniel A. Helminiak, *What the Bible Really Says About Homosexuality* (Tajique: Alamo Square Press, 1994, **2nd** Edition, 2000).

던 것으로 그려진다면 … 왜냐하면, 막달라 마리아는 예수의 애인이며, 그녀는 그의 어머니의 딸(며느리)이기 때문이다. … 우리는 이미 예수의 조상 중에서 룻과 그녀의 시어머니 나오미 사이에서 이런 종류의 관계에 대한 전형을 볼 수 있다. 그 두 여인 간의 사랑과 충실함의 이야기는 그 이야기가 실질적으로 동성애적 사랑을 그려내고 있다.[15]

퀴어신학자들은 마리아와 마르다가 혈연적 자매라기보다는 레즈비언이었을 가능성이 있다고 주장한다. "예수는 성(性)을 매매하는 여성의 아들이다. 예수는 창녀들이 종교인들보다 먼저 하늘나라에 갈 것이라고 선언하셨다"라고 주장한다. 이들의 성경 해석은 본문의 맥락에서 완전히 벗어나 자기들이 임의로 주입한 젠더주의적 관점으로 성경을 왜곡하고 있다.

[정통개혁신학의 반론]

퀴어신학은 성경 본문에서 완전히 벗어나 젠더주의 선입견을 주입하여 성(性) 자유방임주의에 빠지고 있다

퀴어신학자들은 성경 본문의 의미를 무시하고 자기들의 젠더주의 관점을 성경 본문에 자의적으로 투사하여 성경을 젠더주의적으로 왜곡하여 성(性) 자유방임주의(自由放任主義)를 주장하고 있다. 바른 성경 읽기란 텍스트의 사실과 텍스트가 제시하는 목소리를 경청하는 것이다. 정통개혁신학의 성경 본문 해석에 의하면 신명기는 매춘을 금하고 있다.

---

15 Theodore Jennings, Jr., *The Man Jesus Loved: Homoerotic Narratives from the New Testament* (Cleveland: Pilgrim Press, 2003). 박성훈 역 『예수가 사랑한 남자: 신약성경의 동성애 이야기』(서울: 동연, 2011), 55-56.

이스라엘 여자 중에 창기가 있지 못할 것이다(신 23:17).

사사기는 삼손과 기생 드릴라 관계를 칭찬하지 않고 오히려 잘못된 것(삿 1장)이라고 말한다. 열왕기하는 다윗이 충신 우리아의 아내 밧세바와의 간통 관계는 다윗이 실수한 가장 큰 죄과(罪科)로 본다. 다윗은 이 사건으로 징벌당하고 회개했다. 시편 51편은 그가 밧세바와 불륜을 범한 후 나단 선지자의 질책을 받고 난 후 고백한 다윗의 참회시다.

하나님이여 주의 인자를 따라 내게 은혜를 베푸시며 주의 많은 긍휼을 따라 내 죄악을 지워 주소서 나의 죄악을 말갛게 씻으시며 나의 죄를 깨끗이 제하소서 무릇 나는 내 죄과를 아오니 내 죄가 항상 내 앞에 있나이다(시 51:1-3).

세리와 창기들이 대제사장들과 장로들보다 먼저 하늘나라에 갈 것(눅 18:9-14)이라는 예수의 비유는 회개하지 않는 위선자들에 대한 경고의 말씀이다.

두 사람이 기도하러 성전에 올라가니 하나는 바리새인이요 하나는 세리라 바리새인은 서서 따로 기도하여 이르되 하나님이여 나는 다른 사람들 곧 토색, 불의, 간음을 하는 자들과 같지 아니하고 이 세리와도 같지 아니함을 감사하나이다 나는 이레에 두 번씩 금식하고 또 소득의 십일조를 드리나이다 하고 세리는 멀리 서서 감히 눈을 들어 하늘을 쳐다보지도 못하고 다만 가슴을 치며 이르되 하나님이여 불쌍히 여기소서 나는 죄인이로소이다 하였느니라 내가 너희에게 이르노니 이에 저 바리새인이 아니고 이 사람이 의롭다 하심을 받고 그의 집으로 내려갔느니라 무릇 자기를 높이는 자는 낮아지고 자기를 낮추는 자는 높아지리라 하시니라(눅 18:10-14).

이 비유에서 예수는 세리의 불법과 창기의 불륜을 허용한 것이 아니다. 이들의 회개하는 태도를 보고 칭찬하시고, 이들을 용서하셨으며, 그리고 의롭다 인정하셨다. 그러나 바리새인과 서기관이 스스로 의인(義人)으로 생각하는 교만한 태도를 질책하신 것이다. 세리와 창기들은 죄와 불법을 하나님 앞에서 시인하고 회개했기 때문에 하나님으로부터 용서를 받았다.

하지만 스스로 의인이라고 간주한 바리새인들은 자신들의 의를 드러내면서 회개하지 않은 교만한 태도로 인해 하나님의 인정을 받지 못했다고 가르치고 있다.

이미 언급한 바와 같이 구약성경 레위기 18:22; 20:13, 신약성경 로마서 1:26-7, 고린도전서 6:9-11, 디모데전서 1:10 등의 본문들은 동성애에 대해 가장 명료하게 "가증한 일"이라고 규정하고 있다. 공관복음서 어느 곳에서도 예수는 간음이나 매춘을 허용하시지 않을 뿐 아니라 동성애를 허용하신 적이 없다.

역사적 예수는 다자성애(Polyamory) 중에 있는 사마리아 여인에게 남편을 불러오라고 그 불륜 생활의 청산을 명하셨고 간음 현장에 붙들린 여인을 용서하시며 "다시는 죄를 범하지 말라"고 권면하셨다. 예수는 하늘나라를 위한 독신을 인정하였고 자신이 독신의 삶을 사셨다.

제4장

퀴어신학은 동성애를 정당화하는 이단 사상이다

1. 퀴어신학은 "성경이 동성애 동성혼을 정당화한다"라고 왜곡한다

1) 퀴어신학은 결혼의 목적이란 자녀 출산이 아니라 성화와 성숙을 위한 것으로 본다

퀴어신학은 결혼을 성화와 성숙으로 봄으로써 자녀 출산을 도외시한다. 성화와 성숙은 동성 간 결혼에서도 가능하다고 본다. 퀴어신학의 이러한 결혼 이해는 세상과 인간을 창조하시고 생육, 번식, 충만의 복을 주신 하나님의 창조의 뜻에 위배 된다. 자녀의 출산이 없는 가정과 사회는 그 대가 끊겨 진다. 자녀 없는 가정은 미래가 없고 가문의 계승은 끊겨 진다.

결혼이 성화와 성숙이라고 보는 것은 결혼의 2차 목적이다. 결혼의 2차 목적을 이루기 위해서도 동성 간 결혼이 아니라 이성 간 결혼이 요청된다. 하나님은 아담을 돕는 배필로서 하와를 만드셨기 때문이다.

여호와 하나님이 이르시되 사람이 혼자 사는 것이 좋지 아니하니 내가 그를 위해 돕는 배필을 지으리라 하시니라(창 2:18).

남자와 여성은 서로 성이 다르고 성격이 다르며 몸의 구조가 서로 다르므로 결혼을 통해 한 몸이 되어 서로 간에 부족함을 채우고 인격적으로 성숙하고 성화로 나아갈 수 있다.

하지만 동성애나 동성 간의 결혼은 창조 질서(성, 성격, 몸의 상호 보완)에 어긋나기 때문에 창조 시에 주신 창조주의 이러한 목적을 정상적으로 수행할 수 없다. 무엇보다도 성의 결합이 비정상적으로 이루어지기 때문에 비보건적이고 자녀 출산이 없으므로 반가정적이고 반사회적이다. 가정에는 자녀가 있어야 하고, 사회는 다음 세대들이 있어야 하기 때문이다.

[정통개혁신학의 반론]

성경은 결혼의 목적에서 자녀의 출산과 번식을 복으로 여기고 장려한다

하나님은 인간을 남자와 여자로 창조하시고 번식하는 복을 주셨다. 이는 남성과 여성이라는 이성(異性) 간의 결혼을 통해서 가능하다.

> 하나님이 그들에게 복을 주시며 하나님이 그들에게 이르시되 생육하고 번성하여 땅에 충만하라(창 1:28a).

시편 저자도 자식들을 하나님이 주신 복으로 노래하고 있다.

> 보라 자식들은 여호와의 기업이요 태의 열매는 그의 상급이로다. 젊은 자의 자식은 장사의 수중의 화살 같으니 이것이 그의 화살통에 가득한 자는 복되도다 그들이 성문에서 그들의 원수와 담판할 때에 수치를 당하지 아니하리로다(시 127:3-5).

가정과 사회의 존속과 번창은 남녀의 결혼을 통한 자녀 출산과 번식을 통해서 이루어진다. 그러나 동성 간 결혼은 창조 질서에 어긋날 뿐 아니라 자녀 생산도 없다. 동성 간 결혼(동성혼)은 자녀 출산 대신 자녀 입양을 해야 한다. 가족 형성에 있어서도 자녀들에게 정상적인 부모의 역할이 이루어지지 않는다. 그래서 자녀들에게 엄마 결손이나 아빠 결손이라는 상처를 주는 비정상적인 경우가 된다. 남자와 여자는 결혼을 통해 가정을 이룸으로써 하나님이 원하시는 성화와 성숙을 이룰 수 있다.

결혼이란 창조 질서로서 주신 이성(異性) 간의 결합이기 때문에 이성 간의 서로 다름으로 상대방을 보충 보완함으로써 인격과 신앙의 성숙과 성장으로 나아갈 수 있다. 하지만 동성 간 결혼은 창조의 이치(理致)에 배치(背馳)되기 때문에 그 결합이 지속하기 어렵고 신체 구조와 성격이 서로 보완하도록 지음을 받은 창조 질서와 갈등을 야기한다. 인간은 남녀가 서로 배필이 되어 부족함을 보완하고 인격의 성숙을 이루도록 하는 것이 창조주의 오묘한 뜻이기 때문이다.

2) 퀴어신학은 '그리스도와 신자의 신비적 연합'처럼 '동성 간 결혼'을 할 수 있다고 주장한다

퀴어신학은 동성 간의 연합을 신자와 그리스도의 연합에 비유한다. 하나님이 금기하고 있는 동성 간의 결합을 신앙 안에서 신자와 그리스도 사이에 일어나는 신비스러운 영적인 하나됨과 연결시키는 것은 전혀 적합하지 않다. 동성 간의 결합은 몸의 결합을 이룰 수 없다.

몸의 결합이란 해부학적으로 남자와 여자의 결합으로 이루어지기 때문이다. 동성끼리의 결합이란 진정한 결합이 아니다. 이는 창조 질서에 어긋남으로 신비적 연합이라고 말할 수 없다. 퀴어교회가 동성 간 결합을 허용함은 기독교 신앙을 젠더주의화시키는 것으로 전혀 기독교 결혼의 성격에 부합하지 않는다.

퀴어신학은 신자와 그리스도 사이에 이루어지는 신비적 연합을 동성 간의 연합으로 연결함으로써 성경이 가르치는 영적 신비로운 연합을 젠더주의적으로 외설화 시키고 있다.

왜냐하면, 동성 간의 성적 결합이란 성경이 "가증한 일"이라고 금기하고 있기 때문이다. 부부로서 양성 간의 결합이 거룩하고 한 몸이 된다고 창세기는 가르치고 있다.

> 이러므로 남자가 부모를 떠나 그의 아내와 합하여 둘이 한 몸을 이룰지로다(창 2:24).

[정통개혁신학의 반론]

동성애와 동성혼은 창조 질서의 위반이요 성경이 금(禁)하고 있다

성경은 동성 간 결혼은 전혀 가르치지 않고, 동성 간 결합을 "가증하다"(레 18:22)라고 금하고 있다. 성경 어느 곳에서도 남자와 남자, 여자와 여자의 결혼에 관해 언급하고 있지 않다.

성경은 남자와 여자가 결혼하는 것을 가르친다. 결혼은 창조 질서의 비밀로서 남자와 여자가 결혼하여 한 몸을 이룬다. 바울은 에베소교회에 보내는 서신에서 다음과 같이 가르친다.

> 그러므로 사람이 부모를 떠나 그의 아내와 합하여 그 둘이 한 육체가 될지니 이 비밀이 크도다 나는 그리스도와 교회에 대해 말하노라 그러나 너희도 각각 자기의 아내 사랑하기를 자신같이 하고 아내도 자기 남편을 존경하라(엡 5:31-33).

성경은 결혼을 그리스도와 교회의 신비한 연합과 연결하여 설명하면서 남편(남자)의 사랑과 아내(여자)의 존경을 가르치고 있다.

> 그러므로 교회가 그리스도에게 하듯 아내들도 범사에 자기 남편에게 복종할지니라 남편들아 아내 사랑하기를 그리스도께서 교회를 사랑하시고 그 교회를 위해 자신을 주심 같이하라(엡 5:24-25).

부부 사이의 성적 결합이란 쾌락을 추구하는 것이 아니라 서로 존중하고 헌신함으로써 이루어지는 거룩한 몸의 결합으로 한 몸이 되는 것이다. 이러한 부부 사이에 서로의 존경과 헌신으로 몸과 영혼의 연합은 신부로서의 신자와 신랑으로서의 그리스도와의 신비스러운 연합이 교회라는 영적 실재의 가시적인 모습으로 나타난다.

3) 퀴어신학은 '아가페 사랑은 동성애와 이성애에 차이를 두지 않는다' 라고 가르친다

퀴어신학은 아가페 사랑과 에로스 사랑을 혼동한다. 아가페 사랑이란 대가 없는 자기 헌신의 사랑이나 에로스 사랑은 상대방의 대가를 요구하는 자기 욕구 충족의 사랑이다. 퀴어 실천가들에게 동성애 사랑은 이성애 사랑과 다르지 않다고 본다. 이들에게 사랑은 이성 간에만 이루어지지 않고 동성 간에도 이루어지며 동성 간의 신체적인 결합도 이성 간의 결합과 다를 바 없다고 한다.

하지만 남자와 남자 사이에 사랑과 성 관계, 여성과 여성 사이의 사랑과 성 관계는 창조 질서에 반하는 것으로서 과연 정상적으로 이루어질 수 있을까 의문시된다. 동성애자들 커플 사이의 이탈과 헤어짐은 성적 문란함으로 심각하다는 실례가 보도되고 있다. 남성과 여성 동성애 커플이 사귀는 평균 기간은 대략 2.5년에 불과하다고 한다.[1]

2010년 미국 심리학자 하비 카르텐(Harvey Karten)과 니콜라스 웨이드(Nicholas Wade)가 공동으로 조사한 연구에 의하면 남성 동성애자의 86%가 정서적으로 만족하지 못하고 동성애에서 벗어나기를 바란다고 했다.[2] 사도 바울은 동성 간의 성적 결합을 '순리'(順理)가 아닌 '역리'(逆理)라고 정죄했다.

> 이 때문에 하나님께서 그들을 부끄러운 욕심에 내버려 두셨으니 곧 그들의 여자들도 순리대로 쓸 것을 바꾸어 역리로 쓰며 그와 같이 남자들도 순리대로 여자 쓰기를 버리고 서로 향하여 음욕이 불 일듯 하매 남자가 남자와 더불어 부끄러운 일을 행하여 그들의 그릇됨에 상당한 보응을 그들 자신이 받았느니라(롬 1:26-27).

---

[1] 바른성 문화를위한국민 연합 (2012, 편집), 『동성애에 대한 불편한 진실』 (밝은 생각, 2017), 118.
[2] E. Y. Karten Und J. C. Wade, Sexual Orientation Change Efforts in Men: A Client Perspective, *The Journal of Mens' Studies* 18(1), 2010, 84.

동성 간의 결합은 서로를 향한 성적 욕정에 빠지는 "부끄러운 일"이며, "그들의 그릇됨에 상당한 보응을 그들 자신이 받았느니라"고 말하고 있다.

[정통개혁신학의 반론]

퀴어신학은 에로스 사랑과 아가페 사랑을 혼동한다

헬레니즘 문화에서는 동성애와 이성애가 혼동되었으나 유대교 사상과 신약의 사상[3]은 동성애와 이성애를 명료히 구별하며, 아가페와 에로스를 명료히 구별한다. 하나님 사랑은 아가페 사랑이다. 이는 하나님의 우리를 향한 무조건적 사랑이다.

그러나 남녀의 사랑, 즉 부부의 사랑은 에로스의 사랑으로 아가페 사랑이 아니다. 에로스 사랑은 이성 사이에 이루어지는 신체적인 매력과 호기심을 교환하고 나누는 사랑이다. 에로스 사랑은 신체적인 결합으로 이루어진다.

이 사랑이 성숙하게 될 때 단지 신체적 사랑에 끝나지 않고 정신적이고 영적 사랑으로 나아가게 된다. 부부의 사랑은 먼저 몸의 결합이요 이성(異性) 간의 결합이고 성의 결합에는 반드시 책임과 윤리가 따른다. 결혼 생활에서 무분별한 파트너의 바꿈은 허용되지 않는다. 동성애자의 파트너 바꿈은 너무 문란한 것으로 밝혀지고 있다.[4]

---

[3] 신약시대 유대교 일파인 쿰란 종파의 사해사본에는 "동성애 금기하는 규정"이 명백하게 나온다. 즉 동일한 것으로 보이는 두 개의 쿰란 문서에서는 "여자와 동침하듯 그렇게 남자와 동침하는 … 사람은 하나님께서 멸망시키기로 … 결정하셨다"(4Q270=6Q15)라고 적고 있다. 또 어떤 쿰란 문서에서는 근친상간 금지법을 자세히 기재하고 그것이 "혐오스러운 것"으로 규정하고 있다(4Q524=11Q19)(Florentino Garcia Martinez and Eibert J. C. Tigchelaar, eds., *The Dead Sea Scrolls Study Edition* (Leiden: Brill, 1999), 609(6Q15), 1155(4Q270).

[4] 동성 결혼, 동성 커플에서 정절성이나 관계의 지속성은 매우 낮다. 남자 동성 간 결합에서

4) 퀴어신학은 양자(養子)됨의 원리를 동성 가족에 적용한다

퀴어신학은 하나님이 우리를 양자 삼으신 것과 접붙임의 비유를 근거로 동성 부부의 입양이 성경적이라고 주장한다.

이에 반해서, 성경이 가르치는 입양은 이성(異性) 부부가 자녀가 없을 때 취하는 사회적 절차요 이는 정상적인 결혼 질서다. 입양은 인류 역사에 있어서 오랫동안 관습으로 지켜왔다.

[정통개혁신학의 반론]

동성 가정이란 성경에서는 생소하며 성경에는 이성(異性) 가정, 영적 가족, 영적 입양이 있다

남자와 남자, 여자와 여자로 이루어지는 동성 가정이란 성경에 없다. 창조 질서는 남자와 여자라는 이성(異性) 간의 결합으로 이루어진다. 이성(異性) 가정에 자녀가 없는 경우 다른 자의 자식을 입양하는 법적 입양이 있다. 이에 반해서, 동성(同性) 가정은 창조 질서를 깨뜨리는 것이다.

동성(同性) 가정이 양자 입양하는 것은 이성(異性) 가정의 입양과는 다르다. 동성 가정의 입양의 경우 입양된 자녀에게 동성 부모의 성 생활과 이해가 왜곡되어 각인되고 이성 부모의 관계처럼 정상적이지 않다. 동성 가정의 입양에서는 친척 관계에서도 여러 가지 어려움과 왜곡이 형성될 여지가

정절이 지켜지는 경우는 156쌍 중 7쌍으로 매우 드물며, 그 관계도 대개 5년 이내이다. 레즈비언 간 커플에서도 이와 유사한 것을 볼 수 있다. W. Schumm, "Comparative Relationship Stability of Lesbian Mother and Heterosexual Mother Families: A Review of Evidence," *Marriage and family Review 46*(2010), 499-509. 민성길, "정신의학에서 보는 동성애," in 김영한 외 『동성애, 21세기 문화충돌』(용인: 킹덤북스, 2016), 577-636, 특히 610.

많다. 여태까지 다른 성의 부모를 알지 못한 자녀들이 다른 성의 친척을 대하는데 여러 가지 어려움이 제기된다.

이에 반해, 영적 의미에서 양자 입양은 불신자가 복음을 듣고 죄를 회개하고 예수를 믿어 그리스도의 영을 받아 하나님의 자녀가 되는 것을 말한다.

5) 퀴어신학은 그리스도인은 양성(兩性)이신 그리스도를 따라서, 성 소수자(LGBTQ)의 다양한 성 정체성을 선택할 수 있다고 주장한다

퀴어신학자 패트릭 S. 쳉(Patrick S. Cheng)은 미국의 친(親) 성 소수자들 개신교단인 메트로폴리탄컴뮤니티교단(Metropolitan Community Churches)에서 다양한 성 정체성을 천명한다.

> 신성과 인성의 '하이브리드 그리스도'(The Hybrid Christ)께서 우리들이 특정한 정체성을 하나만 선택하게 하지 않고 동시에 두 가지 정체성을 다 가지게 허용하신다.[5]

이를테면, 성 소수자(LGBTQ)로서 자기와 다른 성 정체성을 가진 그리스도인을 인정한다는 것이다. 그는 레즈비언(Lesbian), 게이(Gay), 양성애(Bisexual), 트랜스젠더(Transgender), 퀴어(Queer) 등 다양한 성 정체성을 가진 그리스도인을 인정하고 있다.

---

5 Patrick Cheng, *From Sin to Amazing Grace*를 인용하면서 Metropolitan Community Church이 제시하는 개념이다. 이승구, "퀴어신학의 주장과 그 문제점들," 16.

[정통개혁신학의 반론]

그리스도의 양성(신성과 인성)은 동성애자들 가운데 성적으로 활동하는 양성애자(이성애와 동성애를 하는 자)와 다르다

그리스도의 양성(two natures)은 그리스도께서 하나님 본성(신성, divine nature)인 동시에 인간 본성(인성, human nature)을 가진 것을 말한다. 그리스도의 양성은 퀴어신학처럼 남성과 여성을 말하지 않는다. 그러므로 그리스도의 양성은 양성애자와 아무 관계가 없다.

양성애자는 동성애자들 가운데 이성애와 동성애를 모두 실천하는 자로서 창조 질서로 주어진 이성애의 성(性) 습성이 변태 된 자들이다. 양성애자들은 예수 그리스도 앞에 인격적으로 나가 자기의 성 중독을 질병으로 고백하고 그의 치유와 해방을 간구하면 그리스도는 그를 양성애 중독에서 해방시켜 주신다.

구약시대 호세아 선지자는 음행한 이스라엘 백성을 향해 하나님께로 돌아가면 하나님이 저들을 싸매어 주시고 불의에서 고쳐주실 것을 선포하고 있다.

> 오라 우리가 여호와께로 돌아가자 여호와께서 우리를 찢으셨으나 도로 낫게 하실 것이요 우리를 치셨으나 싸매어 주실 것임이라 여호와께서 이틀 후에 우리를 살리시며 셋째 날에 우리를 일으키시리니 우리가 그의 앞에서 살리라 그러므로 우리가 여호와를 알자 힘써 여호와를 알자 그의 나타나심은 새벽빛같이 어김없나니 비와 같이, 땅을 적시는 늦은 비와 같이 우리에게 임하시리라 하니라(호 6:1-3).

호세아 선지자는 하나님과 그의 백성과의 결혼 관계를 메시지로 전한 선지자다.

> 여호와께서 호세아에게 이르시되 너는 가서 음란한 여자를 맞이하여 음란한 자식들을 낳으라 이 나라가 여호와를 떠나 크게 음란함이니라 하시니(호 1:2).

그는 자신이 하나님을 대리하여 매춘부 고멜을 아내로 취하여 결혼한다. 호세아는 자기의 결혼 언약이 음녀인 아내 고멜의 부정으로 인하여 깨지나 다시 그녀를 데려와 그녀와의 결혼 언약을 회복하는 것을 가르치고 있다. 그리하여 그의 백성을 향한 하나님의 사랑과 언약의 불변함을 가르치고 있다.

호세아 선지자의 결혼 메시지는 동성 결혼이 아닌 이성 결혼이며, 우리 성도들이 종말론적으로 천국에서 영원히 하나님의 신부로서 신랑이 되신 예수 그리스도와 결혼하게 될 것을 보여 주고 있다.

하나님은 매춘부인 우리 죄인들을 그의 아내로 삼으시고, 죄과를 씻어주시며, 그를 영원한 반려자와 친구로 삼아주신다. 하나님은 마찬가지로 동성애자도 불러주시고, 그를 치유하시며, 그를 영원한 반려자로 삼아주신다.

6) 퀴어신학은 예수의 두 가지 말씀(막 3:33; 눅 14:26)을 인용해 예수는 전통적인 가족 제도를 부인했다고 해석한다

예수 가족들이 복음 사역 중인 예수를 찾아왔을 때 예수는 저들이 가족임을 부인했다는 것이다.

대답하시되 누가 내 어머니이며 동생들이냐 하시고(막 3:33).

예수는 자기 가족을 미워해야 하늘나라에 들어갈 자격이 있다고 했다.

무릇 내게 오는 자가 자기 부모와 처자와 형제와 자매와 더욱이 자기 목숨까지 미워하지 아니하면 능히 내 제자가 되지 못하고(눅 14:26).

퀴어신학의 이러한 본문 해석은 이념을 우선시 하여 공산주의자들처럼 가족을 부인하는 극단적 해석이며 본문에 충실한 해석이 아니다. 성경 본문에 충실한 해석이란 가족의 가치보다는 하나님 나라의 가치가 더 우선시 되어야 한다는 것이다.

역사적으로 기독교 복음이 들어가는 사회마다 가정의 화목이 회복되고 가족애가 넘쳐났다. 가정은 하나님이 주신 창조의 질서이고, 이 세상에서의 오아시스이기 때문이다.

[정통개혁신학의 반론]

정통개혁신학은 퀴어신학의 가족 제도 거부 주장을 다음 두 가지 이유에서 거부한다

첫째, 예수는 자연적(이성애적) 가족 제도를 부인하지 아니하셨다. 예수의 말씀, '대답하시되 누가 내 어머니이며 동생들이냐 하시고'(막 3:33) 구절은 가족 제도 자체를 부인한 것이 아니다. 이 구절은 그 다음 구절과 연관해서 이해되어야 한다.

둘러앉은 자들을 보시며 이르시되 내 어머니와 내 동생들을 보라 누구든지 하나님의 뜻대로 행하는 자가 내 형제요 자매요 어머니이니라(막 3:34-35).

예수는 '그의 말씀을 사모하고 순종하는 자가 예수님의 진정한 어머니요 형제요 자매요 동생이라고 가르치신 것'이다. 예수는 청소년 시절 목수로서 부친 요셉으로부터 생업을 배웠고, 어머니 마리아에 효도하며, 가르침에 순종했다. 예수는 십자가에 달려 운명하시기 전에 제자 요한에게 어머니 마리아를 부탁했다.

둘째, 예수는 가족보다 하나님의 뜻이 더 중요하다는 것을 교훈하신 것이다.

무릇 내게 오는 자가 자기 부모와 처자와 형제와 자매와 더욱이 자기 목숨까지 미워하지 아니하면 능히 내 제자가 되지 못하고(눅 14:26).

예수님의 이 말씀은 가족 제도를 부인하신 것이 아니다. 이 말씀은 가족 사랑보다 하나님의 뜻을 준행함이 더 중요하다는 가르침이다. 예수님은 끝까지 그의 어머니를 공경하여 돌보셨고 숨 거두기 전에 제자 요한에게 어머니 돌봄을 맡겼다. 사도 요한은 그의 복음서에서 이 사실을 다음과 같이 기록하고 있다.

예수께서 자기의 어머니와 사랑하시는 제자가 곁에 서 있는 것을 보시고 자기 어머니께 말씀하시되 여자여 보소서 아들이니이다 하시고 또 그 제자에게 이르시되 보라 네 어머니라 하신 데 그때부터 그 제자가 자기 집에 모시니라(요 19:26-27).

2. 동성애 이슈는 단지 윤리적 문제를 넘어선 하나님이 보시기에 "가증한 악"이다

신구약성경은 여러 곳에서 확실히 동성애를 "가증한 악"(תועבה, 토에바, detestable)이라고 정죄하고 있다.

1) 구약(창세기, 레위기, 에스겔, 예레미야)의 경고

창세기 19장이 보고하는 동성애 장면은 다음과 같다.

> 롯을 부르고 그에게 이르되 오늘 밤에 네게 온 사람들이 어디 있느냐 이끌어 내라 우리가 그들을 상관하리라 롯이 문밖의 무리에게로 나가서 뒤로 문을 닫고 7이르되 청하노니 내 형제들아 이런 악을 행하지 말라(창 19:5-7).

창세기 저자는 동성애를 악이라고 규정하고 있다. 그리하여 소돔과 고모라의 주민들은 하나님의 유황 심판을 받기에 이른다. 레위기는 다음과 같이 동성애 금기를 명한다.

> 너는 여자와 동침함 같이 남자와 동침하지 말라 이는 가증한 일이니라(레 18:22).

> 누구든지 여인과 동침하듯 남자와 동침하면 둘 다 **가증한 일**을 행함인즉 반드시 죽일지니 자기의 피가 자기에게로 돌아가리라(레 20:13).

레위기 18:22은 동성애는 가증한 일이라고 윤리적으로 규정하고 레위기 20:13은 이러한 일을 범하면 죽이라고 처형 규례까지 만들어져 있다. 에스겔 16장은 소돔의 죄악이 가증한 일이라는 사실을 확인한다.

> 네 아우 소돔의 죄악은 이러하니 그와 그의 딸들에게 교만함과 음식물의 풍족함과 태평함이 있음이며 또 그가 가난하고 궁핍한 자를 도와 주지 아니하며 거만하여 가증한 일을 내 앞에서 행하였음이라 그러므로 내가 보고 곧 그들을 없이 하였느니라(겔 16:49-50).

예레미야 23장에서 예레미야 선지자는 소돔과 고모라 주민의 가증한 일을 고발하고 있다.

> 내가 예루살렘 선지자들 가운데도 가증한 일을 보았나니 그들은 간음을 행하며 거짓을 말하며 악을 행하는 자의 손을 강하게 하여 사람으로 그 악에서 돌이킴이 없게 하였은즉 그들은 다 내 앞에서 소돔과 다름이 없고 그 주민은 고모라와 다름이 없느니라(렘 23: 14).

에스겔, 예레미야도 소돔과 고모라인들의 가증한 일이란 간음, 거짓 및 악한 행위를 비롯한 동성애 행위임을 말해 주고 있다.

2) 신약(로마서, 고린도전서, 유다서)의 경고

사도 바울은 로마교회 성도들을 향해 그 시대의 동성애를 고발하고 있다.

> 이 때문에 하나님께서 그들을 부끄러운 욕심에 내버려 두셨으니 곧 그들의 여자들도 순리대로 쓸 것을 바꾸어 역리(παρὰ φύσιν, para phusin)로 쓰며 그와 같이 남자들도 순리대로 여자 쓰기를 버리고 서로 향하여 음욕이 불일듯하매 남자가 남자와 더불어 부끄러운 일을 행하여 그들의 그릇됨에 상당한 보응을 그들 자신이 받았느니라(롬 1:26-27).

사도 바울은 고린도교회 성도들을 향해 동성애자들은 하나님 나라에 들어가지 못한다고 경고하고 있다.

> 불의한 자가 하나님의 나라를 유업으로 받지 못할 줄을 알지 못하느냐 미혹을 받지 말라 음행하는 자나 우상 숭배하는 자나 간음하는 자나 탐색하는 자나 남색하는 자나 도적이나 탐욕을 부리는 자나 술 취하는 자나 모욕하는 자나 속여 빼앗는 자들은 하나님의 나라를 유업으로 받지 못하리라(고전 6:9-10)

사도 유다도 소돔과 고모라의 동성애를 정죄하고 있다.

> 소돔과 고모라와 그 이웃 도시들도 그들과 같은 행동으로 음란하며 다른 육체를 따라 가다가 영원한 불의 형벌을 받음으로 거울이 되었느니라(유 1:7).

신약시대 소아시아의 도시 에베소에는 우정을 모독하는 동성애와 소아성애의 상징으로 발굴된 에로스(큐피트)신이 만연했다. 에베소에서 발굴된 유물 조각상을 보면 에로스신이 남자의 성기를 들고 동성애를 부추기고 있다. 에베소는 소아시아의 수도이지만 동성애가 창궐하여 십자가와 부활의 복음이 아시아 전역에 전파되는 진원지가 되었다.

사도행전 19:10에서 사도 바울이 두란노 서원에서 2년 동안 복음을 전했던 아시아 지역은 수도인 에베소이다.[6] 사도 바울은 에베소에서 3년이나 머물면서 이 도시로부터 골로새, 라오디게아, 히에라폴리스 등 교회를 설립했다.[7]

> 두 해 동안 이같이 하니 아시아에 사는 자는 유대인이나 헬라인이나 다 주의 말씀을 듣더라(행 19:10).

에베소서 5:3-14에서 사도 바울은 에베소 성도들이 빛 속의 삶을 살아야 할 것을 권면하고 있다. 이 권면에서 사도 바울은 성적인 부도덕에 대해 말하는 것과 부적절한 성적인 내용으로 장식된 말을 금지하는 것으로 시작한다.

> 음행과 온갖 더러운 것과 탐욕은 너희 중에서 그 이름조차도 부르지 말라 이는 성도에게 마땅한 바니라(엡 5:3).

여기서 금지된 것은 성적인 방탕에 방임(포르네이아=포르노), 더러움, 음행, 탐욕이다. 포르노에 욕심을 내고 음란을 탐하는 것은 음행으로 나아가는 경우가 많다. 사도 바울은 당시 동성애가 성행했던 에베소 도시에서 음행자들과 동성애자들은 하나님 나라에 들어갈 수 없다고 경고하고 있다.

> 너희도 정녕 이것을 알거니와 음행하는 자나 더러운 자나 탐하는 자 곧 우상 숭배자는 다 그리스도와 하나님의 나라에서 기업을 얻지 못하리니(엡 5:5).

---

[6] 성공한 가정(Successful Home), 소기천의 반동성애 대책 설교문(개회예배), 2019년 전반기 샬롬나비워크샵, 2019. 6월 21일.
[7] 행 19:8-10, 『해설 관주 성경전서』, (독일성서공회판, 1997), 332.

사도 요한은 요한계시록 2:4-5에서 소아시아의 일곱 교회 중에서 가장 대표적인 에베소교회에 보낸 편지에서 "첫사랑을 회복하라"고 책망한다. 첫사랑은 음행에서 벗어나 그리스도의 십자가의 사랑을 체험하고도 인간의 욕정을 이기지 못하여 다시 음란한 길로 빠지는 것을 경고한 것이다.[8]

3. 테오도르 제닝스의 동성애 정당화 퀴어신학 비판

미국 시카고신학교 교수요 신부(神父)인 테오도르 W. 제닝스(Theodore. W. Jennings)는 현재 성서신학 및 문화신학을 가르치고 있다. 그는 이론신학자이자 성경학자로서 포스트모더니즘의 문제들을 해방신학적으로 재해석하는 데 활동을 해왔고, 특히 성 소수자 문제를 다루는 퀴어신학자로서 국제적인 활동을 하고 있다.

그는 지난 2018년 8월 다시 한국을 방문하여 기독교 이후 시대의 신학과 동성애 퀴어신학을 강연하여 동성애신학과 후기 현대의 기독교신학 동향을 한국교회와 신학계에 소개했다. 복음주의 성향의 신학자, 목회자, 선교사, 대학교 교수들로 구성된 '샬롬나비'(샬롬을꿈꾸는나비행동)는 제닝스가 한국을 방문하여 행한 강연들의 내용을 보고, 그의 퀴어신학에 대해 비판적 논평문(2018년 10월 1일)을 내었다.[9]

---

[8] 성공한 가정(Successful Home), 소기천의 반동성애 대책 설교문, 개회예배 설교문, 2019년 전반기 샬롬나비워크샵, 2019.21: 신약성경의 3대 저자인 바울, 누가, 요한 등은 모두 에베소에 거점을 두고 활동을 한 영적 지도자들이다. 그래서 에베소에 교회를 세운 바울과 에베소에 무덤이 있던 누가와 요한을 기념한 교회가 에베소에 있다. 이들은 에베소에 가득한 음행을 몰아내고 하나님의 거룩한 뜻을 세우려고 힘쓴 분들이다.

[9] 2018년 10월 1일 샬롬을꿈꾸는나비행동(최근 한국 방문하여 강연한 테오도르 제닝스

1) 기독교 이후의 신학: 사신신학적 전통

퀴어신학자 제닝스는 그의 스승 토마스 알타이저(Thomas Altizer)가 그의 저서 『기독교 무신론 복음』(Gospel of Christian Atheism, 1966)에서 선언한 하나님 죽음의 복음 사상보다 더 급진적으로 나아가는데 그는 한때 존재했던 하나님께서 더 이상 실존하지 않기 때문에 기독교가 소멸할 세속 사회가 도래할 것이며, 바로 이런 연유에서 '기독교 이후의 신학'(Post-Christian Theology)에 대해 고민해야 한다고 공언하고 있다.

제닝스는 현재 논의되는 퀴어신학의 중요한 화두가 거의 그에게서 나온다고 해도 과언이 아닐 만큼 오늘날 퀴어신학의 선봉에 서 있다. 제닝스를 급진적 인물로 주목하고 그의 퀴어 사상을 별도로 간략하게 비판적으로 다루는 이유는 그가 동성애를 신학적으로 정당화하는 퀴어신학을 확산시킴으로써 젠더주의로 인류 문화를 재구성하려는 선두주자이기 때문이다.

제닝스는 지난 2018년 방한하여 평화교회연구소, 제3시대 그리스도연구소, 카이로스와 도서출판 길이 함께 주관한 강연회에서 8월 30일 "기독교 이후의 신학"(Post-Christian Theology)을 주제로 강연했다.

> 기독교 이후라는 말은 기독교가 끝난 이후를 의미한다. 쇠락하고 몰락하겠지만 역설적으로 기독교 이후에 나타날 소위 기독교라 할 수 있는 '무엇'이기도 하다. 끝과 동시에 연결되는 삶, 또 다른 어떤 목표, 새로운 완성을 만드는 계기이다.[10]

의 퀴어신학 논평서), 테오도르 제닝스의 퀴어신학은 예수를 동성애자로 보고 동성애를 합법화하는 이단신학이다. 한국교회 공교단들은 테오도르 제닝스의 동성애 퀴어신학을 이단으로 결의해야 한다; 샬롬나비, 한국방문 테오도르 제닝스의 퀴어신학 비판 나서 2018.10.01, 기독인뉴스

[10] 홍성태, "테오도르 제닝스: 종교적 기독교의 끝에서 시작되는 기독교 이후의 신학," 복

제닝스는 우리 시대에 나타나는 기독교 이후의 신학에 대해 그의 견해를 밝힌다.

> 종교적 기독교가 설 자리가 없어지고 끝난 이 시대에 기독교 이후의 신학이 시작되고 있다. 기독교 진리는 기독교 밖에 위치하고 기독교 안에는 앞서 말한 것처럼 교리, 종교, 권위와 같은 심판과 죽음과 같은 것들이 있다. 이런 알타이저 생각의 한 부분을 증명하는 일이 현재 세계의 인문학이나 지식 구도를 바꾸는 하나의 흐름으로 나타나고 있다.
>
> … 자크 데리다(Jaque Derrida)의 친한 친구였던 장 뤽 낭시(Jean-Luc Nancy)를 언급하려 한다. 그는 지금도 미국 유럽 지성사를 이끄는 사상가이다. 그의 빛나는 저술 중 두 권이 바로 '기독교 해체'에 관한 내용인데, 낭시는 고가르텐이 기독교의 세속화가 완성이라고 했던 입장과는 또 다르다. 그는 기독교는 "종교를 벗어나는 종교," "종교 밖으로 나가는 종교"라고 말했다. 기독교 핵심은 신에 속한 거룩함이 곧 인간적인 것과 인간의 것들로 체현된다(나타난다)는 것이며, 결국 신과 인간의 차이 자체를 허무는 것이 이미 기독교 안에 들어 있다고 말한다. 종교를 타파하고 무너뜨리며, 하나의 절대적 신 자체를 무너뜨리는 것이라는 말이다.[11]

기독교 이후 시대에 신학이 신 죽음을 넘어서 절대자 신 자체를 해체하는 것은 급진적인 사상임에 틀림없다. 다음은 제닝스가 그의 강연에서 기독교 이후 신학의 과제라고 언급하고 있는 핵심 문장이다.

음과 상황에서 가져온 강연, 2018.10.30.(cafe.daum.net/InHissteps/ZTAz/4485).

[11] 홍성태, "테오도르 제닝스: 종교적 기독교의 끝에서 시작되는 기독교 이후의 신학," 2018.10.30.

신에 속한 거룩함이 곧 인간적인 것과 인간의 것들로 체현된다.
신과 인간의 차이 자체를 허무는 것이 이미 기독교 안에 들어 있다.
종교를 타파하고 무너뜨리며, 하나의 절대적 신 자체를 무너뜨리는 것이다.

그는 신의 초월성을 부정하고 신성을 인간성으로 끌어 내리며 신과 인간의 차이를 무너뜨리는 시도는 새로운 것이 아니라 이미 프리드리히 슐라이어마허(Friedrich Schleiermacher) 이후 19세기 역사적 범신론(Geschichtspantheismus)로 되돌아감과 다를 바 없다고 생각한다.[12]

기독교 이후 신 없는 인간이 자기의 자율성을 추구하려 한다면 그것은 인간의 과학 기술과 역사를 신격화하는 것 외 다름 아니다. 19세기 역사적 범신주의인 자유주의신학이 인류를 두 차례나 세계대전의 잿덤이로 몰아갔다면, 앞으로 21세기 기독교 이후 시대의 자유주의신학은 어떠한 재앙에 당면하게 될지 진지하게 성찰하지 않을 수 없다.

제닝스의 동성애 퀴어 사상도 그의 문화신학 만큼 급진적이다. 그는 성경을 해체적으로 읽고 증오와 차별의 프레임 속에 갇혀 있는 성 소수자인 동성애자들을 위해 성경을 게이적으로 읽으며 예수를 동성애자로 해석하고 동성애를 합리화한다. 동성애를 합리화하게 될 때 인간의 존엄성은 어디로 가게 될지 깊이 우려하지 않을 수 없다. 잠언은 인간 자율성의 길이 파멸의 길이라고 교훈하고 있다.

어떤 길은 사람이 보기에 바르나 마침내 사망의 길이니라(잠 16:25).

---

[12] 김영한, 『바르트에서 몰트만까지』(서울: 대한기독교서회, 2003, 전정판), 24-27.

2) 해체주의적 성경 읽기

제닝스에 의하면 전통적 교회는 게이와 레즈비언, 그리고 양성애자를 희생양 삼아 성(性)을 죄악시해왔다. 제닝스는 그것은 교회가 창안해 낸 한 편의 신화라고 본다. 이 신화를 통해 전통적 교회는 가족의 다양한 가치들에 대해 질문할 여지를 차단해왔다.

다시 말해, 게이와 레즈비언들은 괴물 취급을 받았고 그들을 그들 자신의 성적 취향 그대로 가족의 일원으로 삼는 것을 부자연스러운 것으로 만들었다. 그리하여 괴로움 속에서 그들은 정체성에 혼동을 일으키며 급기야 자살에 이르기도 했다. 그러므로 게이, 레즈비언과 그들의 가족, 그리고 그들과 함께 세상을 살고 있는 동성애자에게 성경을 다시 읽고 그 속에 새겨져 있는 전통적 교회의 성적 신화의 껍데기를 벗겨내어 해석할 여지를 주는 것은 중요한 일이다.[13]

저자의 견해에 의하면 제닝스는 여기서 오늘날 젠더주의자들이 반동성애자들을 몰아가는 차별과 혐오의 프레임을 전통적 교회와 신학에 대해 투사하고 있다. 전통적 교회가 일방적으로 성수소자들을 차별과 증오의 프레임으로 몰아갔다는 것은 제닝스의 이데올로기적 투사이지 사실에 부합하지 않는다. 전통적 교회는 결코 동성애자들을 혐오하거나 차별하지 않고 단지 동성애 행위가 성 중독이라는 지적할 뿐이다.

교회가 그렇게 하는 것은 "동성애는 가증하다"라는 하나님의 말씀(레 18:22; 20:13)을 준행할 뿐이다. 교회는 동성애자들이 성 중독에서 탈출하도록 힘쓰고 있다. 전통교회는 탈동성애 운동을 위한 인권 운동으로 시

---

[13] 「웹진제3시대」(https://minjungtheology.tistory.com/276).

행하고 있다.

전통적 교회가 성을 죄악시한다는 제닝스의 지적도 사실에 부합하지 않는다. 성경은 오히려 성과 가정을 귀하게 여긴다. 이에 대해 구약의 지혜문서인 잠언이 모든 사람에게 귀감이 되는 교훈을 제시해 주고 있다. 복된 사람은 자기 가정을 귀하게 생각하고, 자기 아내와 남편을 즐거워하며, 사랑하는 자이다.

> 네 샘으로 복되게 하라 네가 젊어서 취한 아내를 즐거워하라 그는 사랑스러운 암사슴 같고 아름다운 암노루 같으니 너는 그의 품을 항상 족하게 여기며 그의 사랑을 항상 연모하라(잠 5:17-18).

전통적 교회는 단지 성의 무분별적 사용에 대해 금기한다.

> 너는 네 우물에서 물을 마시며 네 샘에서 흐르는 물을 마시라 어찌하여 네 샘물을 집 밖으로 넘치게 하며 네 도랑물을 거리로 흘러가게 하겠느냐 그 물이 네게만 있게 하고 타인과 더불어 그것을 나누지 말라(잠 5:15-17).

이 구절은 다자성애(polyamory)를 금지하는 내용이다. 음행과 방탕과 동성애는 개인의 인격, 가정, 사회의 정신을 파멸에 이르게 하기 때문이다.

> 음녀로 말미암아 사람이 한 조각 떡만 남게 됨이며 음란한 여인은 귀한 생명을 사냥함이니라(잠 6:26).

동성애 금기는 하나님의 금지 명령(레 18:22; 20:13 등)이기 때문에 인간은 순종해야 한다. 동산의 각종 실과는 임의로 먹되 동산 중앙에 있는 선악과는 먹지 말라는 하나님의 명령을 인간이 거역했을 때 인간은 죽음에 이르게 된다는 것을 알아야 한다.

제닝스는 전통적 교회의 동성애 혐오의 또 다른 희생자는 성경 그 자체라고 본다. 전통적 교회는 오랫동안 노예 제도와 인종 차별을 정당화하기 위해, 여성들의 완전한 성적 평등을 부인하기 위해 성경을 이용했다.

다시 말해 인류가 현재 일구어 온 보편타당한 상식의 진리 속에는 전통적 교회의 성경 오독과 악용이 덧칠되어 있다는 것이다.[14] 그리하여 제닝스의 저서 『예수가 사랑한 남자』(The Man Jesus loved)는 그러한 전통적 교회가 가진 선입견과 편견을 그려내고자 한다. 제닝스의 이러한 해체주의적 성경 읽기는 초대교회부터 있었던 공교회에 대항한 나그함마디 영지주의자들의 성경 읽기의 재현이다.[15] 영국의 영지주의 연구자들인 티모시 프리크(Timothy Freke)와 피터 갠디(Peter Gandy), 『다빈치 코드』를 쓴 댄 브라운(Dan Brown), 그리고 미국 캘리포니아 '웨스타연구소'의 '예수세미나'(Jesus Seminar)를 주도하는 학자들이다.

영지주의 문서의 영향을 받은 자유주의자들이나 혼합주의자들은 도발적인 논의와 음모설을 제기했다. 이들은 예수가 십자가 위에서 죽지 않았고 막달라 마리아와 결혼을 해서 자녀를 두고 행복하게 살았다고 하는 도발적인 주장[16]을 했다.

---

14 「웹진제3시대」(https://minjungtheology.tistory.com/276).
15 김영한, 『나사렛 예수: 개혁정통 신앙에서 본』(용인: 킹덤북스, 2017), 제1권 61-62.
16 Michael Baigent, *The Jesus Papers: Exposing the Greatest Cover-up in History* (San Francisco: HarperSanFrancisco, 2006): 예영수, 『예수를 결혼시킨 다빈치 코드』(코리아엠마오,

2008년에는 『예수는 신화다』(The Jesus Mysteries)라는 번역서가 우리 사회와 교계에 논란을 야기시켰다.[17] 이 책의 공동 저자 프리크와 갠디는 영지주의 학자들로서 신약의 복음서가 증거하고 있는 나사렛 예수를 이방 종교의 신화(오시리스 신화의 신인(神人) 오시리스-디오니수스)에서 각색한 것으로 주장했다.[18]

3) 게이적 성경 읽기

제닝스가 퀴어신학에 발표한 대표 저작은 『예수가 사랑한 남자』(Man Jesus Loved, 2003)이다. 이 저서는 한마디로 '게이적 성경 읽기'[19] 라고 말할 수 있다. 이 저서에서 제닝스는 성경 안에 동성애자들이 많다고 유추하면서 그 사례들을 다음과 같이 열거한다. 그는 동성애혐오적-이성애중심적 성서 해석에 의문을 제기하고 신약성경, 특히 복음서들에 수록된 예수 전승 속에서 예수를 동성애자로서 해석할 가능성을 제시하고 있다.[20]

먼저 다윗과 요나단(삼상 18:1; 20:20; 삼하 1:26)의 애정 관계를 위시하여 다윗과 사울(삼상 16:21)의 관계 역시 연인 관계로 추정하면서(요나단-다윗-사울의 삼각 관계), 룻과 나오미(룻 4:16)의 관계를 문학 작품에 최초로 등장

2008), 105-117.
[17] Timothy Freke & Peter Gandy, 『예수는 신화다』(The Jesus Mysteries) (Three Rivers Press 1999), 송영조 역 (동아일보, 2002). 김영한, 『개혁정통신앙에서 본 나사렛 예수』, 53-60.
[18] 허호익, "SBS 방송 모티브 된 「예수는 신화다」에 대한 반박," 「크리스천투데이」 2008.7.1. 『예수 그리스도 1: 역사적 예수와 신앙의 그리스도 바로 보기, 시리즈』 (서울: 동연, 2010).
[19] Theodore W. Jennings, Jr., The Man Jesus Loved: Homoerotic Narrative from the New Testament, The Pilgrim Press, 2003; 박성훈 역 『예수가 사랑한 남자: 신약성경의 동성애 이야기』, 동연, 2011, 23.
[20] 「웹진제3시대」(https://minjungtheology.tistory.com/276).

한 레즈비언 로맨스로 상정하며, 다니엘과 환관장(단 1장)도 동성애 관계였을 가능성을 언급한다.

또한, 예수께 병든 하인을 고쳐달라고 청원했던 백부장과 종(마 8:5-13)의 관계 역시 동성애 관계라고 주장한다. 제닝스는 우정과 동성애 사이를 구분하지 않고 기본적으로 친밀한 관계로 서술되는 동성 간의 이야기를 모두 동성애로 해석하고 있다.

제닝스는 성경의 인물들을 동성애자로 간주하는 한편, 명백히 동성애를 죄악으로 단정한 성경 구절들에 대해선 왜곡된 해석이라고 강변하기도 한다. 구약과 신약에는 동성애에 대해 직접 언급한 구절들(레 18:22; 20:13; 신 22:5; 롬 1:26-27; 고전 6:9-10; 딤전 1:10)과 함께 전통적으로 문맥상 동성애와 관련된 내용으로 보이는 성구들(창 19:5; 삿 19:22; 유 1:7)도 있는데, 그는 이 구절들을 그동안 보수주의 성경 학자들이 잘못 해석하면서 동성애를 단죄했다고 지적한다.[21]

제닝스는 동성애를 죄악으로 정죄하고(동성애 혐오적) 이성애를 하나님의 창조 질서로 바라보는(이성애 중심적) 기독교의 전통적 관점이 성경을 왜곡했다고 비판한다. 동성애에 대한 성경의 입장을 정리하면서 제닝스는 다수의 성경 텍스트들이 오히려 동성애적 관계와 행위를 긍정함은 물론 찬양까지 한다고 억지 주장을 하면서 동성애라는 것이 저주도 아니고, 범죄도 아니며, 심지어 하나님이 주신 놀라운 선물이라고 결론짓는다.

---

21 Jennings, Jr., 『예수가 사랑한 남자: 신약성경의 동성애 이야기』, 105-139.

4) 예수를 동성애자로 해석

제닝스는 『예수가 사랑한 남자』에서 예수가 '동성애자였다' '동성애자가 아니었다'라는 단순한 대답을 피한다. 제닝스는 기존의 성서 해석 방식을 뒤집는 학문적 접근을 통해 우리 사고의 큰 전환을 요구하고 있다. 그 과정을 좇다 보면 '예수가 동성애자였다, 아니었다'라는 물음은 자연스레 그 의문이 풀린다. 여러 예수의 전승을 살펴볼 때 예수가 동성애자일 가능성이 충분히 있다고 주장한다.[22]

제닝스는 예수의 제자 중 한 명이 예수의 품에 기대고 누워 있던 장면을 검토하고 예수 제자 집단 내에서 가진 그의 지위, 역할, 정체를 살피며 예수 전승 내에서 그가 갖는 의미를 주목하여 해석하고자 한다. 이때 신약성경의 내, 외부의 자료들을 해석에 동원하면 예수의 동성애적 행위가 추론될 수 있다는 것이다.[23]

제닝스는 예수가 결혼 및 가족적 가치를 헐뜯고 성 규범을 괘념치 않는 방종을 가르쳤다고 본다.[24] 제닝스는 동성애에 대한 이성애자들의 혐오를 비판하는 강도보다 훨씬 더 강한 어조로 이성애에 대해 대립각을 세운다.

제닝스는 특히 성애와 생식(출산)을 관련시키는 이성애 중심주의가 전통 기독교적 성 윤리라는 괴물을 만들었다면서 이것이 동성애 혐오의 뿌리라고 역설한다. 제닝스는 동성애를 적극적으로 미화하는 만큼 이성애에 기반한 결혼과 가족 제도에 대해 적대감을 드러냄으로써 결혼과 가족적 가치에

---

[22] 「웹진제3시대」(https://minjungtheology.tistory.com/276).
[23] Jennings, Jr., 『예수가 사랑한 남자: 신약성경의 동성애 이야기』, 46-72. 「웹진제3시대」(https://minjungtheology.tistory.com/276).
[24] 김진영, "예수가 동성애자?… 제닝스의 퀴어신학은 이단," 「크리스천투데이」, 2018.10.01(http://www.christiantoday.co.kr/news/316483).

근본적 의문을 제기한다.

그러면서 제닝스는 복음서에 나타난 역사적 예수가 명백히 성적인 비규정성에 크게 문제가 없었던 사람, 곧 성적으로 부정한 행위에 의해 전혀 충격을 받지 않았던 사람이라면서 비윤리적인 성(性) 일탈에 개의치 말고 살 것을 넌지시 암시하기도 한다.[25] 이처럼 제닝스가 결혼 및 가족적 가치를 폄하하고 성 규범을 괘념치 않는 비윤리적인 방종은 성경에 기반한 기독교적 윤리관에 전적으로 배치되는데, 왜냐하면 성경이 독려하는 그리스도인의 삶은 가족생활 중심의 성 규범과 성결함이기 때문이다.

5) 하나님을 잡신으로 이해: 거룩하신 하나님의 존재 자체를 음란한 잡신으로 전락시킴

그동안 기독교계에서 제닝스의 신성모독적인 성경 해석과 건전한 기독교 윤리를 위협하는 심각한 도전에 대해 별다른 문제 제기가 없었지만 그가 공개석상에서 '기독교의 소멸'과 '기독교 이후의 신학'을 공언하는 현 상황은 더 이상 묵과할 수 없는 단계에 이르렀음을 시사한다.[26]

특히 제닝스 신학의 급진성에 대해 심각하게 논의해야 할 필요성이 있는데, 모든 이단과 유사하게 제닝스는 성경 구절들을 자신의 주장에 꿰어맞추어 자의적이고 임의대로 억지해석을 하기 때문이다.

제닝스의 퀴어신학도 다른 퀴어신학자들 처럼 거룩한 하나님의 말씀을 음란한 인간의 말로 치환시킬 뿐만 아니라 거룩하신 하나님의 존재 자체를

---

25 Jennings, Jr., 『예수가 사랑한 남자: 신약성경의 동성애 이야기』, 312-345.
26 2018년 10월 1일 샬롬을꿈꾸는나비행동(최근 한국 방문하여 강연한 테오도르 제닝스의 퀴어신학 논평서)

음란한 잡신으로 전락시키고 있다.²⁷ 거룩보다 쾌락, 성결보다 방종을 선택한 퀴어신학자들에게 있어서 기독교 윤리는 족쇄처럼 부담스러운 존재이기에 이들이 기독교가 사라질 그 이후를 동경하는 것이다.

6) 동성애 정당화

제닝스는 성경 전체를 문맥에 따라 읽으면 상식적으로 이해할 수 있는 내용도 젠더주의적으로 해석하여 왜곡시키고 있다. 특히 소돔과 고모라 사건(창 19:1-11)이 명약관화하게 동성애와 연관되어 있음에도 불구하고 이를 전적으로 부정하는데, 즉 이 사건이 동성애 혐오 지배 체제에서 약한 이방인들을 대상으로 집단적 강간을 저지르려는 불법을 지적한 것일 뿐만 아니라 동성애자들에 대한 인류의 범죄를 정당화하는 데 악용되어왔다고 역공격한다.²⁸

과거엔 동성애자들이 자연적 순리에 어긋나는 자신들의 부끄러운 행동을 은폐하기에 급급했지만, 제닝스는 동성애 혐오 지배 체제에서 이미 공공연하게 드러난 동성애자들의 비윤리적 행태보다 이성애자들의 혐오가 훨씬 더 심각하다며 비난의 화살을 오히려 이성애자들에게 돌림으로써 논점을 흐리기도 한다. '동성애자들의 비윤리적 형태보다는 이성애자들의 비윤리적 형태가 더 심각하다'라는 제닝스의 논리에서 저번에 논란이 야기된 분당우리교회 부목사의 동성애 관련 설교 논리가 연상된다.

---

[27] "테오도르 제닝스의 퀴어신학은 하나님을 음란한 잡신으로 전락시켰다." 샬롬나비, "최근 방한 테오도르 제닝스의 퀴어신학은 이단신학" 기사입력: 2018/10/01 [13:28] 최종편집: ⓒ newspower

[28] Theodore W. Jennings, Jr. 『예수가 사랑한 남자: 신약성경의 동성애 이야기』, 162,

교회가 이런 사회 문제에 대해 왜 꼰대 소리를 듣느냐면, 우리 크리스천들이 이런 동성애와 같은 낯선 충격 같아 보이는 문제에는 난리들을 치고 있으면서 성경이 사실은 동성애보다 훨씬 더 많이 이야기하지만, 우리가 너무 많이 저지르는 일들에 관해서는 관심도 별로 없고 위기 의식이 있지 않기 때문이라고 생각한다.[29]

분당우리교회 부목사가 반동성애자들은 꼰대요 윤리적으로 더 많은 죄를 저지른다고 동성애자들의 논리에 편승했기 때문에 그의 설교는 많은 항의와 비판을 받았다. 복음주의자들은 동성애자들이 설정한 자기 방어 기제인 혐오/차별 논리, 비교 논리인 이성애자들의 혐오/차별 논리, 윤리적 취약성 논리에 말려들어 가지 말아야 한다.

4. 퀴어신학은 성경을 자의적(恣意的), 독신적(瀆神的)으로 해석해 동성애를 정당화하는 기괴(Queer, 奇怪) 사상이요 사도적 교리를 부인하는 이단 사상이다

1) 퀴어신학의 성경 해석 방법은 젠더 이데올로기에 지배되고 있다

퀴어신학은 성경 해석에 있어서 '동성애는 정당하다'라는 젠더 이데올로기에 지배되고 있다. 젠더 이데올로기는 인간을 젠더(gender, 사회적 성)로 해석하는 사상이다. 이는 '성경에 의한 성경 해석'을 천명하는 종교개혁적

---

[29] 김진영, "이찬수 목사 양해 부탁," "분당우리교회 부목사 설교 논란 …," 「크리스천투데이」, 2019.6.8(http://www.christiantoday.co.kr/news/323061).

성경 해석의 기본 원리에 명료히 배치된다.

퀴어신학은 일반 이단들과 다를 바 없이 임의적 성경 해석을 하고 있다. 이단인 여호와 증인. 몰몬교, 구원파, 신천지 같은 이단에서는 성적 음란을 공개적으로 조장하지 않으나 퀴어신학은 21세기 성 문화에 어필하면서 신마르크스주의의 성 해방 사상을 인간의 짓눌린 욕망 해소와 행복 충족의 수단으로 선전하면서 음란과 방탕을 미끼로 이 시대의 그리스도인을 영적으로 무력하게 만든다.

2) 퀴어신학의 교의학은 신론, 기독론, 대속론, 부활 이해, 교회론, 구원론, 종말론, 성찬론, 묵상론, 성 윤리 등 전통 교리를 젠더주의적으로 왜곡

(1) 퀴어신학의 신론은 하나님을 알지 못하는 분으로 말하는 하나님에 대한 불가지론을 표방한다

그리고 하나님을 기괴한 신으로 보는 범신론을 표상한다. 하나님을 신자와 성애를 나누는 남신으로 봄으로써 하나님에 대한 외설적 해석을 한다.

(2) 퀴어신학의 기독론은 역사적 예수를 동성애자나 여성적 요소를 지닌 남성으로 간주하는 외설적 기독론이다

퀴어신학은 제자를 사랑하는 예수와 신실한 제자들 사이의 사제(師弟) 관계를 동성애적으로 왜곡한다. 성육신한 예수의 몸을 생물학적으로 자웅동체적 존재로 해석, 성육신을 동성애 몸의 선함에 대한 선언으로 해석해서 성육신 교리를 왜곡한다.

예수의 몸을 자웅 동체(암수한몸)로 보는 것은 젠더주의적 해석이다. 성경에 의하면 성육신은 케노시스 사건으로써 동성애 퀴어성과 아무 관계가 없다. 예수의 몸은 우리와 동일한 몸이다.

(3) 퀴어신학의 속죄론은 기독교의 대속 진리를 왜곡한다

퀴어신학은 십자가에서 죽으실 때 예수의 옆구리에서 나온 피와 물은 여성의 성기에서 나온 액체요 젖이라고 외설적으로 해석한다. 예수의 옆구리를 자궁으로 보는 것은 예수의 몸을 여성화시키는 것이다. 예수의 옆구리 상처는 자궁이라는 해석은 외설이다. 창에 찔린 상처에 입을 맞추는 행위는 구강 섹스라고 해석하는 것은 신성 모독 해석이다. 이에 반해, 사도 요한은 물과 피에 관해 다음 같이 구속론적으로 해석한다.

> 이는 물과 피로 임하신 이시니 곧 예수 그리스도시라 물로만 아니요 물과 피로 임하셨고 증언하는 이는 성령이시니 성령은 진리니라(요일 5:6).

물과 피란 성기나 자궁과 관련되는 것이 아니라 예수의 세례받으심(물)과 속죄물 되심(피 흘림)을 상징하는 것이다.

(4) 퀴어신학은 부활한 예수의 몸이 남성성과 여성성의 자리바꿈이 가능한 몸이라고 왜곡한다

퀴어신학은 예수의 부활 사건을 단지 '퀴어 성 해방 사건'으로 젠더주의적으로 왜곡한다. 성경에 의하면 부활한 예수의 몸은 남성과 여성의 인간 몸을 초월한 몸이다. 더 나아가 썩어짐을 삼킨 썩지 않음의 영광스러운 몸이다.

(5) 퀴어신학의 교회론는 교회가 죄인들의 공동체라는 것만 강조하여 동성애자의 회개를 부인한다

퀴어신학은 교회를 동성애 공동체라고 보면서 신약교회의 본질인 사도적 거룩한 보편적 교회를 부인한다. 죄 용서를 받은 죄인들의 공동체라는 신약교회의 본질을 거부한다. 동성애 허용 공동체는 예수 그리스도의 피로 구속받은 성도들의 거룩한 보편적 공동체 아니다.

(6) 퀴어신학의 구원론은 동성애자들도 하나님이 받으신다고 왜곡한다

그러나 성경에 의하면 하나님의 언약과 약속은 그의 계명과 말씀을 지키고 믿는 자에게만 해당한다. 퀴어신학은 동성애를 죄로 인정하지 않으며 그리스도의 대속 사역을 부인한다. 그래서 퀴어신학은 예수 십자가 공로로 인한 구원이라는 대속 교리가 필요 없다고 본다.

(7) 퀴어신학의 종말론은 종말을 성 관계가 조화롭고 정의롭게 되는 최종의 때로 왜곡한다

퀴어 종말론이란 음행과 동성애 심판 없는 성 해방의 왕국이다. 그러나 성경에 의하면 종말론이란 선인과 악인, 신자와 불신자, 회개한 자와 화개 하지 않은 자가 영생과 영벌로 나누어지는 이원적인 심판을 말하고 있다.

(8) 퀴어신학의 세례론은 세례를 동성애 공동체 연대성에 들어가는 의식으로 왜곡한다

퀴어신학은 수세자의 성 정체성 동성애 정체성으로 변화시키는 의식이라고 젠더주의적으로 왜곡하고 있다. 그러나 성경에 의하면 세례는 성 정체성의 변화가 아니라 옛사람이 죽고 새 사람으로 사는 영적 변화의 사건이다.

(9) 퀴어신학의 성찬론은 성찬이 성 정체성(동성애)을 확인하는 의식이며, 성찬 시 예수의 몸은 젠더 중립적인 몸이라고 젠더주의적으로 왜곡한다

성경에 의하면 성찬 시 임재하는 예수 몸은 젠더 중립이 아니라 영적으로 임재하시는 부활의 몸이다. 성찬은 성 정체성의 확립이 아니라 영적으로 임재하는 예수와 만나는 사건이다.

(10) 퀴어신학의 묵상론은 묵상을 성 관계의 오르가즘과 동일시한다

퀴어신학은 묵상에서 '그리스도와 연합'을 성애적 나눔으로 외설화 한다. 퀴어신학은 순수한 영적 체험인 묵상을 성적 절정 경험인 오르가즘으로 비유하여 외설화 시킨다.

(11) 퀴어신학의 성 윤리는 기독교의 성화 지향적인 절제 윤리를 자유방임적인 성 윤리로 왜곡한다

헬미니악, 제닝스 등 퀴어신학자들은 성경이 자유로운 성과 매춘을 개방한다고 가르친다. 퀴어신학의 성 윤리는 성경 본문 맥락에서 벗어나 젠더주의 선입견을 주입하여 성(性) 자유방임주의에 빠지고 있다.

3) 퀴어신학자들은 퀴어문화축제, 성 평등 정책, 동성애 차별 금지법 제정을 지지하여 음란과 방탕을 공개적으로 지지한다

퀴어신학은 성경이 음란과 타락을 용납하고 정당화한다고 해석하여 심지어 기독교인들이 동성애 행위를 하고 동성 결혼을 하는 것을 종교적으로 제도적으로 허용하고자 한다.

미국, 영국, 캐나다의 주요 교단(미국장로교, 루터교, 감리교, 성공회, 그리스도교회, 구세군 등)들은 동성애자들에게 성찬과 세례를 주고, 심지어 동성애자 항존직(목사, 장로, 안수집사)을 허용하여 이들에게 안수하고 있다.

그리하여 지난 수년 동안 미국의 경우 매해 6만 명 정도의 신자들이 '동성애 수용 교회'에서 탈퇴하고 '반동성애 성경적 복음주의 교회'로 옮겨가고 있다. 미국장로교회(Presbyterian Church in the United States of America, PCU-SA)의 동성애 수용 등 자유주의화에 반발해 지난 2012년 교단을 이탈하면서 설립된 보수장로교단(장로교복음주의언약회, Evangelical Covenant Order of Presbyterians, ECO)은 산하 교회가 200개를 넘어서는 등 급성장하고 있다.[30]

4) 동성애는 가증한 일(성 중독)이고 이를 지지하는 퀴어신학은 교리적으로 이단 사상이다

퀴어신학은 성경이 명백히 "가증하다"(תועבה, 토에바, detestable)고 정죄한 동성애를 미화시키나 윤리적으로 문제가 없다고 본다. 동성애를 언약의 무지개로 본 '장로회신학대학교 채플 무지개 사태'(2018년 5월)는 심각한 신학적으로 이단적 행사라고 말할 수밖에 없다. 퀴어신학은 이러한 동성애와 동성 결혼을 성경적이라고 지지하기 때문에, 교리적으로는 이단 사상이라고 말할 수밖에 없다.

이단 사상 가운데 크게 두 가지 부류가 있다.

첫째. 교회 기생적 이단이다.

둘째, 교회 적대적 이단이다.

---

[30] 기독일보, PCUSA 탈퇴 보수장로교단 ECO 급성장… 3년만에 산하 교회 200개 넘어 May 27, 2015.06, PM PDT.

교회 적대적 이단이란 통일교, 천부교, 여호와의 증인, 몰몬교, 안식교(제7일안식일예수재림교), 신천지, 하나님의교회(안상홍파) 등 종파적 집단으로서 기존 교회에는 구원이 없다고 보면서, 기존 기독교와는 전혀 다른 조직으로 기독교에 대해 적대적 입장을 취하는 이단이다. 교회 기생적 이단이란, 교회 안에서 일어나 기존 교회의 교리에 새로운 해석을 하여 새로운 분파 운동으로 나타나는 이단이다.

초대교회 시대 갈라디아교회에서 일어난 유대주의자들(은혜에다 할례 첨가), 4세기에 초대교회 전통을 이어받았던 어거스틴의 은혜 교리에 대해 반대하였던 펠라기우스파의 인간자유의지론, 타락한 성직자들의 성례 효력에 관련해 효력 없다고 선언한 도나투스파, 루터의 노예의지론에 대해 자유의지론을 주장한 에라스무스파, 그리고 루터의 이신칭의 교리에 대해 은혜와 공로를 결정한 17세기 트렌트공의회 등이 교회 기생적 이단 사상이라고 말할 수 있다.

저자는 동성애 교리를 성경적이라고 보는 퀴어신학은 단지 동성애 행위가 비윤리적이 아니라고 볼 뿐 아니라 이러한 교리 전 체계, 즉 신론, 기독론, 대속론, 부활 이해, 교회론, 구원론, 종말론, 성찬론, 묵상론, 성 윤리가 총체적으로 외설적이기 때문에 문제가 심각하다고 본다.

이러한 교회 기생적 이단은 이미 역사적으로 있었다. 이는 남왕국 유대나 북왕국 이스라엘의 유대교 안에서 야웨 신앙과 함께 있었던 바알 신앙, 두 신앙의 혼합이었던 혼합주의 신앙을 말한다.

오늘날 기독교는 혼합주의(syncritism)를 경계해야 한다. 그렇지 않으면 기독교는 이 시대의 이데올로기인 젠더주의교로 변화될 것이다. 만일 그렇게 된다면 역사적 가독교는 젠더 기독교로 변모될 것이다.

5) 퀴어신학은 예수를 동성애자로 보면서 기독교를 동성애교로 변질: 동성애 퀴어복음은 사도적 복음인 예수 그리스도의 복음이 아니다

퀴어신학은 '동성애는 정상적 성 행위'로 보고 예수도 동성애자로 보며 그를 모독한다. 그러나 예수는 동성애자가 아니며 예수는 간음한 자들을 회개하라고 명하신다. 예수는 간음하다 현장에 붙잡힌 여자를 구출하시며 당부하신다.

> 나도 너를 정죄하지 아니하노니 가서 다시는 죄를 범하지 말라 하시니라 (요 8:11).

퀴어신학은 '동성애는 하나님이 허용한 것으로 보고 동성애자들이 회개할 필요 없이 천국에 간다'라는 동성애 복음을 전하고 있다. 이는 죄인(동성애자 포함)이 회개하고 예수를 믿음으로 새 사람(탈동성애자)이 되도록 하고 거룩한 성도의 성화의 삶을 살도록 하는 사도적 복음과는 다르다. 그러므로 오늘날 사도 바울은 동성애 복음에 대해 똑같은 경고의 말을 할 것이다.

> 다른 복음은 없나니 다만 어떤 사람들이 너희를 교란하여 그리스도의 복음을 변하게 하려 함이라 그러나 우리나 혹은 하늘로부터 온 천사라도 우리가 너희에게 전한 복음 외에 다른 복음을 전하면 저주를 받을지어다(갈 1:7-8).

퀴어신학 추종자들이 예수를 동성애자로 보고 하나님을 동성애 허락하시는 분으로 성령을 동성끼리의 성애를 일으키는 분으로 본다면, 이는 선지자들, 사도들, 교부들, 종교개혁자들이 전해준 성부, 성자, 성령 삼위일체 하나님을 믿는 사도적 신앙에서 이탈하는 배도(背道)라고 규정할 수밖에 없다.

맺음말

　동성애는 오늘날의 문제가 아니라 시대를 넘어서 인류의 타락한 역사와 더불어 있었다. 창조자에 대한 반역인 인간 원죄의 역사와 더불어 야기된 인간의 성적 이탈은 동성애 문제를 일으켜왔다. 인류 사회에서 항상 이탈이 있었기 때문에 동성애자들이 자기 사적 공간에 있는 한 이들의 행위는 하나님과의 관계 속에서 스스로 책임져야 할 문제요 정상인들이 관여할 바 못 되었다.

　예전에는 소수자들의 문제였기 때문에 숨겨져 왔으나 오늘날에는 소수자들의 인권 문제와 더불어 동성애자들이 자기들의 성 정체성을 드러내고 (coming out) 자신들의 권리를 주장하기 시작한 것이다. 더욱이 젠더 이데올로기가 지배하는 구미(歐美) 사회에서 시작된 젠더 주류화 운동과 더불어 젠더주의자들은 제3의 문화인류학적 혁명으로서 차별 금지법 제정을 촉구하며 동성애 독재 체제를 조성한다. 그리하여 차별금지법이 제정된 사회에서는 성 다수자인 정상인들이 양심적으로 신앙적 비판을 하게 될 때 법적 처벌을 받는 역차별을 받기에 이른 것이다.

　현대적 상식과 교양을 가진 민주 시민들은 조용히 살아가는 동성애자들의 처지를 긍휼과 연민의 마음으로 받아들이고, 이들이 사회적 일탈(逸脫)과 소요를 야기하지 않는 한 동성애자들과 평화롭게 살아갈 태도를 보인다.

그러나 그리스도인들은 이들의 동성애 습성이 정상적이 아니라 이성애의 이탈이요 변태라는 것을 그 영혼을 귀하게 생각하고 그의 인격을 존중하는 돌봄의 태도로 진솔하게 알려 주어야 한다. 그리고 이들이 요청할 때 교회와 시민 단체, 그리고 개인은 이들이 중독 상태에서 벗어 날 수 있도록 인내의 마음으로 도와주어야 한다.

사도 바울은 마지막 때에 믿음을 떠나 미혹하는 영과 귀신의 가르침을 따르는 자들이 나온다고 했는데 오늘날 젠더주의자들이 이들에 해당한다고 볼 수 있다.

> 그러나 성령이 밝히 말씀하시기를 후일에 어떤 사람들이 믿음에서 떠나 미혹하는 영과 귀신의 가르침을 따르리라 하셨으니 자기 양심이 화인을 맞아서 외식함으로 거짓말하는 자들이라(딤전 4:1-2).

오늘날 세계적으로 일어나고 있으며 우리 한국 사회에서도 퀴어문화축제와 더불어 차별 금지법 제정시도 등으로 일어나고 있는 젠더 이데올로기의 성 평등 운동은 성경이 말하는 말세의 한 징표라고 말할 수 있다.

> 마지막 때에 자기의 경건하지 않은 정욕대로 행하며 조롱하는 자들이 있으리라 이 사람들은 분열을 일으키는 자며 육에 속한 자며 성령이 없는 자니라 (유 1:18:19).

다니엘서에서 구약의 예언자요 정치 관료인 다니엘은 다가올 인류의 마지막 날에 관해 다음과 같이 예언하고 있다.

그가 이르되 다니엘아 갈지어다 이 말은 마지막 때까지 간수하고 봉함할 것임이니라 많은 사람이 연단을 받아 스스로 정결하게 하며 희게 할 것이나 악한 사람은 악을 행하리니 악한 자는 아무것도 깨닫지 못하되 오직 지혜 있는 자는 깨달으리라(단 12:9-10).

마지막 날에는 선한 자와 악한 자, 성결한 자와 불경한 자가 갈라지게 될 것이며, 많은 사람이 연단 속에서 자신을 정결하게 되나 악한 자나 불경한 자들은 자기의 악한 일과 불경한 일에 얽매어 벗어나지 못할 것을 예언하고 있다.

다니엘은 "지혜 있는 자는 깨달으리라"고 전하고 있다. 우리는 지혜로운 자에 속해야 할 것이다. 지혜로운 자란 자기의 고정 관념이나 이데올로기에 갇힌 자가 아니라 하나님 말씀에 열려있고 자신의 편견과 허물을 성찰하는 자를 말한다.

사도 유다의 권면처럼 우리 그리스도인들은 오늘날 젠더 이데올로기운동에 동화되지 말고, '지극히 거룩한 믿음 위에 자신을 세우며, 그리고 성령으로 기도하고, 하나님의 사랑 안에서 자신을 지키며 영생에 이르도록 우리 주 예수 그리스도의 긍휼을 기다려야 할 것이다'(유 1:20-21).

그리스도인들은 '의심하는 자,' '동성애에 탐닉한 자들'을 증오하거나 혐오하지 말고 저들을 '긍휼히 여기고 저들을 불의 시련에서 끌어내는' 사랑의 행동을 실천해야 할 것이다. 그리스도인들은 이 시대에 성 중독으로 어려움 속에 있는 동성애자들을 구출해 내는 선한 사마리아인(the good Samaritan)의 실천을 해야 할 것이다.

오늘날 지구촌에서 탈동성애자들의 공통적인 체험이란 '오직 예수 그리스도의 용서와 은혜만이 동성애자들을 돌이킬 수 있다'라는 것이다.

동성애자들에게 오늘날 유일하게 열려진 동성애 중독에서 벗어날 수 있는 탈동성애의 길은 예수 그리스도의 은혜 치유라는 사실이다.

사도 바울은 다음과 같이 그리스도 안에서 새로운 피조물의 사건을 증언하고 있다.

> 그런즉 누구든지 그리스도 안에 있으면 새로운 피조물이라 이전 것은 지나갔으니 보라 새것이 되었도다(고후 5:17).

참고 문헌

단행본

권호덕. 『율법의 세 가지 용도와 그 사회적 적용』. 서울: 그리심, 2003.
권문상. "하나님의 형상과 동성애신학의 한계," in 김영한 외. 『동성애, 21세기 문화충돌』. 용인: 킹덤북스, 2016, 301-320.
길원평. "동성애의 유발요인과 보건적 문제점," in 김영한 외. 『동성애, 21세기 문화충돌』. 용인: 킹덤북스, 2016, 503-535.
김영한. 『젠더주의 도전과 기독교 신앙』. 두란노, 2018.
_____. 『개혁정통 신앙에서 본 나사렛 예수』. 제1권, 용인: 킹덤북스, 2017.
_____. "동성애 행위에 대한 영성신학적 해석," in 김영한 외. 『동성애, 21세기 문화충돌』. 용인: 킹덤북스, 2016, 267-300.
_____. 『바르트에서 몰트만까지』. 서울: 대한기독교서회, 개정증보판, 2003
_____. "13장 개혁신학의 생태론," "14장 개혁신학의 생태윤리론," in 『21세기와 개혁신학 (III)』, 한국장로교출판사, 1998, 389-447.
김영한 외.(편집서) 『동성애, 21세기 문화충돌』. 용인: 킹덤북스, 2016.
김정현. "동성애자 양심 고백서," 이용희 저. 『너는 전략으로 싸우라』. 서울: 복의근원, 2017, 201-217.
길원평 외 5인. 『동성애 과연 타고나는 것일까?』. 서울: 라온누리, 2014.
민성길. "정신의학에서 보는 동성애," in 김영한 외. 『동성애, 21세기 문화충돌』. 용인: 킹덤북스, 2016, 577-636.
바른 성 문화를 위한 국민 연합(편집). 『동성애에 대한 불편한 진실』.(2012), 서울: 밝은생각, 2017.
박광서. 『시대의 징조를 분별하라: 동성애 배후의 사상연구』. 서울: 누가, 2018.

배정훈. "구약성경에 나타난 동성애," in 김영한 외.『동성애, 21세기 문화충돌』. 43-73.
백상현.『가짜 인권, 가짜 혐오, 가짜 소수자: 동성애 독재 프레임의 실체를 말한다』. 서울: 밝은생각, 2017.
신현우. "제3장 동성애의 원인과 해결: 성경과 과학의 진단과 처방," in 김영한 외.『동성애, 21세기 문화충돌』. 용인: 킹덤북스, 2017.
신득일. '레위기의 동성애 법.' in 김영한 외.『동성애, 21세기 문화충돌』. 용인: 킹덤북스, 2016, 74-98.
염안섭. '동성애 에이즈 감염 실태.' in 김영한 외.『동성애, 21세기 문화충돌』. 용인: 킹덤북스, 2016.
NCCK 역.『우리들의 차이에 직면하다. 교회, 그리고 게이, 레즈비언 교인들』(WCC, 1995), 서울: 대한기독교서회, 2015.
NCCK 역.『온전한 포용을 향해: 캐나다연합교회의 성적 지향과 성 정체성』. 서울: 대한기독교서회, 2014.
이상원. "퀴어신학에 대한 분석과 비판," in 한국교회동성애대책협의회(한기총, 한교연, 한 장총, 미래목회포럼),「기독교동성애대책아카데미」. 2017. 343-367.
이요나.『진리, 그리고 자유』(Coming Out Again). 서울: 좋은땅, 2017.
채영상. '동성애, 혼돈 속의 사람.' in 김영한 외.『21세기, 문화의 충돌』, 용인: 킹덤북스, 2016, 184-210.
최순양. "캐서린 켈러의 과정신학적 부정신학," in 한국여성신학회 엮음.『21세기 세계여성신학의 동향』. 동연, 2015, 245-274.

논문 및 포럼

김영한. "영적 분별에 대한 개혁신학적 기준," 한국복음주의조직신학회 2018년 봄학회 기조 강연,「제35차 정기논문발표회자료집」, 2018.5.12, 한국복음주의조직신학회, 19-32.

_____. "동성애 정당화하는 퀴어신학은 이단 사상," in "동성애에 대한 신학적 성

찰." 「한국개혁신학회 제45차 학술심포지엄자료집」, 2018.10.20일, 한국성 서대학교 갈멜관 305호, 8-21.

_____. "동성애 정당화하는 퀴어신학은 이단 사상이다," 신학과윤리포럼. 공동주최: 한국윤리재단. 한국개혁신학회, 샬롬을꿈꾸는나비행동, 한국기독교생명윤리협회, 2018.8.8. 1-13.

_____. "젠더 이데올로기와 성 평등혁명," 학술포럼. in 「성 평등 정책의 문제점」. 동성애 동성혼 개헌 반대 국민 연합, 2018.7.27, 55-62.

_____. "젠더주의의 문화인류학적 성 혁명 - 핵심 주장, 영향과 문제점에 대한 비판적 성찰," 「동반교연 1주년 총회 특강 발표문」, 2018.7.2.

길원평, 민성길. "동성애에 대한 기독교 세계관적 고찰," 「신앙과 학문」, 19호, 2014.

김명숙. "퀴어신학과 관음신학," 「종교와 문화」. 25집, 2013.

김영계. "동성애에 대한 성경적 비판과 대안" 「칼빈논단」. 35집, 2015.

김은혜. "인사말"(연구 프로젝트 소개), 13. in 「신학과 페미니즘의 대화」. 한국연구재단 후원 한-미 인문학 특별 협력 국제 학술 대회, 장로회신학대학교, 2017.10.24, 김종걸. "동성애에 대한 신학적 이해," 「복음과실천」. 40집. 2007.

박일준. "나 역시 남자가 아니다. 포스트 휴먼 시대의 성(性)과 젠더에 대한 성찰,"('I'm Not a Man Either: reflecting on Sex and Gender in the posthuman age'), 57. in 「신학과 페미니즘의 대화」.

소기천. "성공한 가정(Successful Home)," 소기천의 반동성애 대책 설교문, 개회예배 설교문, 2019년 전반기 샬롬나비워크샵. 2019.6.21.

우병훈. "동성애에 대한 독일 개신교 신학자들의 이해 차이: EKD Texte 57과 볼프하르트 판넨베르크를 비교하여," 「한국개혁신학」. 62(2019), 10-69.

_____. "기독교윤리학적 성찰에 따른 인권 의식과 동성애 동성혼 문제," 인권과윤리국회포럼. 2018, 27-50.

_____. "동성애 혁명의 소용돌이 안에 있는 한국교회," 용인기독교총연합회, 조찬기도회 설교. 2017.12.18.

_____. "퀴어신학에 대한 분석과 비판," in 한국교회동성애대책협의회(한기총, 한교

연, 한 장총, 미래목회포럼).「기독교동성애대책아카데미」, 2017.
이신열. "바즈웰의 동성애 이해에 대한 비판적 고찰: 그의 『기독교, 사회적 관용 그리고 동성애』를 중심으로," 「한국개혁신학」. 61(2019), 96-145.
_____. Drew University, "Entangled Hopes: Transfeminist Theological Im/possibility," 안종희 역. "얽힌 희망: 트랜스 페미니스트 신학의 불/가능성," in 「신학과 페미니즘의 대화」. 한국연구재단 후원 한-미 인문학 특별 협력 국제 학술대회. 장로회신학대학교, 2017.10.24.
최순양. "캐서린 켈러의 시각으로 한국 여성신학 돌아보기"(Intercarnations and Transfeminism: Reflecting on Korean Feminist Theology, 37). in 「신학과 페미니즘의 대화」.
허호익. "동성애에 관한 핵심 쟁점," 「장신논단」. 38집, 2010.

미디어 및 신문 기사

김나미(미국 Spelman College 교수, 종교학). "임보라 목사 '이단' 시비를 통해서 본 '연대'와 '퀴어신학'의 가능성," 「웹진제3시대」(https://minjungtheology.tistory.com/856).
김진영. "예수가 동성애자?… 제닝스의 퀴어신학은 이단," 「크리스천투데이」, 2018.10.01(http://www.christiantoday.co.kr/news/316483).
_____. "퀴어신학의 주장과 그 문제점들," in "동성애, 과연 인권인가?" 「제14회 샬롬나비학술 대회자료집」. 정통 기독교는 퀴어신학을 인정할 수 없다," 「크리스천투데이」. 2017.11.24.
김진영. "이찬수 목사 양해 부탁," "분당우리교회 부목사 설교 논란…," 「크리스천투데이」, 2019.6.8(http://www.christiantoday.co.kr/news/323061).
김진영. "림택권, 성경만이 최고, 최선, 최종의 권위를 지닌다," 종교개혁 500주년 기념 포럼에서 강조, 「크리스천투데이」. 2017.10.10.
김신의. "가정, 국가, 교회 위해 동성애 퀴어문화축제 단호히 반대," "대한문 앞 광장에서 국민 대회 열려," 「크리스천투데이」. 2019.6.1.

민성길. "사회적 성의 정체성." in 「성 평등 정책의 문제점」. 동성애 동성혼 개헌 반대 국민 연합, 2018.7.27, 33-54.

박경미. "한국교회의 성 소수자 차별에 대한 여성신학자, 여성 기독교인들의 입장," 이대 기독교학과 교수, 한국기독교 회관에서 열린 "한국교회의 동성애 혐오에 관한 간담회"(여성신학회 주관)서 이대 기독교학과 박경미 교수가 발표한 글. 2012.10.2.

박상훈. "한쪽선 퀴어 퍼레이더, 한쪽선 '동성애 반대,'" 「조선일보」. 제30598호, 2019.6.3, A12.

박일준. "다자연애가 무슨 문제냐… 인권위의 도덕 불감증," 한동대학교 인권 침해 조사 문제점, 「국민일보」. 2018.3.16.

오상아. "동성애 회복 힘들어도 동성애자로 사는 것보다는 훨씬 쉬워," 제1차 탈동성애인권교수포럼 … 동성애자 인권 아닌 탈(脫)동성애자 인권도 중요, 「기독일보」, 2014.11.19.

송홍섭. "동성애를 정신 질환에서 제외한 1973년의 사건," 트로이 목마와 성 혁명 (http://www.christiantoday.co.kr/news/317383#_enliple). 「크리스천투데이」. 2018-11-06 07:54, 신원하. '성경, 동성애 그리고 기독교 윤리.' in 「기독교동성애대책아카데미」. 2017, 53-70.

우병훈. "성 혁명의 소용돌이 속에 진입한 한국교회," 동반교연(동성애/동성혼개헌반대전국교수연합) 카톡방 올린 글, 2017.10.23.

유하라 Redian. "레디안: 동성 결혼 영화 이유로 숭실대학교, 인권 영화제 대관 일방 취소," 2015.11.11 (http://www.redian.org/archive/94377).

이승구. "퀴어신학 선구자들의 신학에 대한 비판적 논의," "동성애 정당화하는 퀴어신학은 궤변," 유영대, 「국민일보」, 제2차 탈동성애인권교수포럼, 2015.11.23(http://news.kmib.co.kr/article/view.asp?arcid=0010094362&code=61221111&cp=nv).

이은혜. "인권은 생명권이자 생존권, 신권과 대립하지 않는다," 교회협, 인권정책 협의회 … 각종 차별 난무 현실 속 교회 역할 고민," 「뉴스앤조이」. 2019.6.4.

이영대. "하다니엘, 동성애, 신학적 조명과 복음적 해법. 동성애 정당화하는 '퀴어신학'은 궤변," 「크리스천투데이」. 제2차 탈동성애인권교수포럼(http://www.christiantoday.co.kr/view.htm?id=287230), 2015.11.20.

이인기. "여성신학회 간담회: 예장통합총회 결의 반복음적, 성 소수자들도 하나님의 피조물, 예수의 친구, 교회의 동반자," 「베리타스」, Sep 28, 2017.
정하라. "아이굿 뉴스: 탈동성애, 오직 복음의 능력으로 가능해," 한국성소수자전도연합-홀리라이프, 제2차 탈동성애인권교수포럼, 입력 2019.5.31 11:58:19, 수정:2019.5.31, 1487호.
차진태. "한국교회, 단절된 대화의 물꼬 터야," 진보-보수간 극단적 대립, 기독교 본질 훼손. 「교회연합신문」. 2018.12.21.
홍성태. "제닝스, 테오도르: 종교적 기독교의 끝에서 시작되는 기독교 이후의 신학," 복음과 상황에서 가져온 강연, 2018.10.30(cafe.daum.net/InHissteps/ZTAz/4485).
켈러, 캐서린(Keller, Catherine) 교수 방한 특별 인터뷰. "신비, 다수성 그리고 얽힘의 트랜스 페미니즘, 「에큐매니안」. 2017.11.03(http://www.ecumenian.com/news/articleView.html?idxno=16127).

번역서

Anselm, of Kanterbury. *Cur Deus Homo. 1100*. https://en.wikisource.org/wiki/Cur_Deus_Homo, 이은재 역. 인간이 되신 하나님, 2015, 301.
Berkhof, Louis. 『조직신학』(*Systematic Theology*. Eerdmans, 1941), 권수경, 이상원 역. 크리스천다이제스트, 2000, 447-450.
Butterfield, Rosaria. 『뜻밖의 회심』(*Openenss Unhindered*), 오세원 역. 아바서원, 2018. https://youtu.be/2pJa8Yv62Do.
Hays, Richard B. 『신약의 윤리적 비전』(*The Moral Vision of the New Testament: A Contemporary Introduction to New Testament Ethics*), 유승원 역. 서울: 한국기독학생회출판부, 2002.
Helminiak, Daniel A. 『성서가 말하는 동성애-신이 허락하고 인간이 금지한 사랑』(*What the Bible Really Says about Homosexuality?* Millennium Edition, 2000), 김강일 역. 서울: 해울, 2003.
Hoekema, A. A. 『개혁주의 인간론』(*Created in God's Image*), 류호준 역. 서울: CLC, 1999.
Jennings, Jr., Theodore W. 『예수가 사랑한 남자: 신약성경의 동성애 이야기』(*The Man Jesus Loved: Homoerotic Narrative from the New Testament*), 박성훈 역. 서울: 동연, 2011.
Stott, John. 『존 스토트의 동성애 논쟁, 동성간의 결혼도 가능한가?』(*Same-Sex Part-*

nership? Zondervaan 1998), 양혜원 역. 서울: 홍성사, 2006.

Tamagne, Florence. 『동성애의 역사』, 이상빈 역. 서울: 이마고, 2007.

원서

Althaus-Reid, Marcella. *Indecent Theology*. London: Routledge, 2000.

_____. *The Queer God*. London and New York: Routledge, 2003.

Aulén, Gustaf. *Christus Victor: An Historical Study of the Three Main Types of the Idea of the Atonement*(1931). New York: Macmillan, 1969.

Bailey, Derrick Sherwin. Homosexuality and Western Christian Tradition. 1955.

Barth, K. *Church Dogmatics III/1*. eds., G. Bromiley, T. F. Torrence. Edinburgh: T. &. T. Clark, 1958.

Bater, R. *Homosexuality and American Psychiatry: The Politics of Diagnosis*. New York: Basic Books, 1981.

Bird, P. A. 'The Bible in: Christian Ethical Deliberation Concerning Homosexuality: Old Testament Contributions.' in D. L. Balch, eds. *Homosexuality, Science, and the Plain Sense of Scripture*. Eerdmans. Grand Rapids, 2000, 51-157.

Boswell, John. *Christianity, Social Tolerance, and Homosexuality*. Chicago University of Chicago Press, 1980.

Brown, Michael L. *A Queer Thing Happened to America*; "The Darker Side of LGBT Theology: From Queer Christ to Transgender Christ." (available at: https://stream.org/the-darker-side-of-lgbt-theology-from-queer-christ-to-transgender-christ).

Bruce, F. F. "Ezekiel" in F. F. Bruce, General Editor, The International Bible Commentary. Grand Rapids, Mich.: Zondervan Publishing House, 1979.

_____. "Exodus" in F. F. Bruce, General Editor, The International Bible Commentary. Grand Rapids, Mich.: Zondervan Publishing House, 1979.

Cheng, Patrick S. *From Sin to Amazing Grace: Discovering the Queer Christ*. New York, NY: Seabury Books, 2012.

_____. *Radical Love: An Introduction to Queer Theology*. Seabury, 2011, pp. 3-5

Cornwall, Susannah. *Theology and Sexuality*. London: SCM Press, 2013.

_____. 'Queer Theology and Sexchatology' (available at: http://www.3ammagazine.com/3am/queer-theology-and-sexchatology/).

Cornwall, Susannah. *Controversies in Queer Theology*. SCM, 2011.

Dynes, Wayne R., ed. (1990). "Bailey, Derrick Sherwin". Encyclopedia of Homosexuality. New York; London: Garland. pp. 103–4. Archived from the original on February 22, 2006.

EKD Texte 57, Mit Spannungen Leben: Eine Orientierugshilfe des Rates der evangelischen Kirche in Deutschland zum Thema 'Homosexualität und Kirche, Hannover:EKD, 1996.

Eribon, Didier. *Insult and the Making of the Gay*. trans. by Michael Lucey. Dueham, NC: Duke University Press, 2004.

Furnish, V. P. 'The Bible and Homosexuality: Reading the Texts in Context.' in J. S. Silker (ed.) *Homosexuality in the Church: Both Sides of the Debate*. Louville, Kentucky: Westminster/ J. Knox Press, 1994.

Gagnon, R. A. J. *The Bible and Homosexual Practice: Texts and Hermeneutics*. Nashville: Abingdon Press, 2001.

Garland, David E. *1 Corinthians*. Grand Rapids, MI: Baker, 2005,

Goss, Robert. Queering Christ: Beyond Jesus Acted Up. Cleveland: Pilgrim Press, 2002.

Guest, Deryn. Goss, Robert E. West, Mona and Bohache, Thomas(eds.). *The Queer Bible Commentary*. London: SCM Press, 2008.

Greenburg, D. F. *The Construction of Homosexuality*. Chicago: Univ. of Chicago Press, 1988.

Heyward, Carter. *Touching Our Strength: The Erotic As Power and the Love of God*. SanFrancisco: HarperCollins Publishers, 1989.

Hollywood, Amy 'Queering the Beguines: Mechthild of Magdeburg, Hadewijch of Anvers.' in *Queer Theology*.

Isherwood, Lisa. 'Queering Christ: Outrageous Acts and Theological Reflections.' *Literature and Theology* 15/3 (2001): 249–61.

Johnson, Jay Emerson. "A 'Queer God'? Really? Remembering Marcella Althaus-Reid."

Center for Lesbian and Gay Studies. Pacific School of Religion. March 5, 2009.

Karten, E. Y., & Wade, J. C. "Sexual Orientation Change Efforts in: Men: A Client Perspective," *The Journal of Mens' Studies 18(1)*, 2010, 84-102.

Keller, Catherine. *Face of the Deep: A Theology of Becoming.* London and New York: Routledge, 2003.

_____. *On the Mystery: Discerning Divinity in Process.* Philadelphia: Fortress Press, 2008.

_____. *Cloud of the Impossible: Negative Theology and Planetary Entanglement.* New York: Columbia University Press, 2015.

_____. and Mary Jane Rubenstein, eds. *Entangled Worlds: Religion, Science, and New Materialism.* New York: Fordham University Press, 2017.

Louglin, Gerard. "Introduction: The End of Sex," in *Queer Theology*. MA: Blackwell, 2007.

Martin, Charles G. "1 and 2 Kings," (2 Kings 19:35), in F.F. Bruce(General Editor), *The International Bible Commentary.* Grand Rapids: Marshall Pickering, 1986.

McNeill, John C. "Homosexuality: Challenging the Church to Grow." in Walter Wink (ed.), *Homosexuality and Christian Faith: Questions of Conscience for the Churches.* Minneapolis: Fortress, 1999.

_____. "The Homosexual and the Church." in *Moral Issues and Christian Response,* eds. Paul Jersild and Dale Johnson, New York: Holt, Rinehard and Winston, Inxc. 1988.

Mustanski, B. S. et , "A Genomewide Scan of Male Sexual Orientation," *Human Genetics* 116, 2005.

Montefiore, H. W. "Jesus, the Revelation of God," in *Christ for Us Today*: Papers read at the Conference of *Modern Churchmen*, Somerville College, Oxford, July 1967, edited by Norman Pittenger. London: SCM Press, 1968.

Nissines, M. *Homoeroticism in the Biblical World: A Historical Perspective.* tr. by K. Stjerna. Minneapolis: Fortress Press, 1998.

Pannenberg, Wolfhart. "Revelation and Homosexual Experience." in *Christianity Today* Nov.11, 1996.

Payne, D. F. "Genesis 12-50." in F. F. Bruce, General Editor, The International Bible

Commentary. Grand Rapids, Mich.: Zondervan Publishing House, 1979.

Peeters, Marquerite A. *The Globalization of the Western Cultural Revolution: Key Concepts, Operational Mechanism*. Brussels: Institute for Intercultural Dialogue Dynamics, 2007.

Peters, Albrecht. *Gesetz und Evangelium*. HST Bd. 2, Gütersloh: Gerd Mohn, 1981.

Pronck, P. *Against Nature? Types of Moral Argumentations Regarding Homosexuality*. trans. by J. Vriend. Grand Rapids, MI: Michigan, 1993.

Rich, G. et. "Male Homosexuality: Absence of Linkage to Microsatellite m284arkers at Xq 28." *Science* 284, 1999.

Rudy, Kathy. *Sex and the Church: Gender, Homosexuality, and the Transformation of Christian Ethics*. Boston: Beacon Press, 1997.

Schumm, W. 'Comparative Relationship Stability of Lesbian Mother and Heterosexual Mother Families: A Review of Evidence.' in *Marriage and family Review 46*, 2010, 499-509.

Surall, Frank. "Homosexualität und gleichgeschlechtliche Lebens Partnerschaft." in *Handbuch der Evangelischen Ethik*. ed. Wolfgang Huber (München: C. H. Beck, 2015), 490-91.

Wold, D. J. *Out of Order: Homosexuality in the Bible and the Ancient East*. Grand Rapids, MI: Baker Books, 1998.

Stuart, Elizabeth 'Sexuality: The View from the Font (the Body and the Ecclesial Self).' *Theology and Sexuality* 11(1999): 7-18.

Ward, Graham. "Bodies: The Displaced Body of Jesus Christ." in *Radical Orthodoxy: A New Theology*. ed. by John Milbank, and Others. London: Routledge, 1999.

_____. "There Is No Sexual Difference," in *Queer Theology, 76-85*.

Williams, Rowan. *On Christian Theology*. Oxford: Blackwell, 2000.

Witherington III, Ben. *Conflict & Commentary in Corinth*. Grand Rapids, MI: Eerdmans, 1995.

김 영 한(Yunghan Kim)

학력 및 경력

서울대학교 문리대학 철학과 졸업, 서울대학교대학원 철학과 수학
독일 정부 초청(D.A.A.D.) 장학생(1971-1974)
독일 하이델베르크대학교 철학부 졸업(1974, Ph.D., 철학박사)
독일 하이델베르크대학교 신학부 졸업(1984, Th. D., 신학박사)
영국 케임브리지대학교 신학부 (1990), 미국 예일대학교 신학부(1991) Visiting Scholar
독일 복훔대학교 신학부(2004), 미국 프린스턴신학대학원(2005) Visiting Scholar
숭실대학교 조교수(1978-1981), 부교수(1982-1987), 정교수(1988-2012)
대한예수교 장로회(통합) 남노회 목사 안수(1980)
숭실대학교 교목실장(1978-1981, 1999-2002)
한국개혁신학회 회장(1996-2004)
숭실대학교 기독교학대학원 원장(1998-2003, 2005-2009)
한국복음주의신학회 회장(2000-2002)
한국복음주의협의회 신학위원장(2002-2019)
한국해석학회 회장(2004-2006)
한국기독교철학회 회장(2006-2012)
아시아복음주의연맹 신학위원장(Chairman, Asia Evangelical Alliance[AEA], 2008-2016)
기독교학술원 원장(1988-현재)
샬롬나비 상임대표(2010-현재)
숭실대학교 기독교학과 명예교수(2012-현재)

한국복음주의협의회 자문위원(2020-현재)**수상**
열암학술상 수상(저서: 『하이데거에서 리꾀르까지』 [서울: 박영사, 1989])
한국기독교출판문화 최우수저작상 수상(저서: 『한국기독교 문화신학』 [서울: 성광문화사, 1993])
숭실대교수저작상 수상(저서: 『21세기와 개혁신학 I, II, III』 [서울: 한국장로교출판사, 1999])
2011년 교육 분야 숭실펠로십교수(SFP, Soongsil Fellowship Professor) 선정
2012년 교육 분야 숭실펠로십교수(SFP, Soongsil Fellowship Professor) 선정
2012년 대통령 수여 옥조근정훈장(제53124호) 수상(2012.2.29)

저서

1. *Husserl und Natorp. Studien zur Letztbegründung der Philosophie beiHusserls Phänomenologie und Natorps Neukantianisher Theorie* (phil.Diss. Heidelberg, 1974).
2. *Phänomenologie und Theologie. Studien zur Fruchtbarmachung des Husserlschen transzendental-phänomenologischen Denkens zum christlich-dogmatischen Denke* (theol. Diss. Heidelberg, 1984).
3. 『기독교 신앙 개설』 (경기: 형설출판사, 1982-1995, 완전개정판)
4. 『바르트에서 몰트만까지』 (서울: 대한기독교서회, 1982-2001, 20판)
5. 『현대신학의 전망』 (서울: 대한기독교서회, 1984-1992, 5판)
6. 『하이데거에서 리꾀르까지』 (서울: 박영사, 1987-1994, 4판)
7. 『현대신학과 개혁신학』 (서울: 대학촌, 1990)
8. 『평화통일과 한국기독교』 (서울: 풍만, 1990)
9. 『한국 기독교 문화신학』 (서울: 성광문화사, 1992)
10. 『개혁신학이란 무엇인가』 (서울: IVP, 1994)
11. 21세기와 개혁신학, 제1권 『21세기와 개혁 사상』 (서울: 한국장로교출판사, 1998)
12. 21세기와 개혁신학, 제2권 『포스트모더니즘과 개혁신학』 (서울: 한국장로교출판사, 1998)
13. 21세기와 개혁신학, 제3권 『개혁신학의 현대적 이해』 (서울: 한국장로교출판사, 1998)
14. 『헬무트 틸리케』 (경기: 살림출판사, 2005)
15. 21세기 문화신학, 제1권 『21세기 세계관과 개혁신앙』 (경기: 예영, 2006)
16. 21세기 문화신학, 제2권 『21세기 문화변혁과 개혁신앙』 (경기: 예영, 2007)
17. 21세기 문화신학, 제3권 『21세기 사이버-생명문화와 개혁신앙』 (경기: 예영, 2007)

18. 21세기 문화신학, 제4권 『21세기 한국 기독교문화와 개혁신앙』 (경기: 예영, 2008)
19. 『포스트모던 시대의 세계관』 (숭실대출판부, 2009)
20. 『기독교 세계관』 (숭실대출판부, 2010)
21. 『안토니우스에서 베네딕트까지』 (기독교학술원출판부, 2011)
22. 『쉴라이에르마허에서 리꾀르까지: 현대 철학적 해석학의 흐름』 (숭실대출판부, 2011)
23. 『개혁주의 평화통일신학』 (숭실대출판부, 2012)
24. 『영적 분별: 개혁신학의 관점에서 본 성령과 사탄에 의한 영적 현상의 공통점과 차이점』 (용인: 킹덤북스, 2014)
25. 『나사렛 예수: 정통개혁신앙에서 본』 (용인: 킹덤북스, 2017)
26. 『젠더주의 도전과 기독교신앙』 (서울: 두란노, 2018)